中国人民公安大学2022年度基本科研业务费学术专著项目：《我国缓刑犯社区矫正制度创新研究》最终研究成果，项目编号：2022XXZZ07

“新一轮双一流学科建设和国家一流本科专业建设”犯罪学系列丛书

WOGUO HUANXINGFAN SHEQU JIAOZHENG ZHIDU CHUANGXIN YANJIU

我国缓刑犯社区矫正制度创新研究

张雍锭　著

法律出版社
LAW PRESS·CHINA
北京

图书在版编目(CIP)数据

我国缓刑犯社区矫正制度创新研究 / 张雍锭著. --
北京 : 法律出版社, 2022
ISBN 978-7-5197-7347-2

Ⅰ. ①我… Ⅱ. ①张… Ⅲ. ①社区-监督改造-研究
-中国 Ⅳ. ①D926.74

中国版本图书馆 CIP 数据核字(2022)第 229219 号

我国缓刑犯社区矫正制度创新研究
WOGUO HUANXINGFAN SHEQU JIAOZHENG ZHIDU CHUANGXIN YANJIU

张雍锭 著

策划编辑 许 睿
责任编辑 许 睿
装帧设计 李 瞻

出版发行 法律出版社
编辑统筹 司法实务出版分社
责任校对 朱铁佳
责任印制 胡晓雅
经　　销 新华书店

开本 710毫米×1000毫米 1/16
印张 14　**字数** 230千
版本 2022年12月第1版
印次 2022年12月第1次印刷
印刷 三河市兴达印务有限公司

地址:北京市丰台区莲花池西里7号(100073)
网址:www.lawpress.com.cn
投稿邮箱:info@lawpress.com.cn
举报盗版邮箱:jbwq@lawpress.com.cn

销售电话:010-83938349
客服电话:010-83938350
咨询电话:010-63939796

书号:ISBN 978-7-5197-7347-2
定价:68.00元
凡购买本社图书,如有印装错误,我社负责退换。电话:010-83938349

序言:我国社区矫正研究的重要成果

吴宗宪[*]

欣闻张雍锭博士在博士学位论文的基础上完成的专著《我国缓刑犯社区矫正制度创新研究》即将付梓,作为他的博士研究生导师,我由衷地为他感到高兴,欣然作序,表达祝贺与推介之意。

雍锭是一位求学之路和工作经历都较曲折、给我留下深刻印象的青年学人。他于2011年从西南政法大学刑事侦查学院毕业后,经历了一年的复习,2012年秋季考入中国人民公安大学犯罪学学院犯罪学专业,开始硕士研究生层次的学习生活。2015年硕士研究生即将毕业时,报考北京师范大学刑事法律科学研究院博士研究生,取得了总分第一的不错成绩,因意外而未能如愿,于是,他在硕士研究生毕业后到北京市门头沟区人民检察院工作。但是,他攻读博士学位的意愿强烈,经过艰苦努力,终于在2016年如愿以偿,考入北京师范大学刑事法律科学研究院,跟随我攻读博士研究生学位,为此,他毅然辞去原本较为安稳的工作,全身心地投入犯罪学研究中。2019年6月顺利毕业时,入职中国人民公安大学犯罪学学院。正是由于对知识的渴求和曲折的求学经历,雍锭在攻读博士研究生学位期间,十分珍视来之不易的学习机会,他学习勤奋刻苦,学业成绩突出。

在雍锭开始博士研究生阶段的学习不久,我们就商定了他的博士论文选题《我国缓刑犯社区矫正关键问题研究》,希望他在我之前进行的社区矫正研究的基础上,继续深入研究不同类型社区矫正对象的社区矫正制度与实践。缓刑犯是被人民法院判处剥夺自由刑罚并宣告暂缓执行后予以考验的罪犯,这类罪犯是人数最多的一类社区矫正对象。国家司法部的统计资料表明,被宣告缓刑后

---

* 北京师范大学法学院暨刑事法律科学研究院二级教授,博士生导师,犯罪与矫正研究所所长,兼任中国犯罪学学会副会长等职。

进入社区矫正系统的社区矫正对象人数逐年增加,占社区矫正对象总数的百分比从2005年年底的64.7%、[1]2015年年底的86.0%[2]上升到2017年年底的92.1%、[3]2019年年底的近94.7%。[4] 可以说,缓刑犯构成了社区矫正对象的主体;对缓刑犯开展的监督管理和帮困辅助工作,在社区矫正实务中具有十分重要的地位;与缓刑犯相关的社区矫正制度和实践,也在社区矫正研究中具有十分重要的地位,从理论上阐明与缓刑犯相关的问题,实际上可以极大地增进和深化对整个社区矫正制度与实践的认识。因此,对缓刑犯社区矫正的相关内容开展研究,其重要性是不言而喻的。

同时,对缓刑犯的社区矫正相关内容开展研究,也是现实的迫切需要。自2002年8月上海市根据司法部要求系统地开展社区矫正试点工作以来,我国社区矫正的实践努力已历二十载;自2003年7月10日最高人民法院、最高人民检察院、公安部、司法部联合发布《关于开展社区矫正试点工作的通知》至2019年12月28日通过《社区矫正法》,有关的制度建设和立法探索,也近二十年。这些年来,虽然在社区矫正实务工作和理论研究方面做了大量工作,不过,就目前我国社区矫正的实务工作和理论研究而言,仍然存在很多需要进一步研究的问题;如何完善我国社区矫正制度,如何推进社区矫正创新,依然是学术界特别是刑事法学界需要认真研究的重要课题。在这种大背景下,本书以缓刑犯的社区矫正为视角,对缓刑犯社区矫正的制度、实践及相关理论内容进行了系统、深入的研究。作者首先探讨了对缓刑犯开展社区矫正工作的法律性质,主张对缓刑犯的社区矫正是一项非监禁刑罚执行制度。然后,研究了对缓刑犯的调查评估,探讨了以调查评估为基础的分级监督管理,以犯罪类型为主、犯罪年龄为辅的集中教育和基于需要评估的个别教育相结合的分类教育矫正,提出了以需要评估为基础的个别化帮扶机制改革建议;探讨了对缓刑犯社区矫正效果的评估,建议根据社区矫正效果评估结果适时调整社区矫正方案。这些研究对于我国社区矫正理论研究的深化,对于社区矫正制度和实践的完善与创新,都具有

---

〔1〕 原始数据参见司法部社区矫正管理局编:《全国社区矫正发展情况与数据统计》,法律出版社2017年版,第27页;百分数是引者计算的。

〔2〕 司法部社区矫正管理局编:《全国社区矫正发展情况与数据统计》,法律出版社2017年版,第261页。

〔3〕 司法部社区矫正管理局编:《2012~2017年全国社区矫正工作统计分析报告》,法律出版社2018年版,第5页。

〔4〕 吴宗宪主编:《社区矫正导论》(第2版),中国人民大学出版社2020年版,第6页。

重要的学术价值和实践意义,其中的不少内容具有创新性和前瞻性,是我国社区矫正理论研究的重要成果,值得广大理论研究者和实务工作者学习和参考。

雍锭博士是一位踏实认真、聪慧勤奋的年轻学人,在中国人民公安大学犯罪学学院的工作中已经取得了一定成绩。作为他过去的导师,我衷心希望他在日后的学术研究和教书育人中勤勉努力、不骄不躁、砥砺奋进,努力做到“学为人师,行为世范”,取得更大成绩。

2022 年 9 月 26 日

前　言

由于传统的监禁刑尤其是短期监禁刑在改造罪犯、降低行刑成本、预防再犯罪实效等方面存在诸多不理想之处,因此,主张对社会危险性不大、人身危险性较低的罪犯在社区中执行刑罚的社区矫正,因具有公正、教育、人道和经济等方面优势,公正表现为根据罪责刑相适应原则限制、剥夺社区矫正对象某项权益或者为其增加某些义务,教育表现为社区矫正具有的矫正社区矫正对象犯罪心理和行为恶习的功能,人道表现为对社区矫正对象采取非监禁性处罚而有利于保护其合法权益和基本人权,经济表现为社区矫正运行成本较低且更有利于社区矫正对象创造更多社会价值,而引起法学家和犯罪学家越来越多的关注,并被广泛应用于国内外司法实践。我国理论界与司法实务部门已经在社区矫正领域探索20年左右,随着刑罚介入早期化、刑罚轻缓化、行刑社会化等刑事政策的不断推进,作为刑罚改革重要内容的社区矫正制度将在社会治理中发挥越来越重要的作用。

而缓刑犯社区矫正是我国社区矫正中最重要的工作之一。缓刑犯是指被人民法院判处剥夺自由刑罚并宣告暂缓执行后予以考验从而实行社区矫正的罪犯。《社区矫正法》将被宣告缓刑的罪犯作为社区矫正对象之一,应当说缓刑犯是社区矫正对象中的一个重要类型。根据司法部提供的数据,截至2019年年底,缓刑犯约占我国社区矫正对象总人数的94.66%,已经成为社区矫正对象的主体。因此,针对缓刑犯开展的社区矫正工作自然也是社区矫正中最重要的工作之一。缓刑犯社区矫正是指社区矫正工作人员对依法被宣告缓刑的罪犯实行的监督管理、教育矫正及帮困扶助等活动的总称。鉴于缓刑犯社区矫正工作对于整个社区矫正工作的重要性,本书集中研究我国缓刑犯社区矫正有关制度的完善与创新。

本书综合运用法学、社会学、犯罪学、心理学等多学科的知识和研究方法,在充分了解我国缓刑犯社区矫正司法实践的基础上,对相关问题展开深入的理论分析,希望进一步完善我国缓刑犯社区矫正的相关理论,进而推动我国缓刑犯社区矫正工作的实践。事实上,本研究也是以缓刑犯社区矫正问题研究为切入点,对我国社区矫正制度进行的一项研究,其最终目的是推动我国社区矫正相关制度和司法实践的不断完善。本书在结构上共分为六章,在正文六章前设绪论部分,第一章至第六章分别探讨了缓刑犯社区矫正的性质和社区矫正前、中、后的若干关键问题及完善建议。

绪论部分主要分析了我国缓刑犯社区矫正关键问题研究的选题背景和意义,论述了国内外有关问题的研究现状,阐述了本研究的基本思路,归纳了本研究的主要创新点。本研究以缓刑犯社区矫正各环节的时间先后顺序为逻辑主线展开。从逻辑学角度分析,缓刑犯社区矫正问题,应当包括缓刑犯社区矫正前、社区矫正中以及社区矫正后三个阶段的问题,其中缓刑犯社区矫正前的问题包括缓刑犯社区矫正的性质探讨和前置程序。本书的主要创新点在于以缓刑犯为切入点研究社区矫正理论与实践方面的有关问题,打破传统的缓刑犯社区矫正分类标准,主张在缓刑犯社区矫正监督管理阶段以危险评估结果、教育矫正阶段以犯罪类型和需要评估结果、在帮困扶助阶段以需要评估结果为分类标准,且危险评估与需要评估既有机统一又相对独立。同时,重视以缓刑犯社区矫正效果评估结果为基础,适时调整缓刑犯社区矫正方案和工作。

第一章我国缓刑犯社区矫正性质探讨,主要讨论针对缓刑犯这种社区矫正对象所实施的社区矫正是独立的刑种、刑罚裁量制度、刑罚执行制度抑或是刑事执行制度。我国学界对缓刑犯社区矫正(包括缓刑、缓刑适用)性质的认识有独立刑种说、刑罚裁量制度说、刑罚执行制度说、量刑行刑制度说、刑事执行制度说、刑罚消灭制度说及刑事责任说七种观点,但是通过分析和认证,各种观点下的缓刑犯社区矫正均应为刑罚执行。从缓刑犯社区矫正是刑罚改革的产物、缓刑犯社区矫正具备刑罚执行的特征、缓刑犯社区矫正与刑罚执行目的一致等方面考察,缓刑犯社区矫正也应属于刑罚执行,具体为非监禁刑罚执行活动。

第二章缓刑犯社区矫正前置程序的完善与创新研究,主要解决缓刑犯社区矫正的基础问题,包括矫前调查评估制度探讨和缓刑犯的报到接收两节内容。在矫前调查评估制度探讨中,确立了"矫前调查评估"这一概念,阐释了矫前调查评估的重要意义,梳理出我国矫前调查评估存在的问题,主张在完善矫前调查评估制度时,应当在《社区矫正法》中确立矫前调查评估的法律地位,明确规定矫前调查评估的决定主体为公安机关、人民检察院、人民法院、监狱和看守所,统一矫前调查评估的主要实施主体为拟适用社区矫正人员居住地或者户籍所在地的县级司法行政机关,建构矫前调查评估的指标体系,明确矫前调查评估报告中基于调查的事实部分属于证人证言,基于评估的建议部分属于法官处理案件时的重要参考材料。在缓刑犯的报到接收探讨中,梳理了我国缓刑犯报到接收的相关规定及存在的问题,提出了包括统一法律文书的送达期间为10日、规范社区矫正告知书、完善信息共享平台建设、建立健全惩罚机制、保证社区矫正工作人员出庭等完善建议。

第三章缓刑犯社区矫正监督管理的完善与创新研究,重点论述了缓刑犯监督管理中的危险评估、分级监管与监管衔接三方面内容。在危险评估部分,分析了我国危险评估的内涵不准确、外延不统一、方法不固定、指标存差异等问题,主张应当从重新界定危险评估概念、改进危险评估方法、明确危险评估指标的选取原则等方面予以完善。在分级监管部分,论述了我国缓刑犯分级监管的现状及存在的问题,并从明确分级监管的分级标准、统一分级监管的等级划分、拉开不同等级的处遇差别、明确并动态调整监管等级等方面提出分级监管的完善建议。在监管衔接部分,分析了缓刑犯社区矫正监管衔接的主要问题,主张更加明确各部门职责、健全通报与协商制度、提高监管信息化技术以完善监管衔接。

第四章缓刑犯社区矫正教育矫正的完善与创新研究,主要阐释了缓刑犯教育矫正中的入矫教育、分类教育及心理矫治三方面内容。在入矫教育部分,阐释了缓刑犯入矫教育的概念及意义,并厘清缓刑犯入矫教育中存在的问题,从严肃入矫宣告教育、完善入矫教育内容、丰富入矫教育方式等方面提出入矫教育的完善建议。在分类教育部分,梳理了我国缓刑犯分类教育的有关规定及问题,提出应当明确以犯罪类型作为分类标准、丰富分类教育方式、建立完善分类教育机制、搭建分类教育网络平台等建议,以完善缓刑犯分类教育。在心理矫治部分,梳理了我国缓刑犯心理矫治的有关规定和问题,主张应当从加强对有关人员的心理健康教育、建立个体化心理矫治的长效机制、加强心理矫治队伍的专业化建设等方面完善缓刑犯的心理矫治。

第五章缓刑犯社区矫正帮困扶助的完善与创新研究,重点论述了缓刑犯帮困扶助中的需要评估、个别化帮扶及社会力量参与帮扶等三方面内容。在需要评估部分,梳理出当前需要评估中存在的问题,主张从正确看待需要评估的价值、明确需要评估的相关规定、统一需要评估的指标体系、加强需要评估的工具研制等方面完善。在个别化帮扶部分,主要论述了个别化帮扶的概念及重要意义,厘清了个别化帮扶存在的问题,提出确立并贯彻个别化帮扶理念、制订基于需要评估的帮扶计划、完善个别化帮扶动态调整机制等建议,以完善缓刑犯的个别化帮扶。在社会力量参与帮扶部分,界定了社会力量参与缓刑犯帮扶的概念,梳理了社会力量参与缓刑犯帮扶的突出问题,主张从转变社会力量对缓刑犯帮扶的认识、提升社会力量参与帮扶的广度深度、丰富社会力量参与帮扶的具体形式等方面完善。

第六章缓刑犯社区矫正效果评估的完善与创新研究,主要界定了缓刑犯社区矫正效果评估的概念,并从个人、社会、国家三个层面分析了缓刑犯社区矫正效果评估的价值;梳理出我国缓刑犯社区矫正效果评估中存在的有关法律规定不完善、司法实践有限、学界研究不足、评估主体不全面、评估内容不统一、评估指标不规范、评估方法不科学、评估程序不完备等问题;提出应当从完备有关法律规定、科学确定效果评估内容、确立对应效果评估主体、构建效果评估指标体系、促进效果评估方法升级、完善效果评估程序等方面构建我国缓刑犯社区矫正效果评估制度。

本书是在笔者的博士论文《我国缓刑犯社区矫正关键问题》的基础上修改完善,博士研究生导师吴宗宪教授以及北京师范大学刑事法律科学研究院的各位老师为本书的出版提供了大量的智力支撑,在此一并感谢。同时,也感谢为本著作的面世提供资料和意见建议的司法实务部门及其工作人员,如天津市社会治理研究中心决策分析室副主任(原天津市东丽区司法局开发区司法所所长)韩斌、湖北省司法厅社区矫正工作管理局、浙江省台州市司法局社区矫正管理局等。当然,本书的出版也离不开家人们在背后默默无闻的鼓励与支持,尤其是夫人杨海佳女士,在此也表示感谢。

希望本书的内容有助于广大读者更好地理解我国缓刑犯社区矫正工作的重点和难点,如果本书的内容能够为我国社区矫正工作的进一步发展,包括《社区矫正法》的进一步完善、对司法实践提供些许帮助、引起更多研习者关注并参与社区矫正研究等,那将是笔者的荣幸,也将是本书的重要价值体现。

本书在出版过程中,法律出版社的许睿编辑付出了大量辛勤的劳动,中国法学会2022年度部级法学研究课题的评审专家也提出不少建设性意见、建议,中国人民公安大学予以出版经费资助。当然,笔者清楚地认识到,因受自身认知和阅历所限,尤其是作为刚踏入高等院校工作的青年教师和在社区矫正领域刚摸索近五年的研习者,笔者对缓刑犯社区矫正制度的一些看法或者建议,可能尚不成熟,甚至存在一些不甚合理之处,恳请各位读者批评指正。

目录
Contents

绪　论

一、选题背景和意义

缓刑犯是指被人民法院判处剥夺自由刑罚并宣告暂缓执行后予以考验从而依法实行社区矫正的罪犯。2019 年 12 月 28 日第十三届全国人民代表大会常务委员会第十五次会议通过、并于 2020 年 7 月 1 日起施行的《社区矫正法》便将被宣告缓刑的罪犯作为社区矫正对象之一，应当说该类罪犯在社区矫正对象中占有十分重要的地位。根据司法部社区矫正管理局的最新统计，2012 ~ 2017 年全国在册社区矫正对象数量总体趋势呈上升后于平稳，到 2017 年年底，全国在册社区矫正对象 693, 675 人，是 2012 年的 1.23 倍。监狱押犯逐年下降，社区矫正对象比例不断升高，社区矫正的工作任务进一步加重。随着宽严相济刑事政策的推行，宣告缓刑人数逐年增加，占社区矫正对象总数的百分比从 2012 年的 82.2% 上升到 2017 年的 92.1%，宣告缓刑人员中的严重犯罪人员数量占比不断提高，监管难度不断增大。[1] 根据司法部提供的数据，截至 2019 年年底，社区矫正对象共有 673, 629 人，其中，管制犯 4213 人（约占总数的 0.63%）、缓刑犯 637, 654 人（约占总数的 94.66%）、假释犯 14, 970 人（约占总数的 2.22%）、暂予监外执行犯 16, 792 人（约占总数的 2.49%）。[2] 可以说，缓刑犯在社区矫正对象中的占比逐年增加，成为社区矫正对象中越来越重要的部分，缓刑犯基本构成了整个社区矫正对象的主体。然而，缓刑犯社区矫正在监督管理方面表现出危险评估的内涵、外延、方法及指标等的不统一，以危险评估为基础的分级监管不精细，监管衔接不到位等问题；在教育矫正方面表现出不重视入矫教育、分类教育不合理、心理矫治制度不完善等问题；在帮困扶助方

[1] 司法部社区矫正管理局编：《2012 ~ 2017 年全国社区矫正工作统计分析报告》，法律出版社 2018 年版，第 3 ~ 5 页。

[2] 吴宗宪主编：《社区矫正导论》（第 2 版），中国人民大学出版社 2020 年版，第 6 页。

面表现出不注重需要评估、个别化帮扶欠缺、社会力量参与帮扶体系不健全等问题;在矫正效果评估方面表现出评估体系不成熟等问题。而缓刑犯社区矫正中存在的问题又是社区矫正中存在问题的重要部分,缓刑犯社区矫正中问题的解决将在很大程度上推动整个社区矫正的发展。因此,研究缓刑犯社区矫正意义重大。

深入系统地研究缓刑犯社区矫正具有重大而现实的意义。第一,有助于深化对于缓刑犯社区矫正工作的认识。从我国对于进入社区矫正系统的缓刑犯数量的统计来看,缓刑犯的数量不断增加,他们在整个社区矫正对象中的百分比不断提升(见表1),成为社区矫正工作的主要对象。因此,对缓刑犯社区矫正的深入研究,可以进一步深化对这项工作本身的认识。第二,有助于完善缓刑犯社区矫正制度。缓刑犯社区矫正理论与实践层面均存在不少问题,例如,不重视需要评估、不关注个别化帮扶、缓刑犯社区矫正效果评估体系不完备等。通过梳理这些问题、深入分析产生问题的原因,进而提出有针对性的完善建议或者构建完整的理论体系,有利于促进缓刑犯社区矫正制度本身的完善。第三,有助于增进对于整个社区矫正工作的认识。研究缓刑犯社区矫正时,必然会涉及缓刑犯社区矫正的性质、特点、价值以及缓刑犯在整个社区矫正对象中的比例等问题,尤其是缓刑犯社区矫正性质一直以来备受争议,而对管制犯、假释犯、监外执行犯的社区矫正均属于刑罚执行具体问题,缓刑犯社区矫正是否属于刑罚执行具体问题,将决定社区矫正是否属于刑罚执行制度。因此,厘清这些与社区矫正工作密切相关的问题,有助于增进对整个社区矫正工作的认识。第四,有助于促进整个社区矫正工作的实践。缓刑犯作为我国社区矫正对象的主体,对其的社区矫正工作是整个社区矫正工作的重要组成部分,缓刑犯社区矫正中存在的许多问题也是社区矫正工作中的突出问题。因而,缓刑犯社区矫正中问题的解决,有助于缓刑犯社区矫正工作的顺利开展,从而也间接促进了整个社区矫正工作的实践。

表1　2012～2017年全国社区矫正对象和缓刑犯数量变化情况

年份	在册社区矫正对象人数(人)	缓刑犯(人)	缓刑犯在社区矫正对象中的比例(%)
2012	564,046	463,394	82.2
2013	681,001	567,354	83.3
2014	732,202	630,039	86.0

续表

年份	在册社区矫正对象人数(人)	缓刑犯(人)	缓刑犯在社区矫正对象中的比例(%)
2015	697,946	619,797	88.8
2016	690,858	625,618	90.6
2017	693,675	638,575	92.1

注:司法部社区矫正管理局编:《2012~2017 年全国社区矫正工作统计分析报告》,法律出版社 2018 年版,第 3、5 页。由于有关数据不公开,尚无法获取其他年份数据。

二、国内外文献综述

(一)国内缓刑犯社区矫正文献综述

我国的社区矫正起步比西方国家晚,针对缓刑犯社区矫正的专门研究较少。大体而言,分别讨论社区矫正和缓刑的研究很多,对具体问题的论述也比较深刻,而将缓刑犯与社区矫正结合起来进行的研究相对较少。笔者在 2022 年 8 月 25 日检索中国知网,发现以“社区矫正”为篇名的论文有 7173 篇,其中博士论文 17 篇、硕士论文 1342 篇、期刊论文 4283 篇、会议论文 141 篇、报纸文章 1097 篇,其余为其他文献;以“缓刑”为篇名的论文有 1522 篇,其中博士论文 3 篇、硕士论文 217 篇、期刊论文 897 篇、会议论文 16 篇、报纸文章 314 篇,其余为其他文献。同样,2022 年 8 月 25 日在中国国家图书馆的文津搜索中发现,题名中包含“缓刑”的著作有 14 部(检索结果为 17 部,其中 3 部为文学作品),题名中包含“社区矫正”的著作有 190 部。检索中国知网,以“缓刑犯”并含“社区矫正”为主题的文献共有 123 篇,其中硕士论文 41 篇、期刊 50 篇、会议论文 4 篇、报纸文章 23 篇,其余为其他文献,这些文章中主要还是以缓刑犯为主题。经过认真筛选,以缓刑犯社区矫正为主题的硕士论文只有 5 篇、期刊论文 3 篇;以篇名中含有“缓刑犯”和“社区矫正”的文章仅有 3 篇期刊论文。同样,在中国国家图书馆的文津搜索中,关于缓刑犯社区矫正的著作至今尚无,仅有 3 篇(两篇与中国知网中的相同)硕士论文。目前,已收集的缓刑犯社区矫正研究有关文献含 14 部著作、20 篇博士论文、1559 篇硕士论文、5180 篇期刊文章,这些研究涉及缓刑犯社区矫正的现状、问题及对策研究等方面。

一些研究者对我国缓刑犯社区矫正的现状进行研究。例如,有研究者从缓刑犯社区矫正整体状况、矫正措施、工作者情况、矫正效果等方面论述。[1] 有研究者从《刑法修正案(八)》对缓刑犯社区矫正进行完善着手,细化了缓刑适用的实质条件、增强了特殊主体适用缓刑的规定、完善了缓刑的执行制度。[2] 也有研究者从社区矫正机构工作被动、公众对缓刑犯适用社区矫正心存疑虑、缓刑犯对社区矫正的接受程度颇为随意等方面介绍缓刑实施的基本情况。

一些研究者探讨了缓刑犯社区矫正存在的问题。例如,有研究者从制度、管理、措施、经费保障等方面展开。有研究者从立法(我国缓刑种类单一、缓刑适用条件较为原则、社区矫正专门立法缺失等方面)、适用(缓刑适用率低、适用的随意性强、人员水平不齐、对缓刑社区矫正工作的检察监督待强化、经费不足等)等方面展开。[3] 也有研究者从缺乏适合未成年特点的社区矫正项目、现有法律不完善、少年犯社区矫正工作有章无序、少年缓刑犯的社区矫正不能顺应城市化进程等方面展开。[4]

一些研究者探讨了缓刑犯社区矫正的体系完善。例如,有研究者从管理机构和管理制度方面谈缓刑管理的改进。[5] 有研究者从法律法规体系、矫正管理体系、矫正评估体系、矫正工作体系、社会支持体系等方面展开。有研究者从立法改革与完善(未成年犯的特别缓刑制度、缓刑犯社区矫正主体、确立判决前调查制度、确立人身危险与教育效果评估机制、渐进式推进缓刑社区矫正立法等)、司法改革与完善(提高缓刑适用率、提高缓刑社区矫正主体的专业性、实施分类管理、定期对缓刑犯进行回访、确立对缓刑犯社区矫正工作的检察监督机制等)、实务改革与完善(加强社区建设、树立矫正观念、构建政府与社会力量共同参与、建立缓刑决定于考察机关的协作机制、保障工作经费等)等方面展开。也有研究者从树立科学的社区矫正理念、完善未成年人社区矫正的立法建议(专项立法、配套制度等)、建立适合未成年人的社区矫正管理制度(组织领导机构、专业队伍、社区矫正项目等)等方面着手。还有研究者从立法层面(建立判决前人格调查制度、建立缓刑犹豫宣告制度等)、检察机关加强缓刑监督(建立健全司法机关相互协调机制、建立约谈回访制度、完善对社区矫正和禁止令的

---

〔1〕 齐航:《缓刑犯社区矫正研究——基于淄博市的调查》,山东理工大学2015年硕士学位论文,第1~47页。

〔2〕 宁秋月:《论缓刑犯的社区矫正》,中国政法大学2013年硕士学位论文,第1~36页。

〔3〕 吴秀铃:《缓刑犯社区矫正问题研究》,中国政法大学2015年硕士学位论文,第1~22页。

〔4〕 张强:《少年犯的缓刑适用及其社区矫正》,苏州大学2008年硕士学位论文,第1~32页。

〔5〕 吴宗宪:《社区矫正比较研究》(上),中国人民大学出版社2011年版,第178~184页。

监督机制、加强对缓刑个案的监督、建立多元监督格局等)等方面谈我国缓刑的完善。[1]

此外,涉及缓刑犯社区矫正其他问题的研究也有一些。例如,有研究者对缓刑执行过程中的监督问题进行研究,有研究者对缓刑犯社区矫正的必要性与可行性进行研究,还有研究对缓行社区矫正的基本原理(缓刑的概念、特征与分类,缓刑的正当性,缓刑在社区矫正中的地位与功能,缓刑社区矫正的价值取向等)进行研究。[2]

整体而言,现有的对缓刑犯社区矫正的研究主要集中在制度完善、法律健全等方面,往往从较为宏观的层面入手,研究不够深入且缺乏针对性。现有研究基本不区别缓刑犯社区矫正与管制犯、假释犯、监外执行犯及剥权犯社区矫正之间的差异,甚至在论及缓刑犯社区矫正的理论基础时,也往往与缓刑和社区矫正的适用基础混为一谈。而对于真正影响缓刑适用的矫前调查评估制度、缓刑适用的条件、入矫活动的影响、缓刑犯社区矫正的监督管理、教育矫正、帮困扶助及特殊群体缓刑犯社区矫正等问题缺乏深入的探讨。

(二)域外缓刑犯社区矫正文献综述

美国、英国、法国等国家很早便开展社区矫正工作,由最初的缓刑考察逐渐发展完善,相关研究也较为成熟。笔者在 2022 年 8 月 25 日检索 Web of Science,发现以 probation 为标题的论文有 1640 篇,以 community corrections 和 community – based corrections 为标题的论文共有 757 篇,以 probation and community corrections 为标题的期刊论文仅有 11 篇,没有检索到以 probation and community – based corrections 为标题的论著。但这并不表明国外对缓刑犯社区矫正的研究不充分,因为国外对缓刑和社区矫正的区分并不十分明显,缓刑考察作为社区矫正的主要形式之一,通常与社区矫正一起论述。国外有关方面的研究似乎并不太注重理论探讨,更加关注实际执行中的问题以及如何解决,相关研究主要涉及以下方面:

一些研究者探讨了缓刑犯社区矫正的执行主体。例如,有研究者提出社区

---

〔1〕 冯静、李伟芳:《我国缓刑制度的不足与完善——以宽严相济刑事政策为视角》,载《学理论》2012 年第 17 期。

〔2〕 季兰华:《缓刑与社区矫正——关于我国缓刑社区矫正的问题与完善》,中国政法大学 2009 年硕士学位论文,第 1 ~ 31 页。

矫正工作风险性与专业性并存,对社区矫正工作人员的要求较高,[1]需要配备具有刑事法学、社会学、心理学等专业背景的人员,同时要建立社区矫正工作人员选拔配备机制,规范社区矫正工作人员聘用程序。[2] 法国将缓刑犯归入非监禁执行措施中的社区矫正对象,虽然参与社区矫正中的部门有多个,但是裁判机关和检察机关仍为核心参与部门,这两个部门负责社区矫正中相关事项的裁判,监狱社会融入与观护工作处的社会工作者和志愿者负责具体的日常监管。也有研究者提出,缓刑办公室应当根据判决前报告缓刑、强化监督缓刑、一般监督缓刑、毒品犯罪缓刑、收监缓刑等不同类型的缓刑,设置不同的部门并配备相应的工作者,建立不同类型缓刑应当由对应的专门工作者负责的工作体系。[3]

一些研究者探讨了缓刑犯社区矫正期间的监督与考察。例如,有研究者指出,英国的缓刑监督义务包括:参加无报酬的劳动、参加某种活动、禁止参加某些活动、参加某些矫治项目、宵禁、排除性要求、住宿的要求、精神健康治疗的要求、毒品矫治的要求、酒精矫治的要求、监督的要求、25 岁以下的参加关护中心的活动。[4] 有研究者介绍法国社区矫正中的特别义务包括:一般性特别义务,参加职业活动或培训活动、确定居所、接受医疗检查或治疗、承担家庭负担、赔偿被害人或民事当事人损失、支付国库金钱、禁止驾驶机动车、禁止从事某些活动、禁止出现于某些场合、禁止参加赌博、禁止常去零售饮料店、禁止常见其他被判刑人、禁止与特定的人联系、禁止公开就犯罪行为发表言论、禁止持有或携带武器、接受公路安全警惕性教育、送还子女、接受公民教育、不在家居住等;特殊特别义务,为保护被害人的义务、刑罚暂停执行中的特有义务、特别针对未成年人的义务、移动电子监督、强制医疗等。也有研究者认为,在缓刑考验期内,缓刑官可以根据每个缓刑犯的人身危险性和矫正过程中的表现及矫正效果,选择宽严不等的监督方式。在社区矫正过程中,缓刑官可以根据缓刑犯的表现及

---

[1] 社区矫正工作人员不同于社区矫正机构工作人员。社区矫正机构工作人员仅指《社区矫正法》第 10 条规定的具有法律等专业知识,履行监督管理、教育帮扶等执法职责的专门国家工作人员;而社区矫正工作人员不仅包括社区矫正机构工作人员,还包括《社区矫正法》第 11 条规定的具有法律、教育、心理、社会工作等专业知识或者实践经验的开展社区矫正相关工作的社会工作者,《社区矫正法》第 12 条规定的协助社区矫正机构做好社区矫正工作的居民委员会、村民委员会、社区矫正对象的监护人、家庭成员等基层组织、有关单位和个人,《社区矫正法》第 13 条规定的依法参加社区矫正工作的企业事业单位、社会组织、志愿者等社会力量。

[2] George F. Cole & Michael D, *American Corrections*, Thomson Wadsworth, 2009, p. 126.

[3] Clyde L. Cronkhite, *Criminal Justice Administration*, Jones and Bartlett Publishers, 2008, p. 225.

[4] 翟中东:《社区性刑罚的崛起与社区矫正的新模式:国际的视角》,中国政法大学出版社 2013 年版,第 129 ~ 167 页。

矫正效果及时调整缓刑计划或者进一步措施。例如,向法院申请提前结束缓刑或建议改判监禁刑等。[1]

一些研究者对缓刑犯社区矫正风险管控的相关内容进行研究。例如,有研究者主张社区矫正中的危险控制涉及危险管理(每个矫正对象的危险性程度、合理配置矫正资源、恰当确定监督措施、危险控制的效果问题、限制犯罪人行动方面、化学控制问题)、个案管理(根据危险和需要评估分类、制订监督计划、实行按照工作量分配监督案件制度)等方面。[2] 有研究者介绍,社区矫正对象危险评估(包括临床评估、统计预测、结构性临床判断、自我评估问卷预测)及相应的对不同危险程度社区矫正对象的危险控制(一般的危险控制常包括:遵守法律及有关规定、遵守与监督人员的约定、接受监督人员的家访、迁居 24 小时内报告、禁戒毒品并根据规定进行尿检、参加危险评估与矫正需要评估;具体的危险控制要素组合项目:根据危险程度差别分为高、中、低强度的服刑人员监督,社区矫正工作人员配备与社区矫正对象年龄情况对危险控制要素的组合也有影响,多机构公众保护制度、住宿矫正制度和电子监控)等。还有研究者主张因为社区矫正中缓刑犯较多,且他们之间存在个体差异,应当根据缓刑犯的罪刑特征、犯罪原因、成长经历、家庭背景、经济状况等进行分类,针对不同人员制订个别化矫正方案,结合缓刑犯的自身特征和当地情况,通过分级矫正、分类矫正方式,建立分层式社区矫正体系,实现对缓刑犯的层次化矫正。[3]

一些研究者讨论了缓刑犯社区矫正的矫正项目。例如,有研究者介绍国外针对缓刑犯的认知行为类矫治项目,理论上分为社会技能、自我控制、认知重建、人际处理、道德观点五类,重点介绍道德认知、理性化、强化思维、主张对抗、思维优先、一对一犯罪行为、生活方式转变等矫治项目;社会交往技能类项目,包括伙伴交往项目、社会交往训练等;情绪控制类项目,包括愤怒治疗、愤怒与情感管理项目等;家庭治疗,主要有绿光工程、家庭矫正公司、家庭公义和 La Bodega 模式、"铁窗女童子军"、对获释罪犯的家庭援助计划等;生活能力帮助类项目,包括社区融合项目、养育子女技能训练项目等。

---

〔1〕 季兰华:《缓刑与社区矫正——关于我国缓刑社区矫正的问题与完善》,中国政法大学 2009 年硕士学位论文,第 1 ~ 31 页。

〔2〕 吴宗宪:《社区矫正中的危险控制》,载《中国司法》2005 年第 1 期。

〔3〕 John D. Rosecrance, *Probation, Parole, and Community Corrections in the United States*, 5th ed., Pearson Prentice Hall, 2008, p. 136.

一些研究者探讨了缓刑犯社区矫正的需要评估。例如，有研究者认为，社区矫正对象以前的服刑情况，出狱后的住宿，接受的教育与培训、就业、理财能力，家庭关系，生活方式，毒品使用，酒精滥用，心理与精神健康状况，思维与行为方式等因素与社区矫正对象重新犯罪关联程度比较高。有研究者主张，缓刑官在缓刑刚开始时便应当针对每名缓刑犯的生活环境、家庭背景、工作能力等个人特点，制订出监督和矫正的整体计划，并征求缓刑犯本人的意见。也有研究者认为缓刑犯社区矫正要建立在缓刑犯与矫正官之间的相互信任、合作和责任感等基础上。在缓刑犯社区矫正过程中，缓刑犯通常应当参与其监督和矫正计划的制订过程，这个过程对于缓刑犯理解监督和矫正计划的实施目的和意义具有重要性。

整体而言，社区矫正工作开展较好的国家主要得益于其社区矫正具体工作的规范化、制度化与精细化发展。在这些国家的研究中，理论探讨部分基本上只涉及缓刑与社区矫正的发展历史，很少谈及理论基础、缓刑犯社区矫正立法等方面，较多关注缓刑犯社区矫正的制度设计及具体工作的实施。例如，非常重视缓刑犯社区矫正主体的专业化建设、缓刑犯社区矫正监督的个别化、缓刑犯的风险管理和控制、缓刑犯矫正项目的多样化及缓刑犯的需要评估等方面，这些方面应当是我国缓刑犯社区矫正不断发展、完善的方向。

三、研究的基本思路

本书以缓刑犯社区矫正各环节的时间先后顺序为逻辑主线进行研究和写作。从逻辑学角度分析，缓刑犯社区矫正问题，应当包括缓刑犯社区矫正前、社区矫正中以及社区矫正后三个阶段的问题。

缓刑犯社区矫正的前置程序，主要涉及罪犯被宣告缓刑的依据以及缓刑犯的报到接收等内容，这些工作是开展缓刑犯社区矫正工作的基础。在缓刑犯社区矫正的前置程序中，主要讨论矫前调查评估与缓刑犯的报到接收。缓刑犯的矫前调查评估报告是影响缓刑适用的重要因素，而如果不适用缓刑自然也就不存在缓刑犯社区矫正问题。同时，缓刑犯的报到接收连接人民法院和社区矫正机构，是缓刑犯实际被实行社区矫正的开端，二者均发生在缓刑犯社区矫正之前。因此，将其缓刑犯的报到接收置于缓刑犯社区矫正的前置问题下探讨。

缓刑犯社区矫正中的问题，则按照社区矫正工作中的监督管理、教育矫正和帮困扶助三大任务建构。[1] 缓刑犯的监督管理为缓刑犯的社区矫正提供良好的秩序环境,所以将对缓刑犯的监督管理作为缓刑犯社区矫正的首要任务。对缓刑犯的危险评估又是缓刑犯监督管理的重要基础,缓刑犯的分级监管建立在危险评估基础上,二者都属于缓刑犯监督管理的内容。此外,社区矫正的衔接也主要集中在监督管理阶段,衔接工作很大程度上决定社区矫正工作能否顺利开展。因此,将缓刑犯的监管衔接作为缓刑犯监督管理的一节内容。缓刑犯的教育矫正是缓刑犯社区矫正的根本任务,因为矫正社区矫正对象的犯罪心理和行为恶习是社区矫正的重要任务之一。缓刑犯被社区矫正机构接收并去司法所报到后,应当重点了解在社区矫正期间的权利义务、学习相关法律知识等,这些均建立在教育矫正的基础上。所以,将缓刑犯入矫教育置于缓刑犯的教育矫正中。考虑到现阶段缓刑犯分类矫正中存在不少问题,也在缓刑犯的教育矫正中单设一节予以讨论。至于将缓刑犯的心理矫治放在缓刑犯教育矫正中讨论,则主要是考虑到教育矫正除了包含通过教育实现矫正这层意思,也应当涵盖教育与矫正并重的理念,而矫正罪犯的犯罪心理又是社区矫正的重要任务之一。因此,将缓刑犯的心理矫治置于缓刑犯的教育矫正中讨论。缓刑犯的帮困扶助在缓刑犯社区矫正中发挥重要补充功能,为缓刑犯的顺利复归社会提供保障。但目前缓刑犯的帮困扶助不突出个别化帮扶,而个别化帮扶又建立在对缓刑犯的需要评估基础上。因此,将缓刑犯的需要评估与个别化帮扶分别单列为一节在缓刑犯的帮困扶助中讨论。同时,缓刑犯的帮困扶助不能仅仅依靠社区矫正机构,引导、组织社会力量参与缓刑犯的帮困扶助应当是该项工作的重点,因此单设社会力量参与缓刑犯帮扶一节。

缓刑犯社区矫正后的问题,主要涉及缓刑犯社区矫正的效果评估。现阶段我国缓刑犯社区矫正效果评估存在不少问题,例如,有关法律规定不完备、司法实践有限、学界研究不足、评估主体不全面、评估内容不统一、评估指标不规范、评估方法不科学、评估程序不完备等。因此,应当在对以上问题梳理、分析的基础上,借鉴国(境)外社区矫正效果评估的成功经验,构建符合我国国情的、较为系统的缓刑犯社区矫正效果评估制度。

---

[1] 虽然《社区矫正法》将社区矫正工作内容分为对社区矫正的监督管理和教育帮扶两大方面,但是教育和帮扶是矫正社区矫正对象犯罪心理和行为恶习的两个不同方面,且二者具有不同的价值追求和实施原则。因此,本书仍将教育帮扶分为教育矫正和帮困扶助两个方面。这样,社区矫正工作内容仍然分为对社区矫正对象的监督管理、教育矫正和帮困扶助三大部分内容。

四、本书的主要创新点

缓刑犯社区矫正问题并不是一个新问题，但这并不影响该研究的创新性。概括来讲，本书的创新点主要包括：

1. 以缓刑犯为切入点研究社区矫正理论与实践中的相关问题。以往的社区矫正研究中，以某地社区矫正的实践为视角或者立足于社区矫正中个别具体问题的研究较为常见，很少有以缓刑犯为切入点的社区矫正研究，或者即便有相关研究，涉及内容的广度与深度也存在一定的不足。

2. 打破传统的缓刑犯分类标准，主张应当根据缓刑犯社区矫正工作的不同任务确立不同的分类标准。即监督管理应当以危险评估结果为分类标准，教育矫正应当主要以犯罪类型和需要评估结果为分类标准，帮困扶助应当以需要评估结果为分类标准。以往的研究和实践通常采取统一标准对缓刑犯进行分类，但是缓刑犯社区矫正不同任务的价值追求是有区别的，采取统一分类标准难以高质高效完成缓刑犯社区矫正工作的不同任务。

3. 主张危险评估与需要评估既有机统一又相对独立。危险评估与需要评估具有不可分割的一面，不少评估指标相互交叉，且评估结果往往相互影响，实践中为提升评估效率和结果的精准度，通常将二者同步进行。但是，在评估结果的具体运用上又表现出相对独立的一面，对缓刑犯的监督管理应以危险评估结果为导向，而教育帮扶则应以需要评估结果为导向。

4. 在缓刑犯社区矫正帮困扶助工作中，提出个别化帮扶应当建立在需要评估结果上。目前的缓刑犯帮困扶助工作不重视缓刑犯的需要评估，导致对缓刑犯提供的帮困扶助内容与缓刑犯的现实需求不一致，这不仅消减了帮困扶助的效果与效率，而且容易造成社会资源的浪费，而以需要评估结果为导向的个别化帮扶，恰好可以解决缓刑犯帮困扶助中的该类问题。

5. 重视缓刑犯社区矫正效果评估，系统构建了缓刑犯社区矫正效果评估制度。以往的研究不够重视缓刑犯社区矫正效果评估，没有充分认识缓刑犯社区矫正效果评估的重要价值，在缓刑犯社区矫正效果评估的有关法律规定不完备、司法实践有限、学界研究不足、评估主体不全面、评估内容不统一、评估指标不规范、评估方法不科学、评估程序不完备等方面均存在一些问题。本书尝试从完备有关法律规定、科学确定效果评估内容、确立对应效果评估主体、构建效果评估指标体系、促进效果评估方法升级、完善效果评估程序等方面构建符合我国国情的、系统全面的缓刑犯社区矫正效果评估制度。

第一章

我国缓刑犯社区矫正性质探讨*

我国学界对缓刑犯社区矫正(包括缓刑、缓刑适用)性质的认识存在刑种说、刑罚裁量制度说、刑罚执行制度说、量刑行刑制度说、刑事执行制度说、刑罚消灭制度说及刑事责任说七种观点,但实质上各种观点下的缓刑犯社区矫正均应为刑罚执行。从缓刑犯社区矫正是刑罚改革的产物、缓刑犯社区矫正具备刑罚执行的特征、缓刑犯社区矫正与刑罚执行目的一致等方面考察,缓刑犯社区矫正也属于刑罚执行,具体为非监禁刑罚执行活动。

一、问题的提出

依照我国《刑法》第76条和《刑事诉讼法》第269条的规定,对被宣告缓刑的罪犯,在缓刑考验期限内依法实行社区矫正。实际上,我国的缓刑犯社区矫正就是社区矫正机构对缓刑犯进行的考察工作,缓刑犯社区矫正工作的内容主要是《刑法》第75条的规定和社区矫正规范性文件中的相关规定。然而,对于社区矫正机构依法开展的缓刑犯社区矫正工作的性质,学界存在不同看法。有刑法学研究者认为,缓刑犯社区矫正不是刑罚执行,"缓刑考验期满,原判的刑罚就不再执行",意味着刑罚的宣告归于无效,不再执行就等于没有执行,更不存在执行完毕的问题。[1] 而2003年、2005年、2009年和2014年最高人民法

---

* 本章内容来源张雍锭:《我国缓刑犯社区矫正性质探讨》,载《中国人民公安大学学报(社会科学版)》2021年第4期。

[1] 齐文远:《刑法学》(第3版),北京大学出版社2016年版,第282页。

院、最高人民检察院、公安部和司法部发布的《关于开展社区矫正试点工作的通知》[1]（以下简称两院两部《试点通知》）、《关于扩大社区矫正试点范围的通知》[2]（以下简称两院两部《扩大试点通知》）、《关于在全国试行社区矫正工作的意见》[3]（以下简称两院两部《全国试行意见》）、《关于全面推进社区矫正工作的意见》（以下简称两院两部《全面推进意见》）均将社区矫正定性为"非监禁刑罚执行"。[4] 2019年7月5日发布的《社区矫正法（草案）》第1条规定，为了保障和规范社区矫正工作，正确执行刑罚，提高教育改造质量，促进社区矫正对象顺利融入社会，预防和减少犯罪，制定本法。这里仍然将社区矫正定义为刑罚执行。况且，我国不少刑法学研究者也认为缓刑犯社区矫正属于刑罚执行。[5] 但是，《社区矫正法》和2020年6月18日发布并于2020年7月1日起实施的《社区矫正法实施办法》并没有相关表述，仅是在《社区矫正法》第1条提到制定本法是为了保障刑事判决、刑事裁定和暂予监外执行决定的正确执行。[6] 这样，缓刑犯社区矫正是否属于刑罚执行便存在较大争议。

随着宽严相济刑事政策的推行，宣告缓刑的罪犯人数逐年增加，占社区矫

---

〔1〕 2003年7月10日，最高人民法院、最高人民检察院、公安部、司法部发布的《关于开展社区矫正试点工作的通知》，依据2020年12月30日司法部公告第12号《司法部现行有效行政规范性文件目录（截至2020年底）》和《司法部决定废止行政规范性文件目录》废止，已失效，余同。

〔2〕 2015年1月20日，最高人民法院、最高人民检察院、公安部、司法部发布的《关于扩大社区矫正试点范围的通知》，依据2020年12月30日司法部公告第12号——《司法部现行有效行政规范性文件目录（截至2020年底）》和《司法部决定废止行政规范性文件目录》废止，已失效，余同。

〔3〕 2009年9月2日，最高人民法院、最高人民检察院、公安部、司法部发布的《关于在全国试行社区矫正工作的意见》，依据2020年12月30日司法部公告第12号——《司法部现行有效行政规范性文件目录（截至2020年底）》和《司法部决定废止行政规范性文件目录》废止，已失效，余同。

〔4〕 2003年7月10日发布的两院两部《试点通知》（已失效）开篇便指出："社区矫正是与监禁矫正相对的行刑方式，是……非监禁刑罚执行活动。"2005年1月10日发布的两院两部《扩大试点通知》在进一步提高对扩大社区矫正试点工作重要意义的认识中提道："社区矫正工作是……一种非监禁刑罚执行活动。"2009年9月2日发布的两院两部《全国试行意见》在充分认识全面试行社区矫正工作的重要性和必要性中提出："社区矫正……是一项符合我国国情的非监禁刑罚执行制度。"2014年8月27日发布的两院两部《全面推进意见》在充分认识全面推进社区矫正工作的重要性和必要性中论及："社区矫正是一项重要的非监禁刑罚执行制度……"

〔5〕 陈兴良、贾宇、刘宪权等教授均持此观点。参见陈兴良：《本体刑法学》（第3版），中国人民大学出版社2017年版，第661页；贾宇主编：《刑法学》（上册·总论），高等教育出版社2019年版，第379～380页；刘宪权主编：《刑法学》（第5版），上海人民出版社2020年版，第339页。

〔6〕 《社区矫正法》第1条规定："为了推进和规范社区矫正工作，保障刑事判决、刑事裁定和暂予监外执行决定的正确执行，提高教育矫正质量，促进社区矫正对象顺利融入社会，预防和减少犯罪，根据宪法，制定本法。"

正对象总数的百分比从2012年的82.2%上升到2019年的约94.66%,[1]可以说,缓刑犯构成了整个社区矫正对象的主体。对缓刑犯社区矫正性质的理解将在很大程度上影响对社区矫正性质的认识,而对社区矫正性质不明将导致社区矫正机构性质不明、社区矫正工作人员和社区矫正对象身份不清等问题。因此,进一步厘清缓刑犯社区矫正性质,[2]具有多方面重要意义。第一,有助于准确把握社区矫正的性质。对管制、假释、暂予监外执行类社区矫正对象的社区矫正均属于刑罚执行已被普遍接受。若缓刑犯社区矫正属于刑罚执行,则社区矫正即为完整意义上的刑罚执行制度;而如果缓刑犯社区矫正不属于刑罚执行,那么社区矫正不能称为完整意义上的刑罚执行。可见,对缓刑犯社区矫正性质的理解有助于认识社区矫正性质。第二,有助于实现缓刑犯社区矫正促进缓刑犯顺利融入社会、预防和减少犯罪的目的。缓刑犯社区矫正内容表现为限制或剥夺缓刑犯的某种权益,[3]通过限制或剥夺缓刑犯的某种权利,并对其进行教育帮扶,实现缓刑犯社区矫正的目的,蕴含了一般预防和特殊预防。而刑罚执行通常也表现为通过限制或剥夺犯罪人的某种权益,以达到一般预防和特殊预防的目的。如果将缓刑犯社区矫正定义为刑罚执行,那么加重缓刑犯社区矫正期间的义务便更加正当,从而有利于缓刑犯社区矫正目的的实现。第三,有助于明确缓刑犯社区矫正内容,进而确立社区矫正内容在刑罚体系中的地位。在社区矫正期间,对缓刑犯执行的是社区矫正内容。如果缓刑犯社区矫正不属于刑罚执行,那么缓刑犯社区矫正的内容则不属于具体的刑罚种类,至少不属于我国现有的法定刑罚种类,宣告缓刑也不属于刑罚执行制度;而如果将缓刑犯社区矫正定位为刑罚执行制度,则缓刑犯社区矫正的内容便应当是具体

---

〔1〕 司法部社区矫正管理局编:《2012~2017年全国社区矫正工作统计分析报告》,法律出版社2018年版,第3~5页;吴宗宪主编:《社区矫正导论》(第2版),中国人民大学出版社2020年版,第6页。

〔2〕 以往研究的表述中,通常不区分缓刑犯社区矫正性质与缓刑性质、缓刑适用性质。但实际上,三者既有区别,也存在密切联系。其区别主要表现为:缓刑犯社区矫正性质关乎其是否为刑罚执行活动或者制度,而缓刑性质涉及缓刑考察的内容是否为具体的刑罚种类,缓刑适用性质则关注缓刑宣告是否为量刑制度;其联系主要表现为:缓刑性质影响缓刑适用性质和缓刑犯社区矫正性质,缓刑适用性质影响缓刑犯社区矫正性质。

〔3〕 缓刑犯社区矫正内容涵盖对缓刑犯的监督管理和教育帮扶,本书的缓刑犯社区矫正内容特指监督管理,具体内容包括《社区矫正法实施办法》第24~30条规定的定期报告遵纪守法、参加公益活动、参加社会活动、遵守禁止令、迁居申请等。

的刑罚种类,属于具体的刑种制度,[1]或者至少宣告缓刑属于刑罚执行制度。可以说,缓刑犯社区矫正性质在一定程度上决定着社区矫正内容能否成为独立的刑罚种类。

二、缓刑犯社区矫正性质主要观点述评

目前,我国学界关于缓刑犯社区矫正性质的研究,主要有存在独立刑种说、刑罚裁量制度说、刑罚执行制度说、量刑行刑制度说、刑罚消灭制度说、刑事执行说和刑事责任说七种观点。各种观点争执不下,至今尚未形成一致认识。因此,需要深入探究。

(一)独立刑种说述评

独立刑种说将缓刑视为与自由刑、罚金刑等并列的刑罚种类。如有论者认为缓刑作为短期自由刑的替代措施属于实体刑罚范畴,只不过缓刑犯与监狱服刑人员相比,其人身自由是依法被限制而不是被剥夺,缓刑的惩罚性相对较弱。[2] 也有论者认为缓刑、假释、暂予监外执行等虽未被列入我国《刑法》第三章刑罚的种类中,但完全符合刑罚性质和特征,是刑罚外延的体现,因此应属于刑罚的范畴和刑罚的类别。[3] 还有论者认为刑罚的谦抑性要求寻求新的刑法反应手段来替代监禁刑,这意味着缓刑将作为一种独立的制裁措施,对犯罪做出反应。[4] 更有论者坚持以发展的眼光和从刑事一体化角度考虑,将社区矫正定位为更加具有开放性的非监禁性的刑事处遇方法。[5] 我国台湾地区也有论者将缓刑视为刑罚制度中不可或缺的一种特殊的刑罚手段,是一种积极地进行刑事矫治工作的罪犯处遇方法。[6]

笔者认为在论及缓刑是否属于独立刑种时,至少应该考虑两个层面的问题,即缓刑是否应当成为独立刑种以及能否成为独立刑种。一方面,缓刑应当成为独立的刑种。这是因为:第一,缓刑在我国刑法中虽然不是独立的刑种,但

---

〔1〕 目前,虽然我国的缓刑并非具体的法定刑种,但是缓刑的发展历史及国外的有关实践表明,缓刑在我国有可能发展成为独立的刑种,缓刑犯在社区矫正期间的法定义务逐渐加重便佐证了这一发展趋势。

〔2〕 王平:《缓刑犯是否是社区矫正对象》,载《法制日报》2017 年 4 月 19 日,第 12 版。

〔3〕 武玉红:《“缓刑执行不是刑罚执行”辩——兼与屈学武教授商榷》,载《青少年犯罪问题》2014 年第 5 期。

〔4〕 段晖、周卫军:《缓刑的刑罚谦抑性考察》,载《当代法学》2001 年第 7 期。

〔5〕 郑丽萍:《互构关系中社区矫正对象与性质定位研究》,载《中国法学》2020 年第 1 期。

〔6〕 林山田:《刑罚学》,台北,商务印书馆股份有限公司 1983 年版,第 208 页。

是在国际上,缓刑有发展为独立刑种的趋势。实际上,一些国家的缓刑已经演变成为刑种。例如,英国的监禁刑分为立即执行的监禁刑、缓期执行的监禁刑及部分缓期执行的监禁刑,[1]缓期执行的监禁刑和部分缓期执行的监禁刑是监禁刑,属于具体的刑罚种类。在美国,缓刑已经成为对刑事违法者的最主要处罚方式。[2] 况且,当代一些发达国家已经出现一些刑种与刑罚执行方式结合的趋势,缓刑即是一类将刑种与刑罚执行方式融合的刑罚措施。[3] 第二,缓刑惩罚的严厉性表明缓刑应当属于刑罚。缓刑与管制相比,执行主体同为社区矫正机构,缓刑犯应当遵守的义务中仅缺少"未经执行机关批准,不得行使言论、出版、集会、结社、游行、示威自由的权利"(罪犯基本上不行使该权利,影响并不大),而缓刑犯在社区矫正期间存在参加公益劳动的可能。可以说,对缓刑犯惩罚的严厉性丝毫不弱于对管制犯的惩罚。而惩罚的最为严厉性是刑罚的显著特征,惩罚更为严厉的缓刑应当成为独立刑种。有论者便从应然层面提出,改革和完善缓刑,用缓刑取代管制。[4] 另一方面,缓刑不能成为独立刑种。因为若将缓刑视为独立刑种,则对犯罪人可以直接独立判处缓刑,并无必要在判处剥夺自由刑的同时再宣告缓刑。同时,抛开缓刑与假释的法律后果区别,[5]被宣告缓刑的罪犯相当于跨过"执行一定期限的刑罚"而直接被假释,缓刑同样是对原判刑罚执行方式的变更。因此,缓刑不可能成为独立刑种。可见,缓刑应当成为独立刑种,但是它却不能成为独立刑种。事实上,且不论缓刑是否应当成为独立刑种和能否成为独立刑种,既然这些研究者将缓刑视为独立刑种,那么缓刑犯社区矫正自然应当为刑罚执行。

(二)刑罚裁量制度说述评

刑罚裁量制度说认为缓刑属于刑罚裁量制度。目前我国对刑罚裁量的内容理解主要包括以下观点:第一,量刑包括是否判处刑罚、判处何种刑罚,以及判处多重刑罚。[6] 狭义的量刑包含刑罚之酌科、刑种之选择、刑度之确定、刑罚

---

〔1〕 朱华荣主编:《各国刑法比较研究》,武汉出版社 1995 年版,第 208 页。

〔2〕 Shannon M. Barton - Bellessa, *Encyclopedia of Community Corrections* SAGE Publications, 2012, p. 328.

〔3〕 吴宗宪:《非监禁刑研究》,中国人民公安大学出版社 2003 年版,第 76 ~78 页。

〔4〕 邓可大:《缓刑改革与完善》,载《法学杂志》1997 年第 1 期。

〔5〕 若缓刑犯在考验期限内未发生撤销缓刑的法定事由,则不再执行对其的原判刑罚;若假释犯在假释考验期内未发生撤销假释的法定事由,则剩余刑罚视为已经执行完毕。前者不可能构成累犯,后者可能构成累犯。但是,二者均负有前科报告义务。

〔6〕 陈兴良:《规范刑法学》(上册 · 第 4 版),中国人民大学出版社 2017 年版,第 351 页。

之量定四个方面。[1] 第二，量刑包括对犯罪人是否判处刑罚、判处何种刑罚以及多重刑罚，并决定是否立即执行所判刑罚，进而将缓刑归于刑罚裁量制度。[2] 第三，包括对犯罪人是否判处刑罚、判处何种刑罚及多重刑罚，并决定是否适用某种刑罚制度，具体包括缓刑、数罪并罚等刑罚制度。[3]

笔者认为，缓刑适用并非刑罚裁量制度，而应为刑罚执行制度。这主要基于以下方面的考虑：首先，刑罚裁量制度说在论证过程中陷入循环论证的逻辑误区，不能将是否立即执行刑罚预设为刑罚裁量制度的内容，同时将是否适用缓刑等同于是否立即执行原判刑罚，进而证明缓刑适用属于刑罚裁量制度。况且，理论界有关刑罚裁量的内容并未形成统一的认识。其次，刑罚裁量居于定罪之后，即确立具体罪名后，便应当根据犯罪人所负刑事责任决定对其判处何种刑罚及多重刑罚、是否判处非刑罚处罚或定罪免刑。而是否立即执行刑罚只能是刑罚执行问题，因为此时已经完成刑罚裁量，不能再将是否立即执行刑罚视为刑罚裁量内容。否则，同样是解决刑罚如何执行的假释也可以归入刑罚裁量制度，而这显然不合适。最后，刑罚裁量和缓刑适用的决定因素不同。刑罚裁量主要由行为的社会危害性决定，而缓刑适用则主要考察罪犯的人身危险性。虽然决定社会危害性与人身危险性的因素有部分重合，但前者多对应已然之罪，而后者多对应未然之罪。因此，缓刑适用仅是刑罚执行方式的选择问题。将缓刑适用视为刑罚执行制度，具体为刑罚执行方式的变更，则后续的缓刑犯社区矫正也应当为刑罚执行制度。

（三）刑罚执行制度说述评

刑罚执行制度说认为缓刑是刑罚确定后对原判刑罚执行方式方法所作的选择，应当属于刑罚执行制度。例如，有论者认为缓刑以被告人有罪为前提，以被告人已经确定刑罚为基础，在刑罚量定后解决如何执行的问题，因而是一种行刑制度而非量刑制度。[4] 也有论者从缓刑与累犯、自首、减刑、假释以及剥夺政治权利制度间的协调角度出发，论证缓刑只不过是刑罚执行方式的变更，即

---

〔1〕 陈兴良：《本体刑法学》（第3版），中国人民大学出版社2017年版，第597～598页。

〔2〕 有研究者认为量刑包括决定是否立即执行所判刑罚，进而将缓刑归于刑罚裁量制度。参见高铭暄、马克昌主编：《刑法学》（第8版），北京大学出版社2017年版，第250、282页；张明楷：《刑法学》（第5版·上），法律出版社2016年版，第543页。

〔3〕 赵秉志主编：《刑法总论》（第3版），中国人民大学出版社2016年版，第354页。

〔4〕 陈兴良：《本体刑法学》（第3版），中国人民大学出版社2017年版，第663页；陈兴良：《刑法适用总论》（下卷·第3版），中国人民大学出版社2017年版，第533～534页。

不采取收监执行的方式，是刑罚的一种特殊执行方式。[1] 还有论者认为缓刑是附条件地不执行刑罚，其“附条件”内容是原判监禁刑罚的替代执行措施，是原判刑罚在执行方法上的改变，属于广义上的“刑罚变更执行方式”。[2] 我国台湾地区有论者认为缓刑属于宣告刑的一种特别执行方式。若宣告刑为徒刑或拘役，则缓刑应属于一种使受刑人仍旧生活在自由社会的非机构性社会处遇；若宣告刑为罚金，则缓刑仅属于宣告刑的暂缓执行。[3] 严格来讲，该种观点应当理解为缓刑适用和缓刑犯社区矫正属于刑罚执行制度，而非缓刑本身属于刑罚执行制度。

笔者认为缓刑犯社区矫正也应当属于刑罚执行制度，这主要是基于以下方面考虑。首先，缓刑犯社区矫正的对象是被审判机关定罪判刑的罪犯，对罪犯是否适用缓刑的判断发生在定罪量刑之后。虽然刑事判决中包含适用缓刑的内容，但是并不能由此断定缓刑属于刑罚裁量制度。因为这仅是表层现象，缓刑适用与刑罚裁量在本质上是不同的。至于确定宣告刑后，是否立即执行仅是刑罚执行方式选择问题，如同死刑缓期执行是死刑的执行方式，缓刑也是有期徒刑或者拘役的一种特殊执行方式而已。缓刑虽然是由审判机关宣告，但实际上是审判机关在量刑完毕后对刑罚如何执行所作的决定，其性质类似于审判机关作出的假释决定。其次，缓刑犯社区矫正的内容是刑法中规定的、具有惩罚性的内容，这些内容属于非监禁刑。虽然缓刑犯尚未开始执行“监禁刑”，但是已经在社区中执行非监禁刑的内容，[4]不能因为该内容不是监禁刑而否定缓刑犯社区矫正属于刑罚执行。这样，认为缓刑考验期内履行的义务是一种惩罚而非刑罚进而否认缓刑犯社区矫正属于刑罚执行，[5]以及依据2020年1月20日起施行的《关于缓刑犯在考验期满后五年内再犯应当判处有期徒刑以上刑罚之罪应否认定为累犯问题的批复》而否定缓刑犯社区矫正属于刑罚执行的观点便值得商榷。[6] 因为依此逻辑，作为刑罚裁量结果的定罪免刑或者非刑罚处罚方式因均不属于刑罚，故二者均不应是刑罚裁量的内容，这显然是不合适的。目

[1] 黄京平、陈鹏展：《缓刑执行说之论证——以“原判的刑罚就不再执行”为切入点》，载《法学评论》2006年第4期。

[2] 刘志伟等：《中国社区矫正立法专题研究》，中国人民公安大学出版社2017年版，第19页。

[3] 林山田：《刑法通论》（下·增订10版），北京大学出版社2012年版，第377页。

[4] 吴宗宪：《完善〈社区矫正法（征求意见稿）〉内容的建议》，载《中国司法》2017年第3期。

[5] 屈耀伦：《我国缓刑制度的理论与实务》，中国政法大学出版社2012年版，第105~106页。

[6] 王顺安：《谈中国特色的社区矫正概念与性质》，载《宜宾学院学报》2021年第1期。

前，许多国家纷纷增强缓刑监督强度，设立具有“惩罚性质”的缓刑考验措施，强化缓刑制裁犯罪的力度。[1] 在我国，随着社区矫正惩罚性的不断增加，并不排除将社区矫正内容改革为具体刑种的可能。最后，撤销缓刑并执行原判刑罚，不违背“一事不二罚”原则。缓刑体现了对犯罪分子的宽缓处理，即根据对罪犯人身危险性和再犯罪可能性的判断，将原本应当监禁矫治的罪犯放在社会中进行非机构性矫治，仅是刑罚执行方式的变更。出现缓刑被撤销的法定事由，表明该类罪犯仍具有较高的人身危险性，理应由法院决定撤销缓刑收监执行惩罚力度更大的监禁刑。如果缓刑被撤销违背“一事不二罚”原则，那么类似的假释被撤销同样有违背“一事不二罚”原则之虞。

（四）量刑行刑制度说述评

量刑行刑制度说试图整合刑罚裁量说和刑罚执行说，认为缓刑既是刑罚裁量制度又是刑罚执行制度。例如，有论者认为在裁量是否执行所判刑罚意义上，缓刑是量刑制度，而在刑罚执行意义上，缓刑又是刑罚执行制度。[2] 也有论者一方面承认缓刑与死缓均不是刑种，而是刑罚的执行方法或暂缓执行制度，是在刑罚裁量时决定的问题，理所当然地不应排除在刑罚裁量之外。另一方面认为我国的缓刑制度采取执行犹豫主义，缓刑考验期内原判主刑暂缓执行，没有剥夺犯罪分子的自由，只是保持着执行原判刑罚的可能性；缓刑考验期届满，原判刑罚不再执行，仅意味着刑罚执行权的消灭。[3] 还有论者认为刑罚裁量自然包括决定所判处的刑罚是否立即执行，但却在刑罚执行制度中论述缓刑。[4] 更有论者从我国《刑法》总则第四章“刑罚的具体运用”所处位置，即居于累犯、自首、立功、数罪并罚等刑罚裁量制度之后，减刑和假释等刑罚执行制度之前，而认为缓刑兼具刑罚裁量和刑罚执行的双重性质。[5] 该种观点在讨论缓刑性质时，区分缓刑适用性质和缓刑执行的做法值得提倡，但是对缓刑适用性质的把握值得商榷。按照这种观点，即便将缓刑适用视为量刑制度，缓刑犯社区矫正仍为刑罚执行。笔者认为缓刑适用同样属于行刑制度，而非量刑制度。

缓刑适用和缓刑犯社区矫正属于不同阶段，自然可以分别属于不同的刑罚制度，但不能笼统认为缓刑既是刑罚裁量制度又是刑罚执行制度。这主要基于

〔1〕 段晖、周卫军：《缓刑的刑罚谦抑性考察》，载《当代法学》2001 年第 7 期。
〔2〕 张明楷：《刑法学》（上 · 第 5 版），法律出版社 2016 年版，第 543 页。
〔3〕 马克昌主编：《刑罚通论》，武汉大学出版社 2011 年版，第 251、589 页。
〔4〕 周光权：《刑法总论》（第 3 版），中国人民大学出版社 2016 年版，第 419、454 页。
〔5〕 陈智元：《缓刑制度有关问题探讨》，载《北华大学学报（社会科学版）》2006 年第 6 期。

以下方面的考虑:首先,该种观点违反矛盾律。刑罚裁量和刑罚执行存在本质区别,刑罚裁量是根据法律规定,确定对犯罪嫌疑人是否判处刑罚、判处何种刑罚及多重刑罚的司法审判活动;刑罚执行是将人民法院生效的刑事判决所确定的刑罚付诸实施的刑事司法活动。刑罚裁量主要考虑行为的社会危险性,而刑罚执行侧重于行为人的人身危险性。缓刑不可能既是刑罚裁量又是刑罚执行,将缓刑视为兼具刑罚裁量和刑罚执行双重性质的观点,势必违反矛盾律。其次,该种观点导致刑法教材体系的紊乱。持该种观点的论者在编写刑法学教材时,往往陷入自相矛盾的境地。虽然坚持缓刑的量刑行刑制度说,但是仅在刑罚裁量制度或刑罚执行制度中介绍缓刑;甚至虽然同样坚持缓刑的量刑行刑制度说,但是有的在刑罚裁量制度中介绍,有的却在刑罚执行制度中展开。这种试图调和矛盾却制造更多矛盾的做法不足取。最后,根据缓刑在《刑法》中的位置来判断其性质的做法更轻率。其一,该观点无逻辑可言。既然可以根据缓刑居于刑罚裁量和刑罚执行之间而认定缓刑兼具二重性,那么也可以根据《刑法》中对缓刑的规定位于刑罚裁量后而认定缓刑具有刑罚执行的属性,或者根据刑法中对缓刑的规定位于刑罚执行前而认定缓刑具有刑罚裁量的属性。其二,我国《刑法》中不乏此种情况下的立法例。例如,我国《刑法》第 37 条、第 37 条之一分别是关于非刑罚性处罚措施、从业禁止的规定,二者均非刑种,虽置于刑罚的种类下,但并不能因此认定二者是具体的刑罚种类。因此,缓刑不能既是刑罚裁量制度,又属于刑罚执行制度。

（五）刑事执行制度说述评

刑事执行制度说认为,缓刑犯社区矫正属于具体的刑事执行活动。例如,有论者认为《社区矫正法》第 1 条规定,为了推进和规范社区矫正工作,保障刑事判决、刑事裁定和暂予监外执行决定的正确执行,提高教育矫正质量,促进社区矫正对象顺利融入社会,预防和减少犯罪,根据宪法,制定本法。这里准确确立了社区矫正的性质为刑事执行,是对理论与实践中社区矫正“刑罚执行说”的纠偏和超越。[1] 也有论者认为社区矫正法规避争议,将社区矫正制度界定为具有中国特色的刑事执行制度。[2] 还有论者认为从立法理念、结构布局、用词造

---

〔1〕 周鹏:《社区矫正的理性回归——兼评〈中华人民共和国社区矫正法〉》,载《犯罪与改造研究》2020 年第 1 期。

〔2〕 连春亮:《〈社区矫正法〉出台的意义与特点》,载《犯罪与改造研究》2020 年第 4 期。

句和法条规定来看，该法蕴含或暗示社区矫正应该是外延更加广泛的刑事执行。[1]

笔者认为将缓刑犯社区矫正理解为刑事执行并不合理，这主要是基于以下方面的考虑：首先，将缓刑犯社区矫正定性为刑事执行欠准确。刑事执行属于刑罚执行的上位概念，将缓刑犯社区矫正定性为刑事执行，虽然可以避免缓刑犯、假释犯和暂予监外执行犯的社区矫正是否属于刑罚执行的争议，但是对社区矫正的发展意义不大。其次，将缓刑犯社区矫正界定为刑事执行缺乏明确的法律依据。我国《社区矫正法》并未明确提出社区矫正属于刑事执行，而仅是论及制定《社区矫正法》的目的是保障刑事判决、裁定和暂予监外执行决定的正确执行。立法中进行这种相对含糊的界定，很大程度上是一种立法折中的体现。最后，《社区矫正法》取消社区矫正“刑罚执行”表述的论据不足。2019 年 10 月 21 日发布全国人民代表大会宪法和法律委员会关于《中华人民共和国社区矫正法（草案）》修改情况的汇报提到，草案“正确执行刑罚”的表述不准确，将“正确执行刑罚”修改为“正确执行刑事判决、裁定和暂予监外执行决定”，但是并未阐明取消刑罚执行表述的具体原因，并且也无据可查。有参与该法制定的研究者指出，立法者虽然根据《刑法》规定取消“正确执行刑罚”的表述，但是将“缓刑是附条件地不执行刑罚”等同于“缓刑考验期满，原判的刑罚就不再执行”，[2] 即认为附条件不执行刑罚便是原判的刑罚不再执行，笔者认为这种说法明显不当。

（六）刑罚消灭制度说述评

刑罚消灭制度说认为，缓刑的本质属性是刑罚消灭。[3] 例如，有论者根据排中律、缓刑与赦免的属概念同为刑罚消灭制度、宣告缓刑未立即导致刑罚消灭不影响缓刑性质归属这三方面，阐释缓刑属于刑罚消灭制度。[4] 我国台湾地区有论者认为缓刑是指法院在宣判时既确定刑事责任又宣判犯人应得的刑罚，但却暂缓执行。若缓刑期满且未被撤销，则免除其刑之执行，而且其所受刑事

---

[1] 王顺安：《从刑罚执行到刑事执行——谈对社区矫正性质的认识》，载《河南司法警官职业学院学报》2020 年第 2 期。

[2] 刘强、武玉红：《社区矫正的性质为社区刑罚执行》，载《青少年犯罪问题》2020 年第 6 期。

[3] 也有观点认为缓刑属于附条件赦免制度。且不论缓刑与赦免在适用目的、适用主体、适用对象、适用结果的确定时间及法律后果等方面的不同，决定赦免不能作为缓刑的属概念，仅从赦免的上位概念也是刑罚消灭来看，就没必要将缓刑作为一项附条件赦免制度予以单独讨论，完全可以在刑罚消灭制度说中论述。

[4] 左坚卫：《缓刑制度的理论与实务》，中国人民公安大学出版社 2012 年版，第 22 ~ 25 页。

责任之宣判亦失去效力，视同自始未犯罪。[1] 这里的缓刑期满且未被撤销的情况下，同时消灭了罪犯的罪和刑。严格意义上，该种观点是针对缓刑适用和缓刑执行结果而言的。因为刑罚消灭，必须以罪犯被宣告缓刑并且缓刑执行完毕为前提，缓刑执行完毕则刑罚消灭。

笔者认为无论如何都不能将缓刑适用和缓刑犯社区矫正理解为刑罚消灭制度。这主要基于以下方面的考虑：首先，将二者视为刑罚消灭制度违反矛盾律。刑罚制度包括刑种制度、刑罚裁量制度、刑罚执行制度和刑罚消灭制度，且彼此间存在本质区别，即矛盾关系。根据矛盾律，由于前述内容已经确立二者属于刑罚执行制度，则其必然不能再为刑罚消灭制度。其次，缓刑的适用与执行并不必然导致刑罚消灭。不可否认，缓刑的适用及执行导致不执行原判监禁刑的法律后果类似刑罚消灭，但不能就此简单地认为它们属于刑罚消灭制度。[2] 因为适用缓刑，仅是具备免除原判刑罚执行的可能，并不必然导致犯罪人的刑罚被免除执行。因此，任何从缓刑适用与执行的一种结果将缓刑定位于刑罚消灭制度的主张，均是片面的。再次，缓刑执行完毕并未使犯罪人完全免除刑罚，而仅是以特殊的缓刑考验替代原判刑罚。缓刑考验期内，罪犯的某些权益同样会被限制。此外，缓刑考验和假释监督内容极为相似，如果将原判刑罚暂缓执行的缓刑制度视为刑罚消灭制度，那么执行部分原判刑罚的假释制度也可以归于刑罚消灭制度，[3] 至少可以看作刑罚部分消灭制度，而这显然是不合适的。最后，我国大陆缓刑执行完毕的法律后果并不完全等同于刑罚消灭。缓刑犯在被解除社区矫正后，其所犯之罪并未消灭。我国《刑法》第 100 条规定："依法受过刑事处罚的人，在入伍、就业的时候，应当如实向有关单位报告自己曾受过刑事处罚，不得隐瞒。"而缓刑犯显然属于依法受过刑事处罚的人，缓刑犯被解矫后，在从事特定行业及入学、征兵等方面，仍会受到负面影响。而刑罚消灭可能导致罪与刑的同时消灭，犯罪人如同自始未犯罪。可见，缓刑犯解矫与刑罚消灭的后果不同，这就决定了缓刑适用和缓刑犯社区矫正都不是刑罚消灭制度，缓刑犯社区矫正应为刑罚执行。

（七）刑事责任说述评

刑事责任说认为，缓刑应属于刑事责任的承担方式。例如，有论者认为作

---

〔1〕 施茂林：《侦查中试办社区处遇之研究：运用社区处遇强化微罪不举机制》，台北地方法院检察署 2003 年 9 月 1 日，第 8 ~ 9 页。

〔2〕 李巍：《论缓刑的性质》，载《行政与法》2006 年第 3 期。

〔3〕 周竟成：《缓刑执行说辨析》，载《佳木斯大学社会科学学报》2006 年第 5 期。

为刑罚的替代措施且不等同于刑罚的缓刑应当属于刑事责任的范畴，即缓刑的性质是一种刑事责任的承担方式。[1] 也有论者认为国家对犯罪人负有矫正和惩罚的双重义务，犯罪人负有接受矫正和惩罚的双重责任，惩戒和矫正应属刑事责任最重要的两大内涵，缓刑因其主要体现刑事责任的矫正内涵而区别于以惩戒为本质的刑罚，与刑罚并列为刑事责任的不同承担方式。[2] 还有论者认为缓刑制度是本着对犯罪人教育、矫正的目的，通过轻缓化、社会化的手段实现刑事责任目的与要求的一系列法律制度的总和，应以刑事责任为落脚点确定缓刑法律性质。[3] 这类观点主要是针对缓刑犯本身性质而言的，将缓刑本身定位为与刑罚并列的刑事责任承担方式。

笔者认为将缓刑本身定位为与刑罚并列的刑事责任承担方式欠准确，缓刑本身应当为具体的刑罚种类，缓刑犯社区矫正自然应当属于刑罚执行。这主要是基于以下方面考虑：首先，认为缓刑本身属于刑事责任的承担方式缺乏法律依据。我国《刑法》中规定的刑事责任的承担方式包括刑罚、非刑罚处罚措施和定罪免刑三种情况，我国《刑法》第 37 条列举出非刑罚处罚措施的种类，如果刑事责任的承担方式和非刑罚处罚措施这两个概念是周延的，那么根据排中律，既然缓刑本身不属于非刑罚处罚措施和定罪免刑，则其必然为刑罚制度。其次，将刑事责任视为刑罚的上位概念欠准确。刑罚是刑事责任的主要承担方式已无争议，但不能就此认为刑事责任是刑罚的上位概念。准确地说，刑事责任的承担方式是刑罚的上位概念，刑事责任仅是判处刑罚的原因。因为犯罪行为导致行为人刑事责任的产生进而被判处刑罚，刑事责任与刑罚应当是因果关系而非种属关系。最后，从缓刑与刑罚的本质出发并不能否认缓刑属于刑罚制度。刑罚的本质大致经历了由报应论到预防论再到二元论的演变，目前我国刑法学界对刑罚本质的认识尚未统一，不能以存争议的标准判断事物的本质属性。况且，缓刑同时也兼具惩罚与矫正双重属性，很难说何者占据主导地位。理论上，缓刑的最主要目的在于教育矫正罪犯，但实践中，由于适用缓刑导致的前科报告义务，对罪犯的影响可能会更加深远。

三、缓刑犯社区矫正性质：刑罚执行

对缓刑犯社区矫正性质学说的述评已表明，缓刑犯社区矫正本质上是刑罚

〔1〕 屈耀伦：《我国缓刑制度的理论与实务》，中国政法大学出版社 2012 年版，第 113 页。
〔2〕 吴声：《缓刑制度研究——以立法完善为重点》，中国人民公安大学出版社 2007 年版，第 47 页。
〔3〕 佘博通：《我国缓刑适用研究》，吉林大学法学院 2014 年博士学位论文，第 10 页。

执行制度。考察缓刑的历史沿革、缓刑犯社区矫正的特征以及缓刑犯社区矫正的目的等方面,同样可以说明缓刑犯社区矫正本质上是刑罚执行。

(一)缓刑犯社区矫正是刑罚改革的产物

从缓刑发展的历史来看,缓刑犯社区矫正是在改革刑罚执行活动过程中产生的。

第一,缓刑萌芽于刑罚人道主义改革的大背景。早期的英国刑法充斥着报应和重刑色彩,对违法者机械地施加严厉刑罚,[1]该时期对罪犯科处刑罚主要考虑行为的社会危险性。18 世纪的法国哲学家因提倡自由、平等和正义而引发论战,他们与律师们试图重新定义刑罚目的,努力找到一些方法以使该时期的刑事司法系统充满启蒙时期的人道主义精神。对待犯罪人的方法也发生了改变,主要体现在如何看待犯罪人以及刑法的关注点和目的上,并最终引发为使罪犯忏悔和阻止犯罪,是否有必要将所有罪犯均关进监狱的思考,刑法的关注点也逐渐从犯罪行为转移到犯罪人。而设计缓刑是为了避免当时严苛刑罚规则的机械适用,缓刑的发展深受欧洲某些思想和辩论的影响。很大程度上,缓刑是西欧国家关于刑罚功能和应该如何管理和惩罚罪犯的哲学辩论的延伸。[2]所以,缓刑是一个刑罚范畴,应当在刑罚制度中讨论。

第二,早期缓刑源于罪犯处遇方式的改革探索。英美法系国家缓刑制度的诞生早于大陆法系,现在所熟知和付诸实践的缓刑进化于英国和美国的古老判例,但缓刑最初源于英国抑或美国存争议。早期比较著名的缓刑实践者当属波士顿的鞋匠约翰·奥古斯塔斯(John Augustus),他总是被“法律的目的是改造罪犯和阻止犯罪而不是恶意惩罚或报复”这样一种信仰激励。[3] 通过对波士顿的酗酒者、乞丐、妓女等犯罪人提供保释并进行监管,使法院推迟对这些人的判决。在规定的保释期限截止后,只要提供证据证明犯罪人已经改造好,法官就不再对其刑事判决。1841 年至 1859 年,其保释并缓刑了 1152 名男违法者和

---

〔1〕 Leanne Fiftal Alarid et al., *Community - Based Corrections*, 7th ed., Thomson Wadsworth, 2008, p. 77.

〔2〕 Edward J. Latessa & Paula Smith, *Corrections in the Community*, 6th ed., Routledge, 2015, p. 45 - 46.

〔3〕 Gerald Bayens & John Ortiz Smykla, *Probation, Parole, and Community - Based Corrections: Supervision, Treatment, and Evidence - Based Practices*, McGraw - Hill Companies, 2013, p. 44.

794 名女违法者,共计 1946 名。[1] 此外,其他一些重要人物也采取了类似约翰·奥古斯塔斯的做法,对早期缓刑制度的产生发挥了重要作用。例如,19 世纪 30 年代波士顿法院的市政法庭法官彼得·奥克森布里奇·撒切尔(Peter Oxenbridge Thatcher)、[2]英格兰伯明翰的刑罚改革家马修·达文波特·希尔(Matthew Davenport Hill)及可布伦格(Sprenger)等。

第三,缓刑已成为较常使用的罪犯处遇方式。例如,美国从 1878 年至 1938 年先后有 38 个州、哥伦比亚特区和美国联邦政府通过缓刑法规,采用缓刑制度。[3] 1925 年美国所有州都有了针对少年的缓刑,1956 年美国所有州都有了针对成年重罪犯罪人的缓刑,[4]从 1997 年至 2006 年的统计数据看,美国缓刑犯的数量一直在增加,缓刑犯在矫正人口总数中的比例在 60% 左右。另据统计,2015 年美国每 10 万人中被监禁的有 385 人,而适用缓刑的却达到 1393 人;2015 年美国监狱新进 26,607 人,看守所新进 13,851 人,而缓刑适用却增加 58,624 人。[5] 虽然除了 3 个州外,在美国的其他各州中,缓刑在法律上都不是刑罚,而是以良好行为作为条件的刑罚缓期执行。但实践中缓刑却被作为一种刑罚适用,一方面缓刑涉及对自由的严重限制,缓刑的附加条件更是增加了缓刑的严厉性;另一方面,有罪判决本身就体现了社会的道德谴责,许多情况下有罪判决也会引起一些间接后果。[6]

第四,缓刑犯社区矫正未来将定位为非监禁刑罚执行。我国《社区矫正法》第 1 条规定:"为了保障刑事判决、刑事裁定和暂予监外执行决定的正确执行,提高教育矫正质量,促进社区矫正对象顺利融入社会,预防和减少犯罪,根据宪法,制定本法。"可见,制定《社区矫正法》的目的之一便是正确执行刑罚,这也是将缓刑犯社区矫正视为刑罚执行的重要佐证。同时,行刑制度的改革也为将社区矫正定位为非监禁刑罚执行留足空间。监禁行刑因始终需要协调刑罚的强

---

〔1〕 男违法者与女违法者的数量应该是准确的,所以应该为 1946 名缓刑犯罪者。参见 Leanne Fiftal Alarid et al., *Community - Based Corrections*, 7th ed., Thomson Wadsworth, 2008, p. 81. 不少文献表明此期间约翰·奥古斯塔斯共监督 1956 名缓刑犯罪者,应该是不准确的。

〔2〕 Gerald Bayens & John Ortiz Smykla, *Probation, Parole, and Community - Based Corrections: Supervision, Treatment, and Evidence - Based Practices*, McGraw - Hill Companies, 2013, p. 192.

〔3〕 吴宗宪:《社区矫正比较研究》(上),中国人民大学出版社 2011 年版,第 145~146 页。

〔4〕 [美]埃德温·萨瑟兰:《犯罪学原理》,吴宗宪等译,中国人民公安大学出版社 2009 年版,第 523 页。

〔5〕 National Institute of Corrections, "2015 National Averages," https: - nicic. gov - state - statistics - 2015[2021 - 4 - 30].

〔6〕 [美]杜菲:《美国矫正政策与实践》,吴宗宪译,中国人民公安大学出版社 1992 年版,第 23~25 页。

制性和教育的自由性而在一定程度上削弱罪犯的矫正效果，且监禁行刑本身也具有导致监狱拥挤、交叉感染、罪犯复归困难、加剧犯罪人与国家的对抗、行刑费用高昂等方面缺陷。而社区矫正作为一种非监禁行刑制度，能够充分利用和组织社会资源和力量，克服监禁矫正的弊病，提高矫正效益。因此，应不断丰富作为非监禁刑执行制度之一的社区矫正的理论与实践。但不容否认，社区矫正因惩罚性不强、一般预防作用不明显等原因而遭受质疑。客观地讲，社区矫正和监禁矫正各有优劣，两者应交互共进、贯通衔接。[1]

（二）缓刑犯社区矫正具备刑罚执行特征

刑罚执行具有执行主体是有关司法行政机关、执行的内容是将刑罚付诸实施、执行的时间是刑事判决生效以后三方面特征，[2]而缓刑犯社区矫正也同样具备这些特征。

第一，缓刑犯社区矫正的主体同样是有关司法行政机关。我国《刑法》第76条规定，对宣告缓刑的犯罪分子，在缓刑考验期限内，依法实行社区矫正；我国《刑事诉讼法》第269条规定，对被宣告缓刑的罪犯，依法实行社区矫正，由社区矫正机构负责执行；我国《社区矫正法》第9条规定，县级以上社区矫正机构负责社区矫正工作的具体实施。由这三项规定可以得出，缓刑犯社区矫正的主体是县级以上社区矫正机构，而县级以上社区矫正机构也属于司法行政机关，完全符合刑罚执行的主体是有关司法行政机关的特征。

第二，缓刑犯社区矫正的内容同样是将刑罚付诸实施。一方面，缓刑犯社区矫正的内容为附条件不执行原判刑罚，这并不表明不执行刑罚，而只是不执行原判决确定的刑罚，具有非监禁刑罚性质的所附条件仍需执行。缓刑所附条件内容与执行管制刑的内容基本相同，且所附条件中包括应当参加作为改造措施的公益劳动，[3]一定程度上增加了对缓刑犯的惩罚性。另一方面，缓刑犯社区矫正的对象为罪犯，对罪犯一般应当适用刑罚。我国《刑法》第72条规定缓刑适用的对象是被判处拘役或者3年以下有期徒刑的犯罪分子，而犯罪分子并

---

〔1〕 张东平：《监禁行刑与社区矫正的互动衔接研究》，中国法制出版社2017年版，第79～99页。

〔2〕 陈兴良教授虽然将刑罚执行的主体表述为司法机关，但是其认同司法行政机关是刑罚执行主体的观点。参见陈兴良：《刑法哲学》（第6版），中国人民大学出版社2017年版，第806～810页。

〔3〕 2004年5月9日发布的《司法部司法行政机关社区矫正工作暂行办法》第32条对公益劳动予以规定；2009年9月2日发布的两院两部《全国试行意见》，便在教育矫正部分规定了公益劳动；2012年1月10日最高人民法院、最高人民检察院、公安部、司法部发布的《社区矫正实施办法》第16条对社区服务予以规定。

非严格意义上的法律术语,缓刑适用因发生在定罪量刑之后,称该阶段的刑事被告人为罪犯更为合适,事实上《刑事诉讼法》及社区矫正有关规范均使用"罪犯"这一称谓。而对罪犯应当适用刑罚,除非罪犯被予以定罪免刑和非刑罚处罚。缓刑犯社区矫正显然不属于被予以定罪免刑和非刑罚处罚的情况。因此,对缓刑犯适用的是刑罚。

第三,缓刑犯社区矫正的时间同样是刑事判决生效后。我国《刑事诉讼法》第 259 条规定判决和裁定在发生法律效力后执行,并且明确了发生法律效力的判决和裁定的种类。可见,刑罚执行的时间为刑事判决生效后。我国《刑法》第 73 条规定:"缓刑考验期限,从判决确定之日起计算。"缓刑考验就是缓刑犯社区矫正,判决确定是指判决具有法律效力,即是刑事判决生效。因此,缓刑考验期限从判决确定之日起计算即表明,缓刑犯社区矫正的时间同样是刑事判决生效后。

综上,缓刑犯社区矫正具备刑罚执行的所有特征。不应将缓刑犯社区矫正排除在刑罚执行制度外,而应将其理解为一种类似于有期徒刑执行、死刑执行等更为具体的刑罚执行制度。

(三)缓刑犯社区矫正与刑罚执行目的一致

从刑罚目的来看,缓刑犯社区矫正与刑罚执行目的相一致。刑罚目的是指国家通过制定、适用、执行刑罚所期望达到的效果。刑罚目的是报应与预防的二元统一,刑罚的不同阶段侧重的刑罚目的各异。在刑罚执行阶段,一方面,罪犯的犯罪条件被限制或剥夺,同时对罪犯实施教育矫正,从而达到特殊预防的目的;另一方面,对罪犯犯罪条件的限制或剥夺,也蕴含着报应成分。缓刑犯社区矫正兼具报应与预防目的,但更侧重于预防目的中的特殊预防。

第一,缓刑犯社区矫正体现刑罚的一般预防目的。刑罚的一般预防目的主要体现在刑罚制定阶段,但刑罚执行阶段也体现一定的一般预防目的。同样地,缓刑犯社区矫正阶段虽然更多地体现特殊预防目的,但也包含一般预防目的成分。缓刑犯社区矫正的一般预防目的通过对社区普通居民的教育和对被害人的安抚来实现。缓刑犯社区矫正的内容表现为对缓刑犯一定权益的限制,一方面,这有利于安抚被害人进而修复被破坏的社会关系。通过缓刑犯社区矫正,缓刑犯与被害人之间的紧张关系得以缓解,被害人因实施报复性犯罪行为进而转化为加害人的可能性得以降低。另一方面,有利于教育社区普通居民。通过缓刑犯社区矫正,广大公民从身边案例中受到一定的法制教育,进而避免犯罪可能给自身带来的不利后果。

第二,缓刑犯社区矫正体现刑罚的特殊预防目的。首先,缓刑犯社区矫正的目的在于教育矫正罪犯。缓刑的最大优势在于克服监禁刑弊端,同时利用社会资源更有效地教育矫正罪犯。通过在社会上执行缓刑考察内容,缓刑犯的犯罪心理和行为恶习将得以矫正,有助于其顺利回归社会。其次,缓刑犯社区矫正利于缓刑犯与社会建立联系,进而增强对缓刑犯的控制。社区矫正中的缓刑犯应当按照考察机关的规定报告自己的活动情况,也普遍存在社区矫正工作人员走访缓刑犯的做法,通过缓刑犯社区矫正机构和人员,缓刑犯与社会的联系得到加强。根据特拉维斯·赫希(Travis Hirschi)的控制理论,个人与社会的联系可以阻止个人进行违反社会准则的越轨与犯罪行为。[1] 再次,缓刑犯社区矫正一定程度上限制缓刑犯的自由,剥夺其再犯罪的条件。例如,离开所居住的市、县或者迁居应当报经考察机关批准义务的履行,将减少罪犯跨区、跨境犯罪的可能。而缓刑犯社区矫正中的会客规定,也在一定程度上剥夺罪犯再犯罪的条件。最后,缓刑对罪犯本身也是一种威慑,促使罪犯尽力避免再犯罪。缓刑犯社区矫正的同时保留了执行原判刑罚的可能,罪犯再犯新罪、发现漏罪或者严重违反缓刑的监督管理规定等情况,均可导致缓刑被撤销而执行原判刑罚。根据理性经济人的观点,罪犯必然尽可能避免因犯新罪等情形而被收监这种不利后果的出现,从而实现特殊预防。

第三,缓刑犯社区矫正体现刑罚的报应目的。虽然缓刑犯社区矫正的主要目的是对罪犯进行更有效的矫正从而实现特殊预防,但是不可否认因其对罪犯的惩戒而体现的报应目的。首先,虽然对缓刑犯无须执行原判刑罚而仅执行所附条件,但所附条件本身即对罪犯的惩罚,这种惩罚即便不如监禁刑罚那样严厉和剧烈,也要比无监管的直接释放更具控制力和惩罚性。[2] 其次,缓刑犯社区矫正的诸项内容是对罪犯自由的限制,同样体现对罪犯的惩罚。我国《刑法》第75条明确规定罪犯在缓刑考验期内应当履行的义务,社区矫正有关规范规定的公益劳动、社区服务进一步增加了缓刑的惩戒色彩。最后,成功的缓刑同样会对罪犯产生间接的不利后果。当缓刑考验期满不再执行原判刑罚时,适用缓刑的罪犯并没有被视为未曾犯罪,只是免除原判刑罚的监禁执行,其罪依然

---

〔1〕 吴宗宪:《西方犯罪学》(第2版),法律出版社2006年版,第385~392页。

〔2〕 [美]埃德温·萨瑟兰:《犯罪学原理》,吴宗宪等译,中国人民公安大学出版社2009年版,第137~138页。

存在。相应地,成功缓刑的罪犯仍负有前科报告义务,而这将间接对缓刑犯社区矫正后的生活会产生消极影响。

四、结语:缓刑犯社区矫正为非监禁刑罚执行

缓刑本身应是一种刑罚制度,缓刑适用和缓刑犯社区矫正属于刑罚执行制度,且属于非监禁刑罚执行制度。一方面,缓刑本身应当属于刑罚制度。缓刑是惩办与宽大相结合、惩罚与教育相结合政策的重要表现,某种意义上缓刑是刑罚个别化的产物,甚至是最高程度的个别化。刑事古典学派不存在孕育缓刑发展的土壤,缓刑的发展得益于刑事实证学派的发展。刑事实证学派主张对犯罪人进行分类,根据不同情况区别对待。据此,才有可能对那些犯罪轻微且具有改造可能者适用缓刑,使其得到更好的矫正,并且更容易复归社会。[1] 正如有论者所言,虽然缓刑起初是一种用来处置犯罪人的非刑罚性方法,然而它却是在以惩罚性为基础的法律体系框架内发展起来的,[2]这决定缓刑的发展必然限定在刑罚制度内。另一方面,缓刑适用和缓刑犯社区矫正属于具体的刑罚执行制度。量刑制度说和行刑制度说始终是缓刑适用性质争论的焦点。量刑与行刑是刑事法律适用的两个阶段,形式上看缓刑适用发生在量刑阶段,可以将其归于量刑制度。但实质上缓刑适用是在刑罚量定后对执行方法的确定,并不涉及具体的刑罚裁量问题,而仅与刑罚执行有关。况且,通常意义上的刑罚执行是指监禁性刑罚的执行,而缓刑犯社区矫正这种非监禁刑罚执行方式自然就被排除在刑罚执行制度之外。因此,应将缓刑适用归于行刑制度,则缓刑犯社区矫正理应属于刑罚执行。将缓刑犯社区矫正理解为刑罚执行制度,有助于明晰社区矫正性质,有助于促进我国刑罚执行制度的改革进而实现社区矫正的目的,也有助于提升社区矫正工作的规范性。

---

〔1〕 陈兴良:《刑罚适用总论》(下卷),中国人民大学出版社 2017 年版,第 534 页。

〔2〕 张东平:《监禁行刑与社区矫正的互动衔接研究》,中国法制出版社 2017 年版,第 519 页。

第二章

缓刑犯社区矫正前置程序的完善与创新研究

在深入研究缓刑犯社区矫正中的问题之前，首先应当探讨缓刑犯社区矫正前的问题。这类问题属于缓刑犯社区矫正的前置程序问题，包括矫前调查评估制度和缓刑犯的报到接收两方面。《刑法修正案（八）》有关规定表明，[1]能否适用缓刑直接决定能否对罪犯实行社区矫正，而矫前调查评估在很大程度上影响缓刑的适用结果。因此，在论及缓刑犯社区矫正问题时，必须探讨矫前调查评估问题，矫前调查评估问题的解决有助于夯实缓刑犯社区矫正的根基。同时，缓刑犯的报到接收是对缓刑犯实行社区矫正的前提，后续对缓刑犯的监督管理、教育矫正与帮困扶助都是建立在缓刑犯的报到接收基础上。如果缓刑犯的报到接收不顺利，那么针对其的社区矫正也就无从谈起。虽然法律上规定对宣告缓刑的犯罪分子依法实行社区矫正，按照法律规定，犯罪分子被宣告缓刑后便进入社区矫正程序。但是，实践中该阶段的缓刑犯并未实际进入社区矫正，缓刑犯实际的社区矫正开始于其被社区矫正机构接收后。因此，缓刑犯的报到接收也放在本章探讨。

第一节　矫前调查评估制度完善与创新研究

矫前调查评估是指为了帮助法院和有关机关作出恰当的社区矫正裁决而

[1] 《刑法修正案（八）》第13条规定："对宣告缓刑的犯罪分子，在缓刑考验期限内，依法实行社区矫正，如果没有本法第七十七条规定的情形，缓刑考验期满，原判的刑罚就不再执行，并公开予以宣告。"

由合适机构进行的调查评估工作。根据矫前调查评估情况制作的矫前调查评估报告,将在很大程度上影响缓刑适用的结果。因此,有必要予以单独探讨。

一、矫前调查评估概述

我国的矫前调查评估工作开始得较早。早在20世纪80年代末,江苏省苏州市平江区法院就引进调查评估制度,作为审理未成年人刑事案件的必经程序,〔1〕至2018年修正的《刑事诉讼法》第279条对调查评估的权威确立,〔2〕调查评估在我国发展已约30载,也发挥了越来越重要的作用。但是,矫前调查评估始终没有统一的名称,对它的意义也缺乏足够的认识,不得不说是一种遗憾。

(一)矫前调查评估再命名

矫前调查评估是指为了帮助法院和有关机关作出恰当的社区矫正裁决而由合适机构进行的调查评估工作。对矫前调查评估进行理解时,应当重点把握以下几个方面:(1)矫前是指发生在社区矫正前。从时间上来看是指调查与评估发生在依法实行社区矫正之前,具体包含管制的判决前、缓刑的宣告前、假释的裁定前、暂予监外执行的决定前。(2)调查评估,应当包括专门机构对犯罪人的犯罪情况、一贯表现等进行的专门调查和对其人身危险性和再犯可能性进行的系统性评估两方面,而不仅指调查或者评估。(3)拟适用社区矫正人员的范围,应当包括可能被判处管制、宣告缓刑、假释或者暂予监外执行的罪犯。本书的矫前调查评估特指宣告缓刑前的调查评估。

在理论和实践中有很多关于该类调查评估的称谓。例如,审前社会调查、〔3〕量刑前调查、〔4〕判决前调查、〔5〕裁决前调查、〔6〕前置调查评估、〔7〕社会人格调查、〔8〕品格调查等,〔9〕不一而足。不过,它们并不能准确描述这种调查

---

〔1〕 梅义征:《社区矫正制度的移植、嵌入与重构:中国特色社区矫正制度研究》,中国民主法制出版社2015年版,第84页。

〔2〕 2018年修正的《刑事诉讼法》第268条规定:"公安机关、人民检察院、人民法院办理未成年人刑事案件,根据情况可以对未成年犯罪嫌疑人、被告人的成长经历、犯罪原因、监护教育等情况进行调查。"

〔3〕 肖融:《社区矫正中对成年人审前社会调查报告的运用》,载《怀化学院学报》2014年第12期。

〔4〕 吴宗宪:《社区矫正比较研究》(上),中国人民大学出版社2011年版,第95页。

〔5〕 刘强主编:《社区矫正制度研究》,法律出版社2007年版,第186页。

〔6〕 蔡雅奇:《论社区矫正中的裁决前调查制度》,载《铁道警官高等专科学校学报》2012年第2期。

〔7〕 赵爽:《社区矫正前置调查评估制度现状与对策探析》,载《净月学刊》2017年第2期。

〔8〕 高维俭:《少年司法之社会人格调查报告制度论要》,载《环球法律评论》2010年第3期。

〔9〕 钱洪良:《女性犯罪案件适用品格调查初探》,载《中国刑事法杂志》2009年第6期。

评估制度的本质特征,归纳起来,这些称谓总是存在这样或那样的缺陷。一方面,这类称谓不能涵盖调查评估的所有阶段。无论是审前、量刑前、判决前等,都不能包括矫前的所有情况;而裁决前和前置有指代不明之虞,裁决指称裁定、决定外,是否还有判决。况且宣告缓刑的文书种类存在较大争议,而这又会影响缓刑执行的性质。另一方面,这类称谓也不能包括调查评估的全部内容。社会调查、调查、人格、品格等都仅仅是调查评估的某一个具体方面,[1]只有调查评估才能囊括所有内容。2016 年 8 月 30 日两院两部出台的《关于进一步加强社区矫正工作衔接配合管理的意见》(以下简称两院两部《衔接配合管理意见》)中便使用“调查评估”,《社区矫正法》《社区矫正法实施办法》均使用“调查评估”。[2] 因此,矫前调查评估是一个相对而言较为合理的概念。

(二)矫前调查评估的意义

矫前调查评估具有多方面重要意义。例如,美国缓刑假释协会将矫前调查评估的目的描述为:(1)帮助法官适当量刑,判断是否适用缓刑以及缓刑条件。(2)作为社区矫正监督和矫正计划的基础。(3)帮助拘留所和监狱对罪犯进行恰当分类与矫治。(4)作为判断能否对罪犯适用假释的依据,并且决定社区监

---

[1] 研究者也认识到了这一问题。例如,有研究者将社区矫正前人格调查理解为一种综合性调查,人格调查是主要方面,用人格调查直接体现出问题的重点。参见骆群:《社区矫正专题研究》,中国法制出版社 2018 年版,第 154 页。

[2] 《社区矫正法》第 8 条规定:“社区矫正决定机关根据需要,可以委托社区矫正机构或者有关社会组织对被告人或者罪犯的社会危险性和对所居住社区的影响,进行调查评估,提出意见,供决定社区矫正时参考。居民委员会、村民委员会等组织应当提供必要的协助。”《社区矫正法实施办法》第 5 条规定:“人民法院依法履行以下职责:(一)拟判处管制、宣告缓刑、决定暂予监外执行的,可以委托社区矫正机构或者有关社会组织对被告人或者罪犯的社会危险性和对所居住社区的影响,进行调查评估,提出意见,供决定社区矫正时参考;(二)对执行机关报请假释的,审查执行机关移送的罪犯假释后对所居住社区影响的调查评估意见……”第 6 条规定:“人民检察院依法履行以下职责:(一)对社区矫正决定机关、社区矫正机构或者有关社会组织的调查评估活动实行法律监督……”第 7 条规定:“公安机关依法履行以下职责:(一)对看守所留所服刑罪犯拟暂予监外执行的,可以委托开展调查评估……”第 8 条规定:“监狱管理机关以及监狱依法履行以下职责:(一)对监狱关押罪犯拟提请假释的,应当委托进行调查评估;对监狱关押罪犯拟暂予监外执行的,可以委托进行调查评估……”第 9 条规定:“社区矫正机构是县级以上地方人民政府根据需要设置的,负责社区矫正工作具体实施的执行机关。社区矫正机构依法履行以下职责:(一)接受委托进行调查评估,提出评估意见……”第 13 条规定:“社区矫正决定机关对拟适用社区矫正的被告人、罪犯,需要调查其社会危险性和对所居住社区影响的,可以委托拟确定为执行地的社区矫正机构或者有关社会组织进行调查评估……”第 14 条规定:“社区矫正机构、有关社会组织接受委托后,应当对被告人或者罪犯的居所情况、家庭和社会关系、犯罪行为的后果和影响、居住地村(居)民委员会和被害人意见、拟禁止的事项、社会危险性、对所居住社区的影响等情况进行调查了解,形成调查评估意见,与相关材料一起提交委托机关。调查评估时,相关单位、部门、村(居)民委员会等组织、个人应当依法为调查评估提供必要的协助……”

督的特别条件。[1] 结合我国矫前调查评估的理论和实践，全面、准确的矫前调查评估具有如下意义：

1. 为准确适用缓刑提供依据

科学的矫前调查评估及其报告是帮助法官合理适用缓刑的重要的基础性工作，可以为法官合理宣告缓刑提供有益的参考。矫前调查评估报告使法官可以更准确地了解被告人和犯罪人的犯罪原因，能更准确地了解其再犯可能性大小，因而能更准确地裁决是否适用缓刑。此外，强制性矫前调查评估制度的确立还可以避免因矫前调查评估的随机性导致的缓刑适用不公，根据矫前调查评估报告依法决定是否适用缓刑，有利于防范枉法适用缓刑，从而更好地体现刑事司法的公平正义。同时，实践中是否适用缓刑与犯罪人能否进行合理赔偿以获得被害人的谅解密切相关。可以说，犯罪人的经济状况是影响其缓刑适用结果的一个重要因素，对犯罪人经济状况的客观调查评估是准确适用缓刑的又一前提。而矫前调查评估报告的内容中便包括对犯罪人经济状况的调查，这也从另一方面反映了矫前调查评估可以为准确适用缓刑提供依据。例如，自 1984 年以来，美国联邦政府和一些州特别要求在量刑前调查报告中分析犯罪人的经济状况，以便为判处罚金、判令赔偿和要求支付缓刑费提供必要信息。[2]

2. 奠定入矫危险评估的基础

矫前调查评估是入矫危险评估的基础，可以提升缓刑犯入矫危险评估的效率。入矫危险评估，是指在社区矫正的前期对社区矫正对象再犯可能性的预测。入矫危险评估除了包含矫前调查评估的内容，还包括对社区矫正对象入矫前期的认罪态度、接受矫正情况等。换言之，入矫危险评估建立在矫前调查评估的基础上。例如，美国的矫前调查评估报告可以为社区矫正工作人员对社区矫正对象进行分类和制订合适的治疗和监督方案提供事实基础。[3] 英国要求矫前调查评估报告应当在提出缓刑令和组合令建议时，概括制订出内容包括提出量刑建议的目的和预期结果、可以采取的干预措施和方法以及监督等级的监督计划。[4]

---

〔1〕 Howard Abadinsky, *Probation and Parole: Corrections in the Community*, Pearson Education, Inc, 2018, p. 94 – 95.

〔2〕 吴宗宪：《社区矫正比较研究》（上），中国人民大学出版社 2011 年版，第 101 页。

〔3〕 [美]埃德温 · 萨瑟兰、[美]唐纳德 · 克雷西、[美]戴维 · 卢肯比尔：《犯罪学原理》（第 11 版），吴宗宪等译，中国人民公安大学出版社 2009 年版，第 525 页。

〔4〕 吴宗宪：《社区矫正比较研究》（上），中国人民大学出版社 2011 年版，第 103 页。

3. 为刑罚的个别化提供依据

矫前调查评估为刑罚个别化提供依据。刑罚个别化是罪责刑相适应原则派生出的一个重要规则，刑罚个别化原则主张犯罪虽然是个人因素、自然因素和社会因素共同决定的，具有一定的普遍性，但导致个体实施某个具体犯罪行为的原因却不尽相同，在定罪量刑时忽视个体差异将有碍刑事司法个案公正的实现。因此，刑法要实现罪责刑相适应原则，就必须在定罪量刑时充分考虑犯罪人的个体差异，这是近代刑罚由关注犯罪行为转向关注犯罪人的重要体现，也是刑罚发展的趋势所在。在宣告缓刑前，对犯罪人进行矫前调查评估，实质上是刑罚个别化原则在缓刑宣告中的具体要求。[1]

4. 降低再次侵害社会的可能性

矫前调查评估报告显示了犯罪人的人身危险性和再犯可能性，对于人身危险性较大、再犯可能性较高的罪犯不予宣告缓刑，从而可以降低犯罪人再次侵害社会的可能性。矫前调查评估是通过对犯罪人的居所、家庭、亲友、一贯表现、居住地村（居）委会的意见等进行调查了解，在此基础上评估其人身危险性和再犯可能性，以判断其是否具有再犯罪的危险和对所居住社区具有重大不良影响，进而判断该人员是否应当被宣告缓刑。对于人身危险性不大、再犯可能性较低的罪犯适用缓刑，对人身危险性较大、再犯可能性较高的罪犯适用实刑，既能够有效避免犯罪人再次实施侵害社会的犯罪行为从而保护社会，也便于体现"罪责刑相适应"的刑法基本原则，从而体现更多公正。

二、矫前调查评估存在的问题

我国不少地方在社区矫正前积极探索矫前调查评估，甚至制定了有关方面的规范性文件，为矫前调查评估制度的规范化和制度化发展积累了丰富的实践和理论经验。但是，矫前调查评估制度仍然存在不少问题，直接或者间接地影响了社区矫正工作。

（一）矫前调查评估的法律规定不明

目前，有关矫前调查评估的规定并不少，但是基本上都散见于一些规范性文件中，缺乏系统性，并且规定得也较为原则。2001 年 4 月 12 日最高人民法院

---

〔1〕 屈耀伦：《我国缓刑制度的理论与实务》，中国政法大学出版社 2012 年版，第 302 页。

颁布的《关于审理未成年人刑事案件的若干规定》(已失效)第 21 条,[1] 2012 年 1 月 10 日最高人民法院、最高人民检察院、公安部、司法部发布《社区矫正实施办法》(以下简称两院两部《实施办法》)第 4 条,[2] 两院两部《衔接配合管理意见》,[3] 2018 年修订的《刑事诉讼法》第 279 条,[4]《社区矫正法》第 8 条,《社区矫正法实施办法》第 5 ~ 9、13、14 条均规定了矫前调查评估。但遗憾的是,这些规定都仅仅用不多的篇幅进行了原则性规定,对矫前调查评估的决定主体、实施主体、实施范围、评估指标、方式方法及矫前调查评估报告性质等方面缺乏系统性规定。这不仅导致理论界关于矫前调查评估制度相关问题的争议,也造成矫前调查评估的司法混乱。

(二)矫前调查评估的决定主体单一

理论界主张矫前调查评估的决定主体应当多元,但是司法实践中矫前调查评估的决定主体通常为法院。决定主体又称为委托主体,是指有权决定实施矫前调查评估的机关。两院两部《实施办法》第 4 条规定,调查评估的委托主体是人民法院、人民检察院、公安机关和监狱,但是适用对象为"拟适用社区矫正的被告人、罪犯"的限制将人民检察院排除在矫前调查评估的决定主体之外。因此,理论上矫前调查评估的委托主体只有法院、公安机关(实指看守所)和监狱,即法院在审判阶段决定是否实施矫前调查评估,看守所和监狱在提请暂予监外执行阶段、监狱在提请假释阶段决定是否实施矫前调查评估。《社区矫正法》第 17、18 条直接将矫前调查评估决定主体规定为人民法院、监狱管理部门和公安

---

〔1〕《关于审理未成年人刑事案件的若干规定》第 21 条规定,"开庭审理前,控辩双方可以分别就未成年被告人的性格特点、家庭情况、社会交往、成长经历以及实施被指控的犯罪前后的表现等情况进行调查,并制作书面材料提交合议庭。必要时,人民法院也可以委托有关社会团体组织就上述情况进行调查或者自行进行调查"。

〔2〕2012 年 1 月 10 日,最高人民法院、最高人民检察院、公安部、司法部印发的《社区矫正实施办法》,依据 2020 年 6 月 18 日最高人民法院、最高人民检察院、公安部、司法部印发的《中华人民共和国社区矫正法实施办法》废止,已失效,余同。两院两部《实施办法》第 4 条规定,"人民法院、人民检察院、公安机关、监狱对拟适用社区矫正的被告人、罪犯,需要调查其对所居住社区影响的,可以委托县级司法行政机关进行调查评估。受委托的司法行政机关应当根据委托机关的要求,对被告人或者罪犯的居所情况、家庭和社会关系、一贯表现、犯罪行为的后果和影响、居住地村(居)民委员会和被害人意见、拟禁止的事项等进行调查了解,形成评估意见,及时提交委托机关"。

〔3〕两院两部《衔接配合管理意见》规定,"人民法院、人民检察院、公安机关、监狱对拟适用或者提请适用社区矫正的被告人、犯罪嫌疑人或者罪犯,需要调查其对所居住社区影响的,可以委托其居住地县级司法行政机关调查评估"。

〔4〕2018 年《刑事诉讼法》第 279 条规定,"公安机关、人民检察院、人民法院办理未成年人刑事案件,根据情况可以对未成年犯罪嫌疑人、被告人的成长经历、犯罪原因、监护教育等情况进行调查"。

机关。[1]《社区矫正法实施办法》第5、7、8条分别规定矫前调查评估的决定主体为人民法院、公安机关、监狱管理机关以及监狱。而近年来,假释、暂予监外执行的比例逐年降低,2017年全国的假释和暂予监外执行人数仅分别占当年社区矫正对象的4.0%、2.6%。[2] 由此可见,司法实践中是否实施矫前调查评估主要由人民法院决定且主要集中在审判阶段,而看守所与监狱在侦查、刑罚执行中并不具有是否实施矫前调查评估的决定主体资格。决定主体的单一造成矫前调查评估的启动时间滞后、作用得不到应有发挥、调查评估时限与审限的冲突等问题。尽管两院两部《衔接配合管理意见》增加人民检察院为委托调查评估的主体,并增加犯罪嫌疑人为调查评估对象,[3]但是实践中人民检察院和侦查阶段的公安机关委托调查评估情况并不常见。[4]

(三)矫前调查评估的实施主体不一

理论探讨中矫前调查评估的实施主体不一致,导致了司法实践中实施主体的混乱。实施主体是指接受矫前调查评估委托、开展矫前调查评估并撰写矫前调查评估报告的人。相关规范性文件中规定的矫前调查评估的主体并不一致。例如,《关于审理未成年人刑事案件的若干规定》第21条规定调查评估的实施主体是"有关社会团体组织",两院两部《实施办法》(已失效)第4条明确了调查评估的实施主体为"县级司法行政机关",[5]而两院两部《衔接配合管理意见》将调查评估的实施主体规定为"居住地县级司法行政机关"。《社区矫正法》第18条规定矫前调查评估的实施主体为社区矫正机构或者有关社会组织,居民委员会、村民委员会等组织应当提供必要的协助。《社区矫正法实施办法》第9条规定矫前调查评估的实施主体为社区矫正机构,而在第13、14条中则又规定矫前调查评估的实施主体为社区矫正机构、有关社会组织,相关单位、部

---

[1] 《社区矫正法》第17条规定:"……本法所称社区矫正决定机关,是指依法判处管制、宣告缓刑、裁定假释、决定暂予监外执行的人民法院和依法批准暂予监外执行的监狱管理机关、公安机关。"第18条规定:"社区矫正决定机关根据需要,可以委托社区矫正机构或者有关社会组织对被告人或者罪犯的社会危险性和对所居住社区的影响,进行调查评估……"

[2] 司法部社区矫正管理局编:《2012~2017年全国社区矫正工作统计分析报告》,法律出版社2018年版,第5页。

[3] 两院两部《衔接配合管理意见》第1条规定:"人民法院、人民检察院、公安机关、监狱对拟适用或者提请适用社区矫正的被告人、犯罪嫌疑人或者罪犯,需要调查其对所居住社区影响的,可以委托其居住地县级司法行政机关调查评估……"

[4] 高贞主编:《中国特色社区矫正制度研究》,法律出版社2018年版,第63页。

[5] 实际上,矫前调查评估具体工作的开展和调查评估报告的撰写通常由司法所实施,而县级司法行政机关仅承担与其他机关的衔接工作。

门、村(居)民委员会等组织、个人应当依法为调查评估提供必要的协助。正是有关规范性文件中规定的不一致、不明确,导致学界的探讨和实务界的探索。整体而言,各地矫前调查评估的实施主体主要有六类:(1)公安机关;(2)控辩双方;(3)法官;(4)从社会上聘请的社会调查员;(5)社区矫正机构的工作人员;(6)社区矫正机构委托的专业社会工作者。[1] 此外,跨省矫前调查评估的实施主体也存在争议。当犯罪人居住地、经常居住地无法确定或者不适宜执行社区矫正,无法确定矫前调查评估应当由居住地还是经常居住地的司法行政机关实施,《社区矫正法》第 17 条规定了社区矫正执行地为居住地、经常居住地或者根据有利于社区矫正对象接受矫正、更好地融入社会的原则确定执行地,同时该法第 18 条规定社区矫正决定机关根据需要可以委托社区矫正机构进行矫前调查评估,这里的社区矫正机构应当为社区矫正执行地的社区矫正机构。由此,社区矫正对象的居住地、经常居住地无法确定或者不适宜执行社区矫正则增加了矫前调查评估的难度。

(四)矫前调查评估的指标选取不一

目前,我国矫前调查评估的指标不明晰,尚未形成合理的指标体系。矫前调查评估的指标,是指在进行矫前调查评估时应当参考的反映犯罪人的人身危险性和再犯可能性的因素,这些因素的整体称为矫前调查评估的指标体系。两院两部《实施办法》第 4 条规定调查评估时,应当对被告人或者罪犯的居所情况、家庭和社会关系、一贯表现、犯罪行为的后果和影响、居住地村(居)民委员会和被害人意见、拟禁止的事项等进行调查了解。而 2018 年《刑事诉讼法》第 279 条规定,调查的主要内容包括犯罪嫌疑人、被告人的成长经历、犯罪原因、监护教育等情况。《社区矫正法》第 18 条规定对被告人或者罪犯的社会危险性和对所居住社区的影响进行调查评估,《社区矫正法实施办法》第 14 条规定应当对被告人或者罪犯的居所情况、家庭和社会关系、犯罪行为的后果和影响、居住地村(居)民委员会和被害人意见、拟禁止的事项、社会危险性、对所居住社区的影响等情况进行调查了解。正是矫前调查评估指标体系的法律规定不一致,且相对较为原则、不全面,导致学术界和司法实践的不断探索。

学术界对矫前调查评估的指标体系认识不一,也尚未形成统一意见。例如,有研究者认为矫前调查评估的主要内容应当包括被调查人的个人情况、职

---

〔1〕 吴宗宪主编:《社区矫正导论》,中国人民大学出版社 2011 年版,第 153 页。

业背景、犯罪事实、犯罪前后表现、所处环境、被害人情况、社区影响及评价、其他需要调查的情况等因素。[1] 也有研究者认为矫前调查评估内容主要应当包括调查对象个性特点、家庭背景、受教育情况、成长经历、邻里关系、监护与帮教条件、自我认识、犯罪行为对所在社区的影响、居民接纳程度、社区治安状况等方面。[2] 还有研究者认为矫前调查评估应当调查犯罪人的个人性格特点(包括性格、精神状态、文化程度、成长经历、犯罪原因、日常表现等)、社会关系(包括家庭成员情况、家庭收入状况、家庭成员关系以及邻里、同学、朋友、亲戚等人对其成长的影响)两类信息。[3] 可见,矫前调查评估指标不仅在具体内容上存在差异,在分类标准上也不同。

司法实践中对矫前调查评估指标体系的认识也不统一。例如,山东省《社区矫正风险评估暂行办法》第7条规定矫前调查评估的主要内容包括被告人或者罪犯的居所情况、家庭及社会关系、一贯表现、犯罪行为后果、居住地村(居)民委员会和被害人的意见、拟禁止事项及其他需要调查的情况。[4] 武汉市《社区矫正实施细则》第28条第1款规定,社会调查评估报告内容包括调查对象的犯罪前表现、个性特点、家庭情况、悔罪表现、社会反应、监管条件等情况。[5] 山东省和武汉市的矫前调查评估指标虽然各不相同,但是二者均以不完全列举方式试图建构各自体系。

然而,评估指标体系的不同将导致矫前调查评估的结果差异,进而导致缓刑适用的各地区别。《刑法修正案(八)》规定的缓刑适用条件包含"没有再犯罪的危险""宣告缓刑对所居住社区没有重大不良影响",但是并未规定把握该两个缓刑实质条件时,应当考察哪些内容。这样,在判断是否具有再犯罪的危

---

[1] 吴宗宪主编:《社区矫正导论》,中国人民大学出版社2011年版,第154~155页。

[2] 王宏玉、张学超:《完善与突破:我国社区矫正社会调查制度探析》,载《中国人民公安大学学报(社会科学版)》2013年第2期。

[3] 屈耀伦:《我国缓刑制度的理论与实务》,中国政法大学出版社2012年版,第304页。

[4] 翟中东:《中国社区矫正制度的建构与立法问题》,中国人民公安大学出版社2017年版,第181~185页。

[5] 该规范来源于2016年11月底对湖北省社区矫正状况的调查。该规范第28条第2款规定,"(一)家庭背景。包括家庭成员及与调查对象相处的情况、家庭经济状况等情况。(二)个性特点。包括生理状况、心理特征、性格类型、爱好特长等情况。(三)犯罪前表现。包括工作或学习表现、业余生活、邻里关系、社会交往、违纪违法等情况。(四)悔罪表现。包括对犯罪行为的认识、悔罪态度;附加刑及附带民事赔偿履行情况和履行能力等。(五)社会反应。包括被害人或其亲属态度、社会公众态度;调查对象适用社区矫正后可能对所居住村(社区)的影响等情况。(六)监管条件。包括家庭成员态度、经济生活状况和环境、辖区公安派出所以及村(社区)基层组织意见等情况"。

险以及宣告缓刑是否对所居住社区没有重大不良影响时,只能凭借卷宗展示的案件情节和长期审判经验中形成的直觉,这种判断往往具有很强的主观性,并且判断的准确性也较低。[1] 然而,矫前调查评估恰好为缓刑适用实质条件的衡量提供依据。司法行政机关对犯罪人进行全面、准确的矫前调查评估后,根据评估内容制定的矫前调查评估报告为法官的量刑及刑罚执行方式的选择提供参考,促使作出是否宣告缓刑的决定更加有理有据。[2] 因此,应当构建统一的矫前调查评估指标体系,为矫前调查评估报告的规范化和刑法适用的人人平等奠定基础。

(五)矫前调查评估报告的性质不明

从相关规范性文件规定的矫前调查评估制度来看,对矫前调查评估报告是否作为证据的法律性质的认识存在否定说与肯定说之争。否定说认为,矫前调查评估报告不属于证据,只能作为量刑的参考因素,促进审判公开透明和量刑公正,不宜在庭审中进行质证。例如,有研究者指出矫前调查评估报告的内容尽管在某些方面可能与证据存在交叉,但其反映的主要是案情以外的被告人经历、日常表现等背景性资料,这是法官在量刑时对被告人从轻、从宽处罚所应酌情考虑的内容,而非认定案件事实的证据。[3] 肯定说认为,矫前调查评估报告具有证据的属性,属于证据。但是在具体的证据种类划分上,又有言词证据、品格证据、鉴定意见、综合类型证据之别。有研究者认为矫前调查评估报告属于言词证据,应当当庭宣告。[4] 也有研究者认为矫前调查评估的内容和形式决定了其应当属于品格证据,[5]并承担了定罪量刑功能,司法实践中的品格因素发挥着作用。[6] 还有研究者认为在矫前调查评估报告没有被明确为法定证据的情况下,根据其性质及相关法律的精神,可以将其视为一种特殊的鉴定意见,并指出国外也大都将较前调查报告视为一种鉴定意见。[7] 另有研究者认为矫前调查评估是公安司法机关作出判决、裁定、决定即实施矫正方案的依据,是量刑

---

〔1〕 胡雪琴:《我国缓刑适用中的社区影响评估制度研究》,西南政法大学 2014 年硕士学位论文,第 4 页。

〔2〕 张菁菁:《缓刑适用中的社区影响评估机制研究》,河北大学 2018 年硕士学位论文,第 8 页。

〔3〕 P. Murphy, *Murphy on evidence*, Blackstone Press, 2000, p. 131.

〔4〕 张吉喜:《论刑事诉讼中的社会调查报告》,载《刑事法评论》2015 年第 1 期。

〔5〕 吴燕、吴翎翎:《未成年人品格证据若干问题初探》,载《青少年犯罪问题》2008 年第 5 期。

〔6〕 吴宗宪:《论少年犯罪案件审前调查制度的建立——以〈刑法修正案(八)〉对社区矫正制度的确立为视角》,载《山东警察学院学报》2011 年第 5 期。

〔7〕 陈立毅:《我国未成年人刑事案件社会调查制度研究》,载《中国刑事法杂志》2012 年第 6 期。

证据的重要组成部分,但其表现形式上不符合单一的证据种类,而是多种证据形式的综合。[1]

矫前调查评估报告是否属于证据及属于何种证据的不明确,导致了调查人员是否应当出庭接受控辩双方质证、调查人员的诉讼地位等方面的分歧。有些规范性文件明确规定了调查人员出庭接受控辩双方质证,但是,也有的规范性文件只规定听取控辩双方对矫前调查评估报告的意见。例如,河南省《未成年人刑事案件社会调查实施办法》规定,人民法院应当在庭审时出示矫前调查评估报告,听取控辩双方的意见,作为对被告人量刑的参考。另外,各地对于调查评估人员在庭审中的诉讼地位也存在较大分歧。如在北京市丰台区人民法院,调查评估人员的席位在公诉人旁边;在河南省兰考县人民法院,调查评估人员的席位与书记员并列;在上海市长宁区人民法院,调查评估人员的席位与证人的席位相对应,在被告人与被害人席位之间单独设立一个调查评估人员席位。[2]

(六)矫前调查评估实施的衔接不畅

虽然矫前调查评估制度方面的规范日益完善,但是在矫前调查评估的衔接方面仍然存在一些问题。两院两部《实施办法》第 4 条规定了矫前调查评估制度,两院两部《衔接配合管理意见》在此基础上进一步明确规定了矫前调查评估委托函的内容要求、寄送方式、调查期限等相关要求,是社区矫正机构开展矫前调查评估的基本依据。但是,在矫前调查评估实施的衔接中,依然存在一些问题。具体表现在以下几方面:(1)委托书格式及信息不规范。矫前调查评估委托书格式不统一、相关案件信息不全面,加大了矫前调查评估难度。(2)存在重复委托与滞后委托。一些地方的公安机关、人民检察院、人民法院在侦查、起诉、审判阶段各自要求进行矫前调查评估,造成司法行政机关对同一名被告人或者罪犯进行重复性的调查评估。另外,一些地方法院启动矫前调查评估时间滞后,因受到案件审理期限限制,要求司法行政机关在不符合实际调查期限的时间内从快完成调查评估,甚至在收到矫前调查评估意见之前就作出判决或者决定,矫前调查评估流于形式。(3)矫前调查评估比例不够高,且各地调查评估不均衡。例如,2017 年全国矫前调查评估率 58.4%,宁夏回族自治区的调查评

---

[1] 田宏杰、庄乾龙:《未成年人刑事案件社会调查报告之法律属性新探》,载《法商研究》2014 年第 3 期。

[2] 张吉喜:《论刑事诉讼中的社会调查报告》,载《刑事法评论》2015 年第 1 期。

估率高达98.4%，而西藏自治区的调查评估率仅为1.6%。[1] (4)相关单位支持配合度不够。相关单位不支持不配合是矫前调查评估衔接中的常见问题之一。司法行政机关在调查评估中需要去村(居)委会、单位、学校、派出所了解情况，出具介绍信时，相关单位由于对社区矫正不了解，或者对司法行政机关的职能不清楚，往往不配合，司法行政机关也没有任何制约相关单位的法律依据或者执法手段。虽然《社区矫正法》第18条规定调查评估时居民委员会、村民委员会等组织应当提供必要的协助，《社区矫正法实施办法》第14条规定调查评估时相关单位、部门、村(居)民委员会等组织、个人应当依法为调查评估提供必要的协助，但是这些规定因为缺少责任条款，所以实际执行中效果不佳。

三、矫前调查评估的完善与创新建言

建立、完善矫前调查评估制度，有利于促进矫前调查评估实现规范化、统一化和制度化。我国在未成年人刑事案件及拟适用社区矫正案件中开展调查评估已经积累了经验，并在法律上得以确认，应当总结提炼这些方面的经验，在法律中予以统一规定。

(一)确立矫前调查评估的法律地位

应当在即将颁布的《社区矫正法》中对矫前调查评估制度作出强制规定。矫前调查评估不仅为缓刑的准确适用提供依据，而且为入矫危险评估奠定基础，在降低实施社区矫正风险的同时还将提高社区矫正效率。可以说，矫前调查评估在社区矫正中具有十分重要的意义。因此，应当在《社区矫正法》中进一步增强矫前调查评估的强制性。这是因为：一方面，矫前调查评估报告在很大程度上决定了能否对犯罪人依法实施社区矫正。两院两部《实施办法》第4条规定，对拟适用社区矫正的被告人、罪犯，可以进行调查评估；两院两部《衔接配合意见》更是规定对罪犯提请假释的，应当委托其居住地县级司法行政机关调查评估。事实上，社区矫正是行刑社会化的重要途径之一，是刑罚制度改革的重要方向，理应投入更多的司法资源，将所有拟适用社区矫正的犯罪人及未成年人刑事案件都进行矫前调查评估。《社区矫正法》第18条的规定“社区矫正决定机关根据需要可以委托社区矫正机构或者有关社会组织进行调查评估”和《社区矫正法实施办法》中有关规定的强制性明显不足。另一方面，矫前调查评

[1] 司法部社区矫正管理局编：《2012～2017年全国社区矫正工作统计分析报告》，法律出版社2018年版，第91页。

估是实施社区矫正工作的基础。入矫危险评估建立在矫前调查评估基础上，而入矫危险评估又为分级监管、分类教育和个性帮扶提供依据。

（二）丰富矫前调查评估的决定主体

在《社区矫正法》中应当明确规定矫前调查评估的决定主体为公安机关、人民检察院、人民法院、监狱，而不应该限于人民法院（当然少数情况下监狱也是决定主体）。这是因为：首先，矫前调查评估的功能决定了其应当存在于整个诉讼阶段。矫前调查评估主要是对犯罪人的人身危险性和再犯可能性的预测，不仅审判阶段判断是否适合适用非监禁刑需要，而且侦查阶段判断采取何种强制措施及审查起诉阶段的量刑建议也需要。其次，人民检察院成为矫前调查评估决定主体的学界争议并不大。审查起诉阶段启动矫前调查评估，不仅可以为提出实行社区矫正的量刑建议提供充分依据，而且可以解决司法实践中由法院决定矫前调查评估导致的矫前调查评估时限与审限的冲突问题。[1] 事实上，北京市在新颁布的规定中已经明确检察院建议适用缓刑的，[2]应当随案移送社会调查评估报告。上海市也规定检察机关在提起公诉前，对可能判处拘役、3 年以下有期徒刑并建议适用缓刑的犯罪嫌疑人，可以委托司法行政机关开展调查评估。[3] 最后，公安机关在侦查阶段决定矫前调查评估也是适宜的。2018 年《刑事诉讼法》第 115 条规定的证据材料应当既包括法定的证据，又包括能够证明无罪、罪轻的其他证明材料。[4] 第 279 条规定公安机关可以在办理未成年人案件时可以调查。[5] 既然对侦查阶段的未成年人犯罪案件可以实施调查评估，而矫前调查评估制度又源于未成年人犯罪案件的调查评估。那么，侦查阶段的公安机关当然可以成为矫前调查评估的决定主体。

（三）统一矫前调查评估的实施主体

在《社区矫正法》中应当统一矫前调查评估的主要实施主体为拟适用社区

---

〔1〕 梅义征：《社区矫正制度的移植、嵌入与重构：中国特色社区矫正制度研究》，中国民主法制出版社 2015 年版，第 99 页。

〔2〕 需要说明的是，缓刑适用建议虽然存在于量刑建议书中，但是不能由此认定缓刑适用属于刑罚裁量制度。因为缓刑仅是暂缓原判刑罚的执行，即仅是暂缓原判监禁刑的执行，相当于原判监禁刑罚的变更执行。

〔3〕 司绍寒：《〈刑事诉讼法〉视野下的社区矫正社会调查程序》，载《中国司法》2012 年第 10 期。

〔4〕 2018 年《刑事诉讼法》第 115 条规定："公安机关对已经立案的刑事案件，应当进行侦查，收集、调取犯罪嫌疑人有罪或者无罪、罪轻或者罪重的证据材料。"

〔5〕 2018 年《刑事诉讼法》第 279 条规定："公安机关、人民检察院、人民法院办理未成年人刑事案件，根据情况可以对未成年犯罪嫌疑人、被告人的成长经历、犯罪原因、监护教育等情况进行调查。"

矫正对象居住地或者经常居住地所在地的县级司法行政机关，由具有资质的社会机构作为实施主体的必要补充。矫前调查评估的实施主体不仅事关调查评估的质量和效率，而且将一定程度上影响刑罚制度进而影响司法公正。因此，确立统一的矫前调查评估实施主体十分必要。本书认为应当将拟适用社区矫正人员居住地或者经常居住地的县级司法行政机关确立为矫前调查评估的实施主体。这是因为：

一方面，公安机关、人民检察院、人民法院、监狱和看守所都不适合作为调查评估的实施主体。矫前调查评估会影响侦查阶段刑事强制措施的选择、审查起诉阶段量刑建议的提出、审判阶段非监禁刑的适用及刑罚执行阶段刑罚执行的方式及处遇的种类，而公安机关、人民检察院、人民法院、监狱管理部门和看守所是侦查、审查起诉、审判和刑罚执行的主体，由它们实施矫前调查评估，容易出现“既是裁判员又是运动员”的情况，导致司法不公。并且，实践中它们自身已经承担了繁重的司法工作，难有余力再承担矫前调查评估的职责。

另一方面，居住地或者经常居住地的县级司法行政机关作为矫前调查评估主要实施主体具有众多优势。其一，便于解决跨行政区域矫前调查评估难题。法律中仅规定矫前调查评估的主体为犯罪人居住地或者经常居住地的县级司法行政机关，无须确定具体为犯罪人居住地县级司法行政机关，抑或是犯罪人经常居住地的县级司法行政机关，这种决定权应当交由矫前调查评估的决定主体，他们才最为了解犯罪人基本情况，最能决定出便于实施矫前调查评估的主体。其二，便于了解犯罪人的基本情况。犯罪人通常生活在居住地或者经常居住地，当地的司法所最了解犯罪人的基本情况，也具有矫前调查评估的地理优势。其三，利于开展社区矫正工作。矫前调查评估和入矫危险评估间具有一定传承，矫前调查评估工作可以为入矫危险评估及以后的分级管理、心理矫治、分类教育及个别化帮扶奠定良好的基础。

将具有资质的社会机构作为矫前调查评估实施主体的必要补充，具有多方面意义：(1)有助于缓解社区矫正工作人员的压力。实践中基层司法所工作人员少、任务重以及调查评估时间短等因素，致使矫前调查评估工作流于形式。[1]具有资质的社会机构作为矫前调查评估的实施主体，在社区矫正工作人员工作压力较大，进行矫前调查评估的时间不充裕时，可以通过政府购买服务的形式，

---

〔1〕 王梅：《完善社区矫正对象人身危险性评估的思考》，载《广西民族师范学院学报》2018 年第 4 期。

由具有资质的社会机构代劳实施矫前调查评估。(2)有助于提高矫前调查评估的质量。由于社区矫正工作人员的专业能力不足或者工作压力较大,导致矫前调查评估的质量不高。而由专业的社会工作者实施矫前调查评估,可以保证矫前调查评估的专业性。例如,可以由社会工作专业或者法学专业的社会工作者共同实施矫前调查评估。(3)有助于保证司法公正。由县级司法行政机关实施矫前调查评估,矫前调查评估的公正性往往受到质疑,因为司法行政机关作出的矫前调查评估报告将直接影响定罪量刑,从而间接影响其工作量。而具有资质的社会机构通常以中立第三方的身份实施矫前调查评估,其公正性更易为案件当事人所接受。

(四)建构矫前调查评估的指标体系

应当在《社区矫正法》中建构矫前调查评估的指标体系。我国《刑法》明确规定了缓刑适用的实质条件,两院两部《实施办法》也规定了可以对拟适用社区矫正的犯罪人进行调查评估。但是,并未详细规定如何理解缓刑适用的实质条件以及调查评估的内容,实践中评估指标和做法不一,甚至出现当时悔罪或者表现良好却在矫正中屡次再犯的极端情形。这表明矫前调查评估具有一定的不确定性和主观性,影响了社区矫正的具体判断和矫正功能的实现。[1] 有论者提出采用司法解释的形式确立系统的“没有再犯罪的危险”的评判标准。[2] 为避免矫前调查评估的主观性和不确定性,必须制定统一的矫前调查评估指标体系。

1. 采取封闭式和开放式相结合的模式

我国矫前调查评估指标体系的建构,必须坚持封闭式和开放式相结合的原则。一方面,应当采取封闭式将表征人身危险性和再犯可能性的评估指标尽可能全面地体现在法律文件中。这样虽然不能较好体现调查评估的个体差异,但是却可以最大限度地降低调查评估的主观性。有论者提出我国由于地区之间的历史文化传统、经济发展水平和犯罪形态等差异较大,同时矫前调查评估又十分复杂,影响因素极为广泛,因此我国建立完全开放式的矫前调查评估指标体系较为合适。[3] 这种观点值得商榷,因为建立矫前调查评估指标体系的目的便是解决矫前调查评估内容不具体而导致的调查评估的主观性强、以及在理解缓刑适用实质条件无具体参照问题,倘若建立开放式的矫前调查评估指标体

---

〔1〕 翟中东:《缓刑适用中的再犯罪危险评估问题》,载《河南警察学院学报》2012年第2期。

〔2〕 屈耀伦:《我国缓刑制度的理论与实务》,中国政法大学出版社2012年版,第163页。

〔3〕 骆群:《社区矫正专题研究》,中国法制出版社2018年版,第165页

系，并不规定具体的调查评估指标，这样做并不必要。另一方面，采取开放式的指标体系建构方式，在最后设置表征人身危险性和再犯可能性的其他指标。矫前调查评估是一项综合性的评估，涉及的内容十分繁杂。在建构矫前调查评估指标体系时，采取一定的开放式，不仅可以保证立法的相对精简和稳定，也可以为法官考虑犯罪人的个殊性而行使自由裁量权留有空间，这可以兼顾个体差异以便最大限度实现刑罚的个别化。

2. 按照一定标准对评估指标进行分类

矫前调查评估涉及的内容十分庞杂，为了体现层次性与条理性，也为了避免内容的遗漏，有必要按照一定标准对各种评估指标进行分类。实践中，武汉市将矫前调查评估指标分为调查对象的家庭情况、个性特点、犯罪前表现、悔罪表现、社会反应、监管条件六大类指标，每一大类指标又包含各种具体指标。而山东省则直接将矫前调查评估指标分为七方面。理论界也有其他分类方法，例如，有研究者将矫前调查评估内容分为犯罪人自身情况和是否适合社区矫正的外部条件两方面。[1] 各个指标体系都体现出了分类思想，试图使其尽可能全面、层次感强。但是，实际上这些分类并不是十分科学，或者遗漏了重要指标而不够全面，或者各类指标间相互交叉而条理性欠佳。而恰当的分类应当仅有一个标准、各类之间必须互不相容，且各类之和必须等于种概念的外延。[2] 世界各国将缓刑实质条件中影响再犯可能性的因素分为犯罪人犯罪前的情况、犯罪时的犯罪情节、犯罪后的行为表现及犯罪人现在的生活环境等四大类。[3] 这种分类较为全面地体现了矫前调查评估的所有指标，十分全面，值得我国借鉴。因此，我国在构建矫前调查评估指标体系时，可以将具体指标分为犯罪人犯罪前的指标、犯罪中的指标、犯罪后的指标及监管矫正条件。其实，该种分类方法是犯罪人和外部环境两种分类标准下的指标体系类别的结合，犯罪前、犯罪中与犯罪后是犯罪人层面按照犯罪行为发生时间阶段标准的分类，而监管矫正条件则属于被宣告缓刑的罪犯的服刑环境。

3. 尽可能全面列举调查评估指标种类

参照一些国家与地区关于矫前调查评估的参考因素及缓刑实质性条件的

---

〔1〕 郑艳：《社区矫正审前社会调查评估制度之程序构建》，载《行政与法》2014 年第 5 期。

〔2〕 陈波：《逻辑学十五讲》（第 2 版），北京大学出版社 2016 年版，第 83 页。

〔3〕 吴声：《缓刑制度研究——以立法完善为重点》，中国人民公安大学出版社 2007 年版，第 108 ~ 109 页。

规定，遵照以上矫前调查评估指标体系的建构原则，《社区矫正法》应当将矫前调查评估指标体系分为犯罪前、犯罪中和犯罪后的指标以及反映矫正环境的指标，具体规定应当如下：

人民法院、人民检察院、公安机关、监狱对拟适用社区矫正的犯罪嫌疑人、被告人、罪犯，需要调查其人身危险性和再犯可能性，应当委托县级司法行政机关进行调查评估。受委托的司法行政机关应当根据委托机关的申请，对下列情况进行调查了解，形成评估意见，及时提交委托机关：(1)犯罪人犯罪前的情况。包括性别、年龄、性格特征、品德情况、生活经历、婚姻状况、受教育程度、生理和心理健康状况、精神状况、社会经济地位、有无前科劣迹、日常表现、人际关系等。(2)犯罪人犯罪中的情况。包括犯罪人的精神状况、犯罪动机、犯罪目的、主观罪过、是否预谋、犯罪手段、犯罪时间与地点、犯罪起因、同被害人的关系、被害人是否有过错、是否具有从犯、预备、中止等内容。(3)犯罪人犯罪后的情况。包括是否具有自首、立功、坦白、积极采取措施避免危害结果的发生、主动挽回犯罪造成的损失、积极赔偿、赔礼道歉、积极退赃及认罪悔罪态度等内容。[1] (4)犯罪人矫正环境情况。包括社区是否支持与配合、亲友及家人对其的评价、犯罪人所在村(居)委会和邻居对其的评价、被害人的态度、主要社会关系、人际交往情况、工作单位意见、学校意见、所在社区治安的好坏等内容。(5)其他需要调查的情况。犯罪人并非同质的群体，犯罪人不仅与守法者群体之间有差异，而且犯罪人群体内部的不同个体之间也有差异。

(五)明确矫前调查评估报告的性质

矫前调查评估报告的证据地位及其证据种类影响着对其的庭审方式。例如，对于矫前调查评估报告中属于意见或者建议的内容，应当在法庭辩论阶段由控辩双方进行辩论；对于属于证据的内容应当在法庭调查阶段由控辩双方进行质证。同时，矫前调查评估法律性质不明，也带来矫前评估报告的采用率较低、缓刑适用率的普遍偏低等问题。因此，我国在《社区矫正法》中，应当明确矫前调查评估报告的证据地位及其种类。[2]

矫前调查评估报告中基于调查的事实部分属于证据，基于评估的建议部分不属于证据。有研究者曾指出对矫前调查评估报告本质理解的两种观点：作为证据，或者作为办案参考材料。通常意义上将矫前调查评估报告理解为法官处

〔1〕 左坚卫：《缓刑制度的理论与实务》，中国人民公安大学出版社 2012 年版，第 73 ~ 74 页。

〔2〕 张吉喜：《论刑事诉讼中的社会调查报告》，载《刑事法评论》2015 年第 1 期。

理案件的重要参考资料,但有时其又确属证据。事实上,矫前调查评估报告可能不会直接影响判决,但是在建构影响判决的犯罪构成和罪犯形象上发挥作用。[1] 矫前调查评估报告内容包含证据和法官处理案件的重要参考资料两部分内容。其中,基于调查的事实部分属于证据,如犯罪人的家庭情况、个人情况、犯罪行为的后果和影响、犯罪前后的表现等。这是因为根据最高人民法院《关于适用〈中华人民共和国刑事诉讼法〉的解释》第72条的规定,与定罪量刑有关的其他事实都属于应当运用证据证明的案件事实,矫前调查评估报告的事实描述部分反映了犯罪人的人身危险性和再犯可能性,与量刑具有相关性。而矫前调查评估报告中基于评估的建议部分不属于证据,如居住地村(居)民委员会和被害人意见、拟禁止的事项以及对犯罪人的人身危险性的评估意见等属于相关人员发表的意见。我国的证据中除了鉴定意见,其他所有的意见都不属于证据。

调查评估报告中基于调查的事实部分应当归为证人证言。[2] 例如,有研究者认为,矫前调查评估报告中属于证据的内容是调查评估人员凭借自己的感官直接感知的案件事实,通过对犯罪人性格特点、犯罪原因、成长经历、个人生活环境、交友、犯罪前后表现、家庭与社区帮扶条件等情况进行走访调查,从专业角度进行评估,提出量刑方面的建议。因此,该部分矫前调查评估报告本质上属于言词证据,是对各种被调查主体相关意见的固定,视为书面言词证据更为恰当。[3] 在德国,对未成年人的矫前调查评估被视为一种人证,矫前调查评估报告的制作者以及报告中所涉及的人员以证人的身份出席法庭审理,并接受少年检察官和被告人的辩护律师的交互诘问,经过法定的证据调查程序后才能取得证据能力,否则法院在判决中不得引用社会调查报告的内容作为最后判决的事实基础或依据。[4] 只不过从证据来源角度看,属于传来证据,而不是原始证据。有研究者认为社会调查报告属于品格证据,[5] 该类观点是不合适的。一方

---

〔1〕 Fergus Mcneill & loan Durnescu & René Butter, *Probation*:12 *Essential Questions*, Macmillan Publishers Ltd, 2016, p. 72 – 73.

〔2〕 需要说明的是,我国的刑事证据理论中,证人只能是自然人,单位不能作为证人,矫前调查评估报告却要加盖县级司法行政机关的印章,是以司法机关的名义作出的。实际上,矫前调查评估报的上述形式要件并不影响其的证据属性,因为在对矫前调查评估报告进行法庭调查时,参加庭审的是自然人。

〔3〕 邓陕峡:《我国社区矫正审前社会调查评估研究——以法院委托调查为视角》,载《昆明理工大学学报》2015年第4期。

〔4〕 黄河:《少年刑事案件社会调查制度初论——以德国少年司法实践为视角》,载《研究生法学》2011年第1期。

〔5〕 吴燕、吴翎翎:《未成年人品格证据若干问题初探》,载《青少年犯罪问题》2008年第5期。

面，品格证据不是证据种类，而是证据类型。另一方面，品格证据不能涵盖矫前调查评估报告的全部内容。品格证据是指有关证明个人性格特点和在一定社区范围内公众对个人名誉、道德方面评价的证据。矫前调查评估不仅是对犯罪人品格的调查，更是对反映犯罪人的人身危险性和再犯可能性的其他方面内容调查评估，将矫前调查评估报告视为品格证据不全面。因为矫前调查评估报告中除了包含体现犯罪人品格的内容，还包含犯罪人的家庭情况、犯罪行为的后果和影响等不属于犯罪人品格的内容。

在矫前调查评估的完善中，矫前调查评估的制度化、规范化发展一定程度上也能够解决其实施中的衔接不畅。例如，矫前调查评估法律地位的确立有利于解决调查评估率不高及各地适用不均衡问题，决定及实施主体的完善有利于解决重复委托或滞后委托等。

第二节 缓刑犯报到接收的完善与创新研究

缓刑犯的报到接收是指被宣告缓刑并依法实行社区矫正的罪犯应当在法定期限内到居住地县级司法行政机关参加社区矫正并由居住地县级司法行政机关及时为其办理入矫登记的过程。[1] 缓刑犯的报到接收的顺利进行是对其开展社区矫正工作的前提，是实施社区矫正中比较重要的一个环节。然而由于有关规定的不完善、制度的不健全、执行的不规范等原因，致使缓刑犯的报到接收过程中出现不少问题，一定程度上危害了社会安全。例如，该阶段比较常见的漏管。[2] 这不仅损害法律执行的严肃性、而且不利于保障社会安全。因此，应当深入研究缓刑犯的报到接收问题。

---

〔1〕 有的规定将报到接收称为交付接收，如两院两部《衔接配合管理意见》就使用“社区矫正对象交付接收的衔接配合管理”这类称谓。但是，称作“交付接收”欠妥当，因为社区矫正对象通常自行到社区矫正机构报到。

〔2〕 两院两部《衔接配合管理意见》第7条规定，“人民法院、公安机关、司法行政机关在社区矫正对象报到接收工作中衔接脱节，或者社区矫正对象逃避监管、未按规定时间期限报到，造成没有及时执行社区矫正的情况。”需要说明的是，虽然理论和实践均将漏管与脱管放在一起，但是二者的差别较大，不能混为一谈。脱管，是指社区矫正对象在社区矫正期间脱离居住地社区矫正机构的监督管理下落不明，或者虽然能查找到其下落但拒绝接受监督管理的情况。漏管与脱管的存在阶段、发生原因、责任主体等均不相同。例如，漏管存在于社区矫正对象报到接收前，脱管存在于社区矫正对象报到接收后。因此，本书将漏管与脱管分开研究。

一、缓刑犯的报到接收述评

目前,我国不少社区矫正有关规定都涉及了缓刑犯的报到接收,对缓刑犯的实际报到接收工作具有一定的指导意义。但是,缓刑犯的报到接收还存在一些问题。

（一）报到接收的有关规定

作为缓刑犯社区矫正的重要一环,不少规范对缓刑犯的报到接收均有专门规定。司法部 2004 年出台的《司法行政机关社区矫正工作暂行办法》(以下简称司法部《暂行办法》)特设第三章社区矫正对象的接收,第 16 ~ 21 条对社区矫正对象的报到期限、接收单位、法律文书及送达等问题予以规定,第 19 条规定了法律文书的送达期间为 7 日,第 20 条规定了社区矫正对象到居住地司法所的报到时间期限为 7 日。[1] 两院两部《实施办法》第 5、6 条对社区矫正人员的接收单位、报到期限及逾期不报到的后果、法律文书种类及送达、漏管的处理等作出规定,第 5 条规定法律文书的送达期间为 3 个工作日,第 6 条规定社区矫正人员到居住地县级司法行政机关的报到时间期限为 10 日,到指定司法所接受社区矫正的时间期限为 3 日。[2] 两院两部《衔接配合管理意见》更是将缓刑犯的报到接收作为加强对其衔接配合管理的特殊一环,规定了公安机关、人民检察院、人民法院、司法行政机关、监狱、看守所等在缓刑犯的交付接收中具体如何配合。《社区矫正法》特设第三章决定和接收,并用第 19 ~ 22 条的四个条文

---

〔1〕 2004 年 5 月 9 日,司法部印发《司法行政机关社区矫正工作暂行办法》,依据 2020 年 12 月 30 日司法部公告第 12 号——《司法部现行有效行政规范性文件目录(截至 2020 年底)》和《司法部决定废止行政规范性文件目录》废止,已失效,余同。司法部《暂行办法》第 19 条规定,“监狱应当自假释罪犯离开监所或者附加剥夺政治权利罪犯刑满释放之日起 7 日内,将有关文书材料寄至其居住地公安派出所和司法所。对暂予监外执行的罪犯,监狱应当在批准暂予监外执行之日起 7 日内,将有关法律文书和其他相关材料送达罪犯居住地公安派出所和司法所。”第 20 条规定,“社区矫正对象应当在判决、裁定、决定发生法律效力之日起 7 日内或者离开监所之日起 7 日内到居住地司法所报到”。

〔2〕 两院两部《实施办法》第 5 条规定,“对于适用社区矫正的罪犯,人民法院、公安机关、监狱应当核实其居住地,在向其宣判时或者在其离开监所之前,书面告知其到居住地县级司法行政机关报到的时间期限以及逾期报到的后果,并通知居住地县级司法行政机关;在判决、裁定生效起 3 个工作日内,送达判决书、裁定书、决定书、执行通知书、假释证明书副本等法律文书,同时抄送其居住地县级人民检察院和公安机关。县级司法行政机关收到法律文书后,应当在三个工作日内送达回执。”第 6 条规定,“社区矫正人员应当自人民法院判决、裁定生效之日或者离开监所之日起十日内到居住地县级司法行政机关报到。县级司法行政机关应当及时为其办理登记接收手续,并告知其三日内到指定的司法所接受社区矫正。发现社区矫正人员未按规定时间报到的,县级司法行政机关应当及时组织查找,并通报决定机关”。

规定社区矫正对象的报到接收。[1]《社区矫正法实施办法》第15~18条进一步细化了社区矫正对象的报到接收程序。[2] 2018年《刑事诉讼法》第264条也规定,罪犯被交付执行刑罚的时候,应当由交付执行的人民法院在判决生效后10日以内将有关的法律文书送达公安机关、监狱或者其他执行机关。

(二)报到接收存在的问题

规范的不完善与实践中操作的不规范,导致报到接收中的漏管问题严重,影响了缓刑犯社区矫正的整体效果。因此,应当对报到接收中的问题加以梳理与分析。

---

〔1〕《社区矫正法》第19条规定:"……社区矫正决定机关应当对社区矫正对象进行教育,告知其在社区矫正期间应当遵守的规定以及违反规定的法律后果,责令其按时报到。"第20条规定:"社区矫正决定机关应当自判决、裁定或者决定生效之日起五日内通知执行地社区矫正机构,并在十日内送达有关法律文书,同时抄送人民检察院和执行地公安机关。社区矫正决定地与执行地不在同一地方的,由执行地社区矫正机构将法律文书转送所在地的人民检察院、公安机关。"第21条规定:"人民法院判处管制、宣告缓刑、裁定假释的社区矫正对象,应当自判决、裁定生效之日起十日内到执行地社区矫正机构报到。人民法院决定暂予监外执行的社区矫正对象,由看守所或者执行取保候审、监视居住的公安机关自收到决定之日起十日内将社区矫正对象移送社区矫正机构。监狱管理机关、公安机关批准暂予监外执行的社区矫正对象,由监狱或者看守所自收到批准决定之日起十日内将社区矫正对象移送社区矫正机构。"第22条规定:"社区矫正机构应当依法接收社区矫正对象,核对法律文书、核实身份、办理接收登记、建立档案,并宣告社区矫正对象的犯罪事实、执行社区矫正的期限以及应当遵守的规定。"

〔2〕《社区矫正法实施办法》第15条规定:"社区矫正决定机关应当对社区矫正对象进行教育,书面告知其到执行地县级社区矫正机构报到的时间期限以及逾期报到或者未报到的后果,责令其按时报到。"第16条规定:"社区矫正决定机关应当自判决、裁定或者决定生效之日起五日内通知执行地县级社区矫正机构,并在十日内将判决书、裁定书、决定书、执行通知书等法律文书送达执行地县级社区矫正机构,同时抄送人民检察院。收到法律文书后,社区矫正机构应当在五日内送达回执。社区矫正对象前来报到时,执行地县级社区矫正机构未收到法律文书或者法律文书不齐全,应当先记录在案,为其办理登记接收手续,并通知社区矫正决定机关在五日内送达或者补齐法律文书。"第17条规定:"被判处管制、宣告缓刑、裁定假释的社区矫正对象到执行地县级社区矫正机构报到时,社区矫正机构应当核对法律文书、核实身份,办理登记接收手续。对社区矫正对象存在因行动不便、自行报到确有困难等特殊情况的,社区矫正机构可以派员到其居住地等场所办理登记接收手续。暂予监外执行的社区矫正对象,由公安机关、监狱或者看守所依法移送至执行地县级社区矫正机构,办理交付接收手续。罪犯原服刑地与居住地不在同一省、自治区、直辖市,需要回居住地暂予监外执行的,原服刑地的省级以上监狱管理机关或者设区的市一级以上公安机关应当书面通知罪犯居住地的监狱管理机关、公安机关,由其指定一所监狱、看守所接收社区矫正对象档案,负责办理其收监、刑满释放等手续。对看守所留所服刑罪犯暂予监外执行,原服刑地与居住地在同一省、自治区、直辖市的,可以不移交档案。"第18条规定:"执行地县级社区矫正机构接收社区矫正对象后,应当建立社区矫正档案,包括以下内容:(一)适用社区矫正的法律文书;(二)接收、监管审批、奖惩、收监执行、解除矫正、终止矫正等有关社区矫正执行活动的法律文书;(三)进行社区矫正的工作记录;(四)社区矫正对象接受社区矫正的其他相关材料。接受委托对社区矫正对象进行日常管理的司法所应当建立工作档案。"

1. 法律文书送达期间不科学

报到接收相关法律文书送达期间的不科学主要表现在两方面：

一是不同规定的报到接收相关法律文书送达期间不统一。司法部《暂行办法》第19条规定了有关法律文书和其他相关材料应当在7日内送达，此处明确报到接收相关法律文书的送达期间为7日；两院两部《实施办法》第5条却规定3个工作日内送达法律文书，这里的送达期间却明确规定为3个工作日；2018年《刑事诉讼法》第264条规定刑罚执行中法律文书的送达期间为10日，而缓刑犯的社区矫正是一项刑罚执行活动，则缓刑犯的报到接收相关法律文书的送达期间为10自然日。《社区矫正法》第20条、《社区矫正法实施办法》第16条规定社区矫正决定机关应当自判决、裁定或者决定生效之日起5日内通知执行地社区矫正机构，并在10日内送达有关法律文书。由此可见，不同法律规范规定的报到接收相关法律文书送达期间并不相同。这不利于人民法院和社区矫正机构把握相关法律文书的送达期限，因为依据不同的标准则会出现不同的送达期间。并且还存在不同位阶的法律规定相互冲突问题，而缓刑犯的报到接收是一项严肃的执法活动，相关法律文书的送达期间应当由法律明确规定。有关报到接收送达期间规定的现状，不仅反映了对缓刑犯报到接收工作的不重视，而且容易引起人民法院与社区矫正机构相互推诿责任。为了解决这些问题，《社区矫正法》及《社区矫正法实施办法》将报到接收相关法律文书送达期间为10日。

二是各规定在确立报到接收相关法律文书送达期间时，并未考虑特殊情形。司法部《暂行办法》第19条、两院两部《实施办法》第5条、《社区矫正法》第20条、《社区矫正法实施办法》第16条、2018年《刑事诉讼法》第264条均采取"一刀切"方式规定报到接收相关法律文书的送达期间，并未考虑实际送达过程中可能存在的问题。例如，是否存在异地送达问题，也并未考虑送达方式可能对送达期间产生影响。实际上，当出现缓刑犯的居住地和经常居住地不一致情形，尤其是两地分别居于不同省份时，送达必然需要花费更多时间。相较于直接送达或者留置送达，邮寄送达可能用时也更久。因此，作为影响法律文书送达期间的重要因素，在规定法律文书送达期间时应当考虑送达距离、送达方式等因素。

2. 信息共享平台建设不完备

信息共享平台建设不完备是缓刑犯报到接收中的重要问题之一。近年来，随着信息化程度的不断提升，社区矫正的信息化建设也逐渐加强。例如，一些地区先后建立了社区矫正日常管理信息化平台、不同部门间社区矫正工作人员信息共享平台、社区矫正对象网上学习平台等。但是，不少网络平台的功能仍不完备。例如，信息共享平台仅仅关注对社区矫正对象的监督管理，对社区矫正对象的报到接收不够重视，而该平台的建设宗旨便是解决社区矫正的机构间衔接问题，社区矫正对象的报到接收涉及机构间衔接，理应在该平台功能中有所体现。司法实践中，人民法院由于办案压力较大，多数并未按照规定送达期间及时送达相关法律文书，往往积攒一批再送达，有时缓刑犯已到司法行政机关报到，人民法院宣告缓刑的相关法律文书还未送达。[1] 人民法院不及时送达文书送达，导致司法行政机关很难及时掌握罪犯被宣告缓刑的情况。这种情况下，如果缓刑犯不及时自行到社区矫正机构报到，即便法律规定的报到期限已过，司法行政机关也不能及时发现缓刑犯的未报到。一旦法律文书长时间未送达，则容易导致缓刑犯的漏管甚至脱逃。如果整合、完善信息共享平台功能，在信息共享平台中增加报到接收模块，并增设案件信息登记、法律文书流转、办案期限预警等功能，那么报到接收中的漏管问题将在很大程度上得到解决。

3. 自行报到有关规定不合理

要求缓刑犯到居住地或者经常居住地县级司法行政机关自行报到容易导致漏管，具有一定的不合理性。这主要是因为：

首先，部分缓刑犯的认识可能存在偏差。由于社区矫正并不需要实际执行监禁性，一些缓刑犯会认为被宣告缓刑就意味着并不追究刑事责任，对自身行为性质及其社会危害性、对社区矫正性质等缺乏足够的了解。

其次，部分缓刑犯可能存在侥幸心理。生物具有趋利避害的本性，有的缓刑犯还存在逃避刑罚处罚的侥幸心理，主观上抗拒社区矫正的监督管理与教育矫正，导致逾期报到甚至不报到，发生漏管。

再次，客观的时空条件不利于部分缓刑犯的自行报到。实行社区矫正并不会影响缓刑犯的工作，这样便会导致缓刑犯的报到与工作间的时间冲突。此外，也有缓刑犯的住处距离报到地点居住地或者经常居住地县级司法行政机关较远，也不利于缓刑犯的自行报到。

最后，法律术语晦涩不利于缓刑犯的自行报到。有些法律术语比较难理

---

[1] 司法部预防犯罪研究所课题组：《社区矫正衔接机制建设研究报告》，载《中国司法》2016 年第 6 期。

解,并且法律规定中也存在冲突问题,即便是有关工作人员有时都难以准确把握,更不要说部分文化水平相对较低的缓刑犯了。例如,要求缓刑犯到居住地或者经常居住地报到,但究竟什么是居住地、经常居住地以及居住地与经常居住地不一致时的报到、居住地司法行政机关与司法所的区别等问题对于缓刑犯而言并不简单。为了解决该类问题,《社区矫正法》第17条规定:“社区矫正决定机关判处管制、宣告缓刑、裁定假释、决定或者批准暂予监外执行时应当确定社区矫正执行地。社区矫正执行地为社区矫正对象的居住地。社区矫正对象在多个地方居住的,可以确定经常居住地为执行地。社区矫正对象的居住地、经常居住地无法确定或者不适宜执行社区矫正的,社区矫正决定机关应当根据有利于社区矫正对象接受矫正、更好地融入社会的原则,确定执行地。”《民法典》第25条规定:“自然人以户籍登记或者其他有效身份登记记载的居所为住所;经常居所与住所不一致的,经常居所视为住所”。可见,各部法律关于居住地、经常居住地、户籍所在地、住所的规定并不相同,确定缓刑犯社区矫正对象社区矫正执行地是一个非常专业的问题。

同时,两院两部《实施办法》第5条和两院两部《衔接配合管理意见》第5条均规定,[1]对实行社区矫正的缓刑犯,人民法院在向其宣告缓刑时,应当书面告知其到居住地县级司法行政机关报到的时间期限以及逾期报到的后果。《社区矫正法》第19条和《社区矫正法实施办法》第15条均规定应当责令社区矫正对象按时报到。[2] 各省市区县制定的社区矫正实施细则和具体规定中,也都明确规定由决定适用社区矫正的机构承担告知社区矫正对象接受社区矫正有关法律义务的责任。但是,实践中一些法院既不进行书面告知,也无准确的口头告知。[3]

4. 报到接收惩罚机制不健全

对报到接收有关责任主体的惩罚机制不健全,是导致缓刑犯不按时报到的

---

〔1〕 两院两部《衔接配合管理意见》第5条规定,“对于被判处管制、宣告缓刑、假释的罪犯,人民法院、看守所、监狱应当书面告知其到居住地县级司法行政机关报到的时间期限以及逾期报到的后果,并在规定期限内将有关法律文书送达居住地县级司法行政机关,同时抄送居住地县级人民检察院和公安机关。”

〔2〕 《社区矫正法》第19条规定:“……社区矫正决定机关应当对社区矫正对象进行教育,告知其在社区矫正期间应当遵守的规定以及违反规定的法律后果,责令其按时报到。”《社区矫正法实施办法》第15条规定:“社区矫正决定机关应当对社区矫正对象进行教育,书面告知其到执行地县级社区矫正机构报到的时间期限以及逾期报到或者未报到的后果,责令其按时报到。”

〔3〕 高贞主编:《中国特色社区矫正制度研究》,法律出版社2018年版,第45页。

重要原因。在缓刑犯方面,对不按时报到者的处罚规定不明,导致一些缓刑犯不按时报到。目前,有关缓刑犯逾期未报到法律后果的规定并不明确。司法部《暂行办法》并未规定缓刑犯逾期不报到的法律后果。[1] 两院两部《实施办法》第5条也只是原则性地规定人民法院应当在向缓刑犯宣判时书面告知其到居住地县级司法行政机关报到的时间期限以及逾期报到的后果,但是并未指出具体包括哪些后果。[2] 两院两部《衔接配合管理意见》第7条也只是界定了漏管,但是并未涉及漏管的认定与处罚。[3] 《社区矫正法》第19条和《社区矫正法实施办法》第15条也仅是规定应当责令社区矫正对象按时报到,并未规定预期报到或者未报到的具体法律后果。由于规定的不明确,导致法律的威慑力下降,也无法具体处罚不按时报到的缓刑犯。在宣告缓刑的人民法院和接收缓刑犯的县级司法行政机关方面,缺乏相应的追责机制,也导致缓刑犯不按时报到。司法部《暂行办法》第17~21条、两院两部《实施办法》第5~6条、两院两部《衔接配合管理意见》第5~9条、《社区矫正法》第21条以及《社区矫正法实施办法》第16条等,都对人民法院按时送达法律文书与相关材料、县级司法行政机关及时接收缓刑犯作出要求,但是并未规定不按照要求履行职责的后果,导致人民法院和县级司法行政机关对缓刑犯的报到接收工作不重视。

二、缓刑犯报到接收的完善与创新建言

缓刑犯交付接收中存在的问题,致使缓刑犯的社区矫正无法开展,影响了缓刑的适用和社区矫正的效果。因此,应当加以完善,具体可以从以下方面着手:

(一)规范法律文书送达

1. 统一法律文书的送达期间为10日

法律文书送达期间不统一,是导致缓刑犯报到接收出问题的原因之一。法

---

〔1〕 司法部《暂行办法》第18条规定,“监狱应当在暂予监外执行罪犯、假释罪犯离开监所以及附加剥夺政治权利罪犯刑满释放前,核实其居住地,告知其按照规定的时间向居住地司法所报到,接受社区矫正,并令其作出书面保证。”第20条规定,“社区矫正对象应当在判决、裁定、决定发生法律效力之日起7日内或者离开监所之日起7日内到居住地司法所报到。”

〔2〕 两院两部《实施办法》第5条规定:“对于适用社区矫正的罪犯,人民法院、公安机关、监狱应当核实其居住地,在向其宣判时或者在其离开监所之前,书面告知其到居住地县级司法行政机关报到的时间期限以及逾期报到的后果,并通知居住地县级司法行政机关。”

〔3〕 两院两部《衔接配合管理意见》第7条规定:“人民法院、公安机关、司法行政机关在社区服刑人员交付接收工作中衔接脱节,或者社区服刑人员逃避监管、未按规定时间期限报到,造成没有及时执行社区矫正的,属于漏管。”

律文书的流转不顺利,导致机构间衔接不畅,漏管也在所难免。因此应当统一法律文书的送达期间为 10 日。这主要是因为:一方面,以日为送达期间的单位较为科学。两院两部《实施办法》第 5 条规定法律文书的送达期间为 3 个工作日,并且整部规范中交替以日和工作日为期间单位,这不仅不利于社区矫正工作人员把握有关期间,也不利于彰显法律文件的规范性。反观我国 2018 年《刑事诉讼法》,则整部法律统一使用日为期间单位。另一方面,以 10 日为送达期间也较为合理。我国 2018 年《刑事诉讼法》第 264 条便规定刑罚执行中法律文书的送达时间为 10 日,如果社区矫正相关规定中以其他时间作为法律文书的送达期间,则容易造成与上位法 2018 年《刑事诉讼法》有关规定的冲突。此外,10 日考虑了送达地点与送达方式等因素的影响。因为异地送达或者采取邮寄方式的送达往往用时更久,3 日或者 5 日会给有关机关带来较大的送达压力。因此,应当统一有关法律文书的送达期间为 10 日。该规定已经在《社区矫正法》第 20 条、《社区矫正法实施办法》第 16 条有具体体现。

2. 规范社区矫正告知书,严格履行告知义务

缓刑犯社区矫正告知书是人民法院在向罪犯宣告缓刑后,对缓刑犯出具的通知其到居住地县级司法行政机关报到的时间期限以及逾期报到或者不报道后果的书面材料。缓刑犯社区矫正告知书是缓刑犯自行报到的依据,载明了报到的时间、地点及不按时报到的后果,有利于指导、督促缓刑犯及时到社区矫正机构报到。我国的不少社区矫正规定都对社区矫正告知作出了要求。司法部《暂行办法》第 18 条要求监狱应当告知社区矫正对象按照规定时间向居住地司法所报到,两院两部《实施办法》第 5 条及两院两部《衔接配合管理意见》第 5 条均规定人民法院应当书面告知缓刑犯到居住地县级司法行政机关报到的时间期限以及逾期报到的后果。《社区矫正法》第 19 条和《社区矫正法实施办法》第 15 条也仅是规定应当责令社区矫正对象按时报到,后者还规定应当书面告知其到执行地县级社区矫正机构报到的时间期限以及逾期报到或者未报到的后果。但是,司法实践中向缓刑犯的报到告知往往流于形式,不少地方采取口头告知的形式;一些地方虽然采取书面形式告知,但是这些告知书的内容也存在较大差别,有些地方的社区矫正告知书甚至存在名不副实情况。例如,湖北省社区矫正告知书规定了社区矫正的性质、各类社区矫正对象在社区矫正期间应当遵守的规定、以及违反规定的后果,并未涉及报到时间、地点及不按时报到的具体法律后果等内容。社区矫正告知书的不规范,一定程度上影响了缓刑犯的自行

报到。因此,应当进一步规范社区矫正告知书,督促人民法院严格履行报到告知义务。各地在制定社区矫正法实施细则时,应当将书面告知作为硬性要求,在社区矫正告知书中载明缓刑犯报到的时间、地点及不按时报到的具体法律后果,具体可以参照天津市社区矫正告知书(见附录)。

(二)完善信息共享平台

如果规范法律文书送达是解决缓刑犯报到接收问题的关键,那么完善信息共享平台的功能则是解决该问题的重要保障。缓刑犯的漏管一方面是由于缓刑犯不及时自行报到导致的,另一方面也由机构间法律文书的流转不畅引起。实践中法官与社区矫正工作人员的工作压力比较大,很难保证他们对每个缓刑犯的状况都了如指掌,出现个别的漏管也在所难免。但是,信息化程度的提高有利于促进该类问题的解决,通过信息共享平台功能的拓展,由缓刑犯的报到接收导致的缓刑犯漏管问题将得到很大程度的改善。具体可以参照检察院、法院之间的办案系统,但是应当进一步拓宽案件范围,即打破行政区域划分,建立全国统一的缓刑犯接收信息共享平台,这是切实解决缓刑犯报到接收问题的突出重点和努力方向。通过该平台,人民法院宣告缓刑并录入办案系统相关信息后,社区矫正工作人员即便未能及时收到法院送达的相关法律文书,也会被及时提醒需要做好的接收事项及时间节点。这不仅为人民法院送达相关法律文书留足了时间,也有利于社区矫正工作人员及时掌握新增加缓刑犯的基本情况,及时与未按时报到的缓刑犯取得联系,让其在规定时间内携带本人身份证及有关材料到指定的社区矫正机构报到,进一步减少了漏管的可能。此外,该平台还应当包含提醒法院按时送达法律文书功能,当法官进入办案系统时,系统会按照办案期限及处理过的法律事项,通知规定时间内的待办事项,从而解决因遗漏导致的法律文书不能及时送达。同时,完善社区矫正信息共享平台,有助于不断扩大社区矫正信息化数据库,进而推进社区矫正信息化建设。

(三)建立健全惩罚机制

建立健全惩罚机制是解决缓刑犯报到接收问题的重要保障。对不按时报到的缓刑犯、不按时送达法律文书的法官及不按时接收的社区矫正工作人员等的惩罚力度不大,是不及时督促缓刑犯按时报到从而导致缓刑犯不按时报到的重要原因。因此,为了保证缓刑犯报到接收顺利进行,必须建立健全对相关主体的惩罚机制。针对缓刑犯,可以采取以下措施:第一,统一漏管标准。两院两部《衔接配合管理意见》第 7 条虽然界定了漏管,但是并没有明确漏管的具体认定及相应处罚,这导致无法实质性地处罚漏管。因此,应当统一漏管的时限。建议明确规定以"1 日"为期限,从报到期满之日起计算,超过 1 日未报到的即为漏管。未按时报到不超过1 日的,不宜认定为漏管;超过1 日不超过1 个月未报到的,视情况给予警告、提请治安管理处罚;超过 1 个月未报到的,提请撤销缓刑,收监执行。第二,明确不按时报到的后果。应当在社区矫正告知书中,明确不按规定报到,超过一定时间的,应当给予相应的警告、提请治安管理处罚、撤销缓刑、收监执行等处罚。第三,可以尝试推行保证金制度。对缓刑犯收取一定的保证金,由其自行到县级司法行政机关报到,在县级司法行政机关成功接收缓刑犯后,再全额退还保证金。这样可以使缓刑犯更加直观地感受到不按时报到可能带来的后果。但是,在收取保证金时应当注意,保证金的收取、保管与退还等程序必须分开进行,从而保障保证金制度的规范性与公平性。针对法官与社区矫正工作人员,可以加大对出现漏管情况的责任追究力度。对不积极履行法律职责、导致缓刑犯长期处于漏管状态的法官或者社区矫正工作人员,应当视具体情况给予这些人员纪律处分或者法律处分等不利后果。[1] 同时,人民检察院也应当发挥好报到接收阶段的检察监督作用,对于违反规定的法官和社区矫正工作人员,可以区分情况提出口头纠正意见、制发纠正违法通知书或者检察建议书等。[2] 此外,还应当在以上处罚与年度考核、年终评优评奖、职位晋升等资格之间建立联系。例如,导致缓刑犯因漏管而被给予警告处分的,年度考核为不合格;导致缓刑犯因漏管而被给予两次以上警告处分或者被提请治安管理处罚、撤销缓刑、收监执行的,年度考核不合格、全年取消评优评奖与职位晋升资格。

(四)保证有关人员出庭

以上完善建议建立在现有的报到接收制度上,长远来看应当建立社区矫正工作人员出庭制度。该项制度要求社区矫正工作人员出席拟宣告缓刑罪犯的庭审,这一做法具有多方面重要意义:第一,保障罪犯在被宣告缓刑后的及时报到接收。由于社区矫正工作人员出庭,一旦罪犯被宣告缓刑,社区矫正工作人员便能够及时获取该信息,为该缓刑犯的报到接收提前做好准备。第二,有助

---

〔1〕 两院两部《实施办法》第 38 条规定,"在实施社区矫正过程中,司法工作人员有玩忽职守、徇私舞弊、滥用职权等违法违纪行为的,依法给予相应处分;构成犯罪的,依法追究刑事责任。"

〔2〕 两院两部《实施办法》第 37 条规定,"人民检察院发现社区矫正执法活动违反法律和本办法规定的,可以区别情况提出口头纠正意见、制发纠正违法通知书或者检察建议书。交付执行机关和执行机关应当及时纠正、整改,并将有关情况告知人民检察院。"

于全面了解缓刑犯的法庭表现,为以后的社区矫正工作奠定基础。拟宣告缓刑罪犯的法庭表现,比较直观地反映了该罪犯的认罪悔罪态度,而认罪悔罪态度也是对缓刑犯进行危险评估从而确定监管等级的重要考察因素。第三,有助于协助法官更加准确宣告缓刑。是否对罪犯宣告缓刑很大程度上基于矫前调查评估报告,而矫前调查评估报告则是社区矫正工作人员根据罪犯的综合表现提出的。因此,相较于法官,社区矫正工作人员才更加全面深刻地了解罪犯的人身危险性与再犯可能性,社区矫正工作人员出席拟宣告缓刑罪犯的庭审,可以更好地协助法官作出更准确的缓刑宣告。美国缓刑制度自建立之初,社区矫正工作人员(缓刑官)即承担了矫前调查评估、庭审帮助与社区矫正等有关职能。[1] 当然,社区矫正工作人员出庭制度的建立和落实,涉及配套制度的改革。例如,社区矫正工作人员的诉讼主体资格等。可以说,社区矫正工作人员出庭制度是一项复杂的系统工程。但是,并不能因为该项工作的复杂性,而不开展理论与实践层面的有益探索。

---

〔1〕 刘立霞、郝小云:《论未成年人刑事案件中的合适未成年制度》,载《法学杂志》2011 年第 4 期。

第三章

缓刑犯社区矫正监督管理的完善与创新研究

缓刑犯的监督管理是指司法行政机关社区矫正机构及其工作人员通过履行监视、督促、组织、控制等职能来约束被宣告缓刑并依法实行社区矫正的缓刑犯的行为，以达到防止其再次犯罪并创造良好的矫正环境的活动。[1] 根据犯罪学研究，少数罪犯实施了大部分犯罪，犯罪状态与犯罪走势通常取决于少数罪犯。据此，新刑罚学便主张如果能够确定这些罪犯，并对其加以监管，犯罪数量和治理犯罪的成本将大大降低，社会安全度将得以极大提升。[2] 因此，目前有不少研究者强调监督管理的重要作用，甚至将监督管理作为社区矫正的首要工作，[3]并陆续介绍了国外有关方面的成功做法，实务部门更是把社区矫正监督管理视为社区矫正工作的重中之重，不断创新监督管理的方式。这些做法值得肯定，因为这些足以表明理论与实践中已经意识到监督管理的重要作用，监督管理工作不仅直接与社区矫正能否安全开展直接相关，而安全又是评估社区矫正工作绩效的最关键因素之一，也是保障教育矫正效果和开展帮困扶助的基础。应当说，有关监督管理理论和实践中的探索大大推进了我国缓刑犯的监督管理工作的开展。但不可否认的是，目前我国社区矫正中对缓刑犯的监督管理尚存在一些问题，例如，针对缓刑犯这类社区矫正对象的危险评估不科学、分级管理不完善、管衔接不顺畅等，这些问题消减了缓刑犯社区矫正的效果。本章借鉴有关方面的域外和国内经验，试图完善对我国缓刑犯社区矫正对象的监督

---

〔1〕 姜祖桢主编：《社区矫正理论与实务》，法律出版社 2010 年版，第 189 页。

〔2〕 翟中东：《危险评估与控制——新刑罚学的主张》，载《法律科学》2010 年第 4 期。

〔3〕 具体表述为“社区矫正的主要工作是对社区矫正对象的刑事执法管理”。参见刘强主编：《社区矫正制度研究》，法律出版社 2007 年版，第 118 页。

管理,以提高对其的监管效率。

第一节　缓刑犯危险评估的完善与创新研究

缓刑犯的危险评估是开展缓刑犯社区矫正工作的基础,虽然对缓刑犯的教育矫正和帮困扶助中也涉及危险评估问题,但危险评估的最重要作用还在于对缓刑犯的人身危险性和再犯可能性进行准确测评,从而确定适当的监管等级。因此,在缓刑犯的监督管理一章予以专节讨论。缓刑犯的危险评估有助于提升分级监管的科学性,有助于确立适合缓刑犯社区矫正对象的针对性处遇种类,有助于在提升监管效率的同时节约司法资源等。我国社区矫正的理论和实务界正是认识到危险评估对社区矫正工作的重要意义,才积极推动社区矫正对象危险评估的理论探讨和司法实践。目前,我国有关缓刑犯社区矫正对象的危险评估理论研究多集中在评估指标及工具的选取方面,司法实践也在相关理论的指导下不断探索。但是我国社区矫正对象的危险评估还存在不少问题,尤其缺乏对缓刑犯的危险评估的系统探讨。因此,本节尝试在分析我国缓刑犯社区矫正对象危险评估的基础上,结合国(境)外社区矫正对象危险评估经验,为推进我国缓刑犯社区矫正对象危险评估的制度建设和司法实践建言献策。

一、我国缓刑犯的危险评估述评

目前,我国很少有专门针对缓刑犯危险评估的理论探讨和实践探索,但是一般性地对社区矫正对象危险评估的研究却相对丰富,而缓刑犯是最主要的一类社区矫正对象。因此,对社区矫正对象危险评估的研究可以为探讨缓刑犯危险评估问题提供参考。在社区矫正对象的危险评估中,由于适用于全国社区矫正工作的正式规范性文件并未对危险评估作出明确规定,《社区矫正法》第25条并未对危险评估作出规定,《社区矫正法实施办法》第21条提出根据再犯罪风向等情况进行综合评估,划分不同类别,实施分类管理,[1]但是该规定也相对

---

〔1〕《社区矫正法实施办法》第21条规定:"社区矫正机构应当根据社区矫正对象被判处管制、宣告缓刑、假释和暂予监外执行的不同裁判内容和犯罪类型、矫正阶段、再犯罪风险等情况,进行综合评估,划分不同类别,实施分类管理。社区矫正机构应当把社区矫正对象的考核结果和奖惩情况作为分类管理的依据。社区矫正机构对不同类别的社区矫正对象,在矫正措施和方法上应当有所区别,有针对性地开展监督管理和教育帮扶工作。"

较为原则。理论界便展开对危险评估的探讨,司法实务部门也积极开展对危险评估实践探索,然而理论与实务界在相关问题上不能达成共识,也导致了理论与实践的脱节。

(一)危险评估的内涵不准确

理论界对缓刑犯危险评估的内涵理解有争议。2009 年 9 月 2 日发布的两院两部《全国试行意见》,在全面试行社区矫正工作的主要任务中只是规定,根据社区矫正对象的不同犯罪类型和风险等级,探索分类矫正方法。两院两部《实施办法》第 9 条也仅仅规定,司法所应当为社区矫正人员制订矫正方案,在对社区矫正人员被判处的刑罚种类、犯罪情况、悔罪表现、个性特征和生活环境等情况进行综合评估的基础上,制定有针对性的监管、教育和帮助措施。根据矫正方案的实施效果,适时予以调整。这两个文件仅是对危险评估或者类似危险评估作出概括规定,并未明确何为危险评估以及如何进行,由此产生理论界对危险评估内涵的争执。例如,有研究者认为社区矫正中的危险评估是指对社区矫正对象再次进行危害行为的可能性的系统性评价。[1] 也有研究者将危险评估界定为对犯罪分子重新违法犯罪危险大小进行定量化的评估,将犯罪分子区分出高度、中度与低度危险等类别。[2] 还有研究者将危险评估理解为一种人身危险性评估。[3] 更有研究者将危险评估视为对社区矫正对象的人身危险性和再犯可能性的测评。[4]

在危险评估的内涵理解上,危险评估是否等同于人身危险性评估以及危险评估是否仅指对再犯可能性的评估争议较大,后者又可以理解为危险评估是否包含对初犯可能性的评估。其实,这两个问题本质上是如何理解危险评估与人身危险性评估的关系。本书认为,危险评估与人身危险性评估并非全同关系,二者应为交叉关系。

1. 危险评估仅仅是人身危险性评估的一方面

理论界关于人身危险性是否包含初犯可能性存有争议,折中观点认为应当在不同的研究领域理解人身危险性,犯罪学中的人身危险性应当包含初犯可能性,而刑法学中的人身危险性仅指再犯可能性。[5] 该种观点值得提倡,因为根

---

〔1〕 吴宗宪主编:《社区矫正导论》,中国人民大学出版社 2011 年版,第 183 页。
〔2〕 翟中东:《矫正的变迁》,中国人民公安大学出版社 2013 年版,第 221 页。
〔3〕 刘强主编:《社区矫正制度研究》,法律出版社 2007 年版,第 141 ~ 143 页。
〔4〕 王平主编:《社区矫正制度研究》,中国政法大学出版社 2014 年版,第 323 页。
〔5〕 胡学相、孙雷鸣:《对人身危险性理论的反思》,载《中国刑事法杂志》2013 年第 9 期。

据刑法学中“无行为则无犯罪”原则，[1]即便行为人的人身危险性很高，只要其未实施危害社会的行为，就不可能进入刑事司法视野，也便不会研究其人身危险性。而犯罪学的重要任务之一便是揭示犯罪原因，当然包括初次犯罪的原因，评估初犯可能在犯罪学中便具有意义。本书的研究基于犯罪学视角，本来应该将人身危险性理解为初犯可能性和再犯可能性的统一，人身危险性评估应当包括对犯罪人初犯的评估和再犯的评估。但是实践中，我国的危险评估仅仅是对进入刑事司法程序的犯罪人再次实施犯罪可能性的测评，不应当、也不可能对所有公民进行初次实施犯罪可能的评估。可见，危险评估仅仅是人身危险性评估的一个方面。[2]

2. 人身危险性评估不能涵盖危险评估的所有因素

人身危险性重在揭示行为人所具有的犯罪倾向性或者反社会倾向性，虽然这种倾向性的形成过程受到社会与自然因素的影响，但是已经内化为一种犯罪人格，属于犯罪的个人因素层面。因此，人身危险性评估也仅是对犯罪人自身特征的评估。而危险评估是对行为人再次犯罪可能性的评估，根据犯罪学中有关犯罪原因的研究，任何犯罪的发生都是犯罪人个人因素、自然因素和社会因素共同作用的结果，而社会因素是导致犯罪发生的更为重要的因素。因此，人身危险性评估并不能囊括危险评估的所有因素，危险评估与人身危险性评估之间应当是一种交叉关系。

（二）危险评估的外延不统一

危险评估的外延不统一主要集中在司法实践中，理论层面的争议不大。危险评估的外延主要指其存在的阶段，具体表现在入矫前的调查评估、入矫前期、矫正过程和解矫之前四个阶段，分别对应矫前调查评估、入矫危险评估、矫中危险评估和解矫危险评估。理论层面对危险评估外延的理解较为一致，即将矫前调查评估也归入危险评估的范畴。例如，有研究者指出危险评估并非仅为社区矫正工作中的活动和内容，在审判机关量刑和假释决定机关裁定假释前，就存在对刑事被告人或者犯人的危险评估。[3] 也有研究者认为监狱与法院审判系

[1] 陈兴良：《无行为则无犯罪——为一条刑法格言辩护》，载《中外法学》1999 年第 5 期。

[2] 需要说明的是，矫前调查评估也是一种针对再犯的评估。因为矫前调查评估是对拟宣告缓刑的罪犯的测评，此时对该罪犯的定罪量刑已经实施完毕，再进行的评估相对于初次犯罪，便是对再次犯罪的评估。

[3] 吴宗宪：《社区矫正比较研究》（上），中国人民大学出版社 2011 年版，第 331 页。

统也存在危险评估。[1] 但是,根据我国部分省市开展的对社区矫正对象危险评估的实践,危险评估的阶段范围并未统一(见表2),这是导致危险评估司法实践混乱的主要原因之一。

表2 部分省市危险评估所处阶段情况汇总

省市	矫前调查评估	入矫危险评估	矫中危险评估	解矫危险评估
北京[2]	×	√	√	×
上海[3]	√	√	√	×
山东[4]	√	√	√	√
武汉[5]	×	√	√	√

由表2可以看出,危险评估的外延争议主要集中在矫前调查评估阶段是否存在危险评估和解矫危险评估能否归入危险评估。要弄清该两个问题,必须厘清矫前调查评估、解矫危险评估与危险评估之间的关系。

1. 矫前调查评估与危险评估的关系

矫前调查评估为危险评估奠定基础。矫前调查评估是对拟适用缓刑并依法实行社区矫正的缓刑犯进行的评估,评估内容多为对被告人或者犯罪人个人基本情况、一贯表现、犯罪后态度等内容的综合调查。后续的危险评估中最为重要的入矫危险评估通常建立在矫前调查评估基础上,结合缓刑犯对判决的认同程度、入矫初期表现及矫正需要等因素进行评估。《社区矫正法实施办法》第21条将对社区矫正对象的不同裁判内容和犯罪类型、矫正阶段、再犯罪风险等情况作为综合评估、划分不同类别、实施分类管理的重要参照内容,这里的不同裁判内容和犯罪类型正是矫前调查评估的重要参照指标。可以说,全面而准确的矫前调查评估对提高危险评估的准确性和高效性意义重大。

2. 解矫危险评估与危险评估的关系

解矫危险评估本质上应当属于危险评估范畴。一方面,解矫危险评估是对经过社区矫正的缓刑犯再次实施危害社会行为可能性的评估,评估的重点在于该缓刑犯是否达到了社区矫正矫正其犯罪心理和行为恶习、已经制订的矫正方

[1] 翟中东:《中国社区矫正制度的建构与立法问题》,中国人民公安大学出版社2017年版,第142页。
[2] 王平主编:《社区矫正制度研究》,中国政法大学出版社2014年版,第323~324页。
[3] 王平主编:《社区矫正制度研究》,中国政法大学出版社2014年版,第324页。
[4] 翟中东:《中国社区矫正制度的建构与立法问题》,中国人民公安大学出版社2017年版,第181页。
[5] 该规范来源于2016年11月底对湖北省社区矫正状况的调查。

案目标是否均已实现,从而在解除社区矫正后,是否存在再次对社会造成危害的危险。另一方面,解矫危险评估实际上也是一种矫中危险评估,只不过该矫中危险评估发生在社区矫正的最后一段时期内,是以入矫危险评估和矫中危险评估结果为参照的、针对缓刑犯社区矫正对象再次犯罪可能性的整体评估。既然矫中危险评估是一种危险评估,那么解矫危险评估自然也应当归入危险评估范畴。

(三)危险评估的方法不固定

量表法已经成为危险评估的常用方法,但是我国各地社区矫正危险评估量表也存在差异。危险评估包括观察法、谈话法、调查法和量表法,实践中运用频率最高的仍然是量表法,尤其是深入调查研究基础上研制的危险评估量表,是实施危险评估的最为有效的工具和方法之一。[1] 这主要是因为,其他方法相比于量表法更易受评估主体影响、缺乏明确的评估指标且容易被罪犯迷惑,而量表法更少依赖评估主体的"直觉""印象"等主观判断,体现出更强的科学性。于是,司法实务界便展开对危险评估量表法的积极探索。一些社区矫正机构采取与高校合作或者自行研发的形式研制危险评估量表,不少社区矫正机构将研究中的危险评估量表付诸实践。例如,首都师范大学政法学院社会工作系与北京市司法局合作研发的《北京市社区矫正对象综合状态指标体系》、上海市司法局的《社区矫正服刑人员风险测评表》、江苏省从 2009 年开始在全省范围内推广使用《社区矫正风险评估网络系统软件》、[2]浙江余杭区司法局也编制了《社区矫正人员再犯风险评估软件系统》等。[3] 这些危险评估方法为研制信度和效度更好的危险评估量表提供了有益的参考资料,但是这些评估体系普遍存在规范性不强、项目设计差别较大、统一性不足等问题。[4] 因此,国家社区矫正管理机关应当牵头,关注社区矫正对象风险评估量表的研制工作,把这项工作当作基础性建设的重要方面,研制出能够适用于全国范围的更加科学、高效的危险评估量表,并进一步推广,以提高我国社区矫正中对社区矫正对象进行危险

---

〔1〕 吴宗宪主编:《社区矫正导论》,中国人民大学出版社 2011 年版,第 185 ~ 191 页。

〔2〕 李萍、沈叶波:《江苏省社区矫正评估体系的实践与思考》,载刘强、姜爱东、朱久伟主编:《社区矫正理论与实务研究文集》,中国人民公安大学出版社 2009 年版,第 22 页。

〔3〕 吴之欧、方翌:《基于数据挖掘技术的社区矫正人员再犯风险评估》,载《贵州社会科学》2016 年第 7 期。

〔4〕 冯卫国、于阳:《论社区矫正风险评估》,载《山东警察学院学报》2012 年第 3 期。

评估的水平。[1]

但是,危险评估量表的编制涉及犯罪学、心理学、人类学、社会学、统计学等许多学科领域知识,制定科学的危险评估指标体系,必须建立在对有关问题的清楚认识基础上。

1. 危险评估对象状况处于不断变化中

危险评估对象即缓刑犯自身状况的不断变化,决定了危险评估应当采用不同的危险评估量表。我国对危险评估的研究相对较晚,评估量表的研制也相对不成熟,但是通过对西方发达国家危险评估方法的考察,不难发现危险评估对象自身状况的变化决定了危险评估量表的不同。这一方面表现在针对不同地域、不同年龄的罪犯开展危险评估,所使用的危险评估量表可能会不同。例如,威斯康星危险评估量表、宾夕法尼亚州危险评估量表、马萨诸塞州缓刑管理局犯罪人危险性评估量表就各具特色。[2] 而印第安纳州社区矫正危险评估工具有成年服刑人员危险评估工具和未成年服刑人员危险评估工具之分。[3] 另一方面表现在针对不同阶段的同一危险评估对象开展危险评估也可能会使用不同的评估量表。例如,印第安纳州社区矫正危险评估工具有危险评估工具和危险再评估工具之别。[4] 这表明,危险评估对象状况的差异性使得研制适用于全国的、统一的危险评估量表只能是一种奢求。

2. 量表法自身仍存在难以避免的局限

量表法虽然成为适用得最广泛的危险评估方法,但是这并不表明量表法就完美无缺,实际上量表法在危险评估中也存在难以避免的自身缺陷。量表法具有机械性,不能很好完成危险评估这一价值判断色彩较重的系统评价工程。同时,基于危险评估效率的考虑,危险评估量表中评估指标应当具有一定的数量限制,而不可能涵盖所有影响再犯可能性的因素,因而评估指标通常仅是影响再犯因素的抽象类型化,忽视部分个性化危险因素,由此导致量表法具有一定的固定性和狭隘性。[5] 然而,再犯可能性的评估是一种价值判断,应当考虑到

---

〔1〕 吴宗宪主编:《社区矫正导论》,中国人民大学出版社 2011 年版,第 185 ~ 191 页。

〔2〕 吴宗宪:《社区矫正比较研究》(上),中国人民大学出版社 2011 年版,第 332 ~ 336 页。

〔3〕 翟中东:《中国社区矫正制度的建构与立法问题》,中国人民公安大学出版社 2017 年版,第 149 ~ 154 页。

〔4〕 翟中东:《中国社区矫正制度的建构与立法问题》,中国人民公安大学出版社 2017 年版,第 149 ~ 156 页。

〔5〕 李川:《基于风险管控的社区矫正制度研究》,东南大学出版社 2017 年版,第 122 ~ 123 页。

评估对象方方面面的信息，每个评估对象的信息均不可能完全相同，并且这些信息还处在不断变动中。因此，单纯依靠量表法很难完成精确的危险评估。

（四）危险评估指标存在差异

正是危险评估内涵与外延上不能达成共识，以及危险评估方法的不统一，导致了危险评估选取的因素存在较大差异，这种差异不仅体现在理论层面，还反映在实践层面。

我国对危险评估及评估指标的研究最早出现在理论界。吴宗宪教授早在2005年便撰文讨论社区矫正中的危险评价与危险控制，介绍了加拿大具有较高犯罪危险性的年轻人特征方面的研究。[1] 之后的研究还将危险评估指标具体划分为人口统计学因素、犯罪历史、个人嗜好、目前状况、犯罪类型、犯罪态度、服刑情况等方面。[2] 刘强教授在2007年也系统论述了危险评估，并指出危险评估应当考虑犯罪记录、犯罪类型、基本情况、价值判断（对法院判决的态度、对社会的评价、对生活前景的态度、对个人经济状况的态度）、矫正情况、生活环境等因素。[3] 也有研究者主张危险评估指标应当有动态和静态之分，静态因素包括年龄、犯罪史、家庭因素、犯罪情况等；动态因素包括反社会人格、同情心、犯罪性需要、人际关系、社会成就、滥用毒品等。[4] 还有研究者专门研究危险评估指标结构，试图研制出适用于我国的统一的危险评估量表。[5] 其中代表性的做法是将危险评估指标分为服刑人员基本情况、家庭居住情况、犯罪情况、刑罚情况、不良行为情况和精神心理情况六类。[6] 这些研究，对于推动我国社区矫正危险评估指标的选取和危险评估的规范化发展具有重要意义。

在社区矫正实践中，北京、上海、湖北、江苏等地注重对社区矫正对象的危险评估，设计危险评估量表，积极探索危险评估指标体系。但是，至今各地的具体操作差别较大，尚未形成全国统一的危险评估指标体系。例如，北京市《社区矫正对象分类管理分阶段教育实施方案》规定，在入矫后第一个月，对社区矫正对象实施高强度管理，同时通过查阅档案、个别谈话、家访等方式对其个人、生

---

〔1〕 吴宗宪：《论社区矫正中的危险控制》，载《中国司法》2005年第1期。

〔2〕 赵秉志主编：《社区矫正法（专家建议稿）》，中国法制出版社2013年版，第53～55页。

〔3〕 刘强主编：《社区矫正制度研究》，法律出版社2007年版，第145～150页。

〔4〕 翟中东：《社区性刑罚的崛起与社区矫正的新模式：国际的视角》，中国政法大学出版社2013年版，第125页；王平主编：《社区矫正制度研究》，中国政法大学出版社2014年版，第326页。

〔5〕 孔一：《社区矫正人员再犯风险评估量表研究》，载《犯罪与改造研究》2012年第7期；许疏影：《社区矫正人员再犯风险评估工具实证研究》，载《河南警察学院学报》2014年第4期。

〔6〕 冯卫国、王超：《中外社区矫正风险评估指标结构差异研究》，载《法学杂志》2014年第7期。

活、就业、认罪及接受社区矫正态度等情况进行综合调查，最终通过“北京市社区矫正对象综合状态评估指标体系”进行系统测试评估，依据评估结论确定处遇等级。[1] 上海市将危险评估分为由 18 个因素组成的初次危险评估和由 12 个因素组成的阶段危险评估，初次危险评估主要围绕个人因素、家庭因素和社会因素展开，阶段危险评估主要围绕社会交往、社会心态、技能情况等方面展开。[2] 湖北省《社区矫正对象风险评估办法（试行）》将社区矫正风险评估指标分为静态因素和动态因素两类，静态因素包括犯罪与服刑表现记录、教育和工作背景、经济状况、家庭和婚姻状况、居住指标五大类；动态因素包括休闲娱乐情况，交友情况，酗酒和使用毒品情况，心理、情绪和人格特征，生活态度及政治倾向五大类。[3]

整体而言，我国现有的危险评估量表中的评估指标均不完全相同，评估指标的选取及各因素权重的赋予具有较强的随意性。一方面，很难证明量表选取的危险评估指标的科学性。危险评估的效率决定了危险评估指标的选取应当尽可能精简，但是究竟哪些因素在影响再犯可能方面具有较高的影响力不易确定，即各种因素在影响再犯可能上的排名很难证明。我国的一些地区借鉴国外危险评估工具建立了符合分级管理的危险评估量表，但由于不明晰危险评估量表的发展及理论基础，导致在面对国外多种复杂的社区矫正危险评估量表时无法选取科学的危险评估指标，且新建立的危险评估量表很难适应我国国情。[4] 另一方面，不易确定量表法选取的危险评估指标的权重。[5] 量表法通常以评估对象回答设定因素的得分情况评估危险大小，但是对于每种因素到底应当赋予多少分数却缺乏有效论证，也不能确定各因素之间的比重关系，而这恰恰是影响总分进而显示再犯可能性大小的关键。因此，应当在借鉴国外危险评估量表制定经验的基础上，结合我国不同地域的实际情况，建立科学的、全国通用的社区矫正对象危险评估量表。

---

〔1〕 何显兵、廖斌：《论社区矫正分级处遇机制的完善》，载《法学杂志》2018 年第 5 期。

〔2〕 金碧华：《社区矫正风险评估机制的分析与思考》，载《南通大学学报（社会科学版）》2009 年第 2 期。

〔3〕 翟中东：《中国社区矫正制度的建构与立法问题》，中国人民公安大学出版社 2017 年版，第 179 ~ 180 页。

〔4〕 李川：《从特殊预防到风险管控：社区矫正之理论嬗变与进路选择》，载《法律科学》2012 年第 3 期。

〔5〕 许疏影：《社区矫正人员再犯风险评估工具实证研究》，载《河南警察学院学报》2014 年第 4 期。

二、缓刑犯危险评估的完善与创新建言

科学、完备的缓刑犯危险评估体系的建立，应当建立在对危险评估概念的准确理解、对缓刑犯危险评估方法的完善和确立、对危险评估指标的适当选取基础上。因此，缓刑犯危险评估的完善，应当从重新界定其概念、确立评估方法、选取评估指标等方面着手。

（一）重新界定缓刑犯危险评估的概念

准确界定缓刑犯危险评估应当建立在对其内涵和外延的正确、统一理解基础上，因此，在定义缓刑犯危险评估前，应当明确其内涵和外延中的有关问题。（1）危险评估仅仅指对再次犯罪可能的评估。危险评估的主要目的在于为缓刑犯的科学分级监管及安排适合的矫正项目提供依据，其对象只能是已经或者可能实施犯罪行为的犯罪人，并不是对一切公民均可以实施危险评估。（2）危险评估与人身危险性评估是一种交叉关系。人身危险评估是初犯可能评估与再犯可能评估的统一，是犯罪人格方面的评估；而危险评估仅仅是再犯可能的评估，其评估指标包括个人因素、社会因素和自然因素。（3）危险评估不仅存在于缓刑犯社区矫正中，而且也存在于缓刑宣告前。具体包括矫前调查评估、入矫危险评估、矫中危险评估和解矫危险评估四个阶段，但是矫前调查评估是基础，矫中危险评估与解矫危险评估是重要补充，入矫危险评估才是整个危险评估系统的核心。（4）入矫危险评估居于危险评估的核心。虽然缓刑犯危险评估系统包括矫前调查评估、入矫危险评估、矫中危险评估和解矫危险评估四个阶段，但是入矫危险评估是实施分级监管的重要依据，也是开展正式社区矫正工作的起点，居于整个危险评估系统的核心地位。相对而言，矫前危险评估只是重点解决拟适用缓刑的罪犯是否适合适用缓刑的问题，矫中危险评估和解矫危险评估也以入矫危险评估结果为参照。况且，矫中危险评估与解矫危险评估重点考察缓刑犯社区矫正的效果。因此，本书将二者放在缓刑犯社区矫正的矫中效果评估和解矫效果评估中予以论述。[1]

基于上述探讨，缓刑犯危险评估是指在对被宣告缓刑的罪犯依法实行社区

---

〔1〕 这里的矫中危险评估、解矫危险评估分别对应矫中效果评估、解矫效果评估所指向的内容相同，均是利用危险—需要量表对缓刑犯社区矫正对象矫正中再犯可能性的评估，只不过矫中效果评估与解矫效果评估主要通过不同的危险—需要评估结果反映，其实施目的侧重于测评社区矫正的效果从而适时调整监管等级。

矫正的前期，由社区矫正工作人员通过一定技术对缓刑犯再次实施危害社会行为的可能进行预测，并区分出高度、中度与低度危险等类别，从而为实施分级监管进而控制这些危险提供依据的活动。这里的缓刑犯危险评估特指缓刑犯社区矫正初期的危险评估，即入矫危险评估。

（二）确立完善缓刑犯危险评估方法

应当确立量表法在缓刑犯危险评估中的核心地位。量表法是定量危险评估的代表性方法，在危险评估中发挥不可替代的作用。但是，由于定量危险评估具有难以避免的局限，加强定性危险评估就显得十分必要，而定性危险评估通常又与评估主体的实践经验联系密切，因而应当组建稳定的危险评估队伍。同时，增加危险评估的科技含量以提升危险评估的信度和效度。

1. 确立量表评估的核心地位

量表法虽然存在不可避免的缺陷，但是在危险评估的准度和效率方面具有绝对优势，应当确立量表法在危险评估中的核心地位。危险评估的量表法因克服了危险评估的临床式对危险的主观判断，摆脱了评估主体专业限制和水平不一的缺陷，同时量表还具有针对不同危险评估对象可以反复使用的特点，很大程度上提升了危险评估的精度和效率。因而，使用量表法的罪犯危险评估更受青睐，应当确立量表法在缓刑犯危险评估中的核心地位。应当认识到，使用量表法对缓刑犯作出的危险评估只是对其重新犯罪危险大小可能的评估，并不是确定性的评估。因此，使用量表法的危险评估只能不断提高精度，很难有确定的评估结论。就目前的危险评估研究而言，虽然使用量表法进行危险评估不是最理想的危险评估，但却是最现实的或者说现实中最好的评估方式。[1]

2. 组建稳定的危险评估队伍

克服危险评估的量表法的缺陷重在组建稳定的危险评估队伍以增加危险评估的定性成分。危险评估的量表法虽然在精度和效率上具有绝对优势，但是量表法又因忽视个性化危险因素而饱受诟病。每一种危险评估方法都存在缺陷，而使用多种不同的评估方法则是弥补危险评估缺陷的重要途径。因而为了解决该问题，可以结合危险评估的临床式方法。但是危险性评估是一项相对比较复杂的系统工程，评估主体的自身素质直接影响评估结果的准确度。因此，有必要组建专业化的、稳定的危险评估队伍。首先，可以限定新招录社区矫正

---

〔1〕 翟中东：《社区性刑罚的崛起与社区矫正的新模式：国际的视角》，中国政法大学出版社2013年版，第128页。

工作人员的专业，应当有限招录具有犯罪学、医学、统计学、心理学等专业的人员；其次，条件允许的情况下，可以增加社区矫正工作人员的人员编制，设置专职危险评估岗位；最后，从原有的社区矫正工作人员中，选出罪犯矫正经验相对丰富且具有危险评估专业背景的人员，专门从事危险评估工作。同时，还应当注意定期对从事危险评估的社区矫正工作人员进行业务培训，以提升对危险评估价值的认识和提高危险评估的水平。[1]

3. 增加危险评估的科技含量

在危险评估方法中引入测谎技术，提升危险评估的科技含量及提高危险评估的信度和效度。在国际上通用的四代危险评估方法中，不可避免地存在社区矫正对象虚假回答有关问题的情况，因而为了提升危险评估的信度和效度，危险评估工具不断更新换代，至今已经编制了四代量表，甚至有研究者提出第五代量表的概念，[2]但是危险评估效度和信度问题仍未被很好地解决。随着测谎技术的不断成熟和应用范围的不断扩大，未来可以考虑在对缓刑犯的危险评估方法中引入测谎技术。至今，在原被告均同意情况下的限定范围内，美国已有19个州法院和12个联邦法院赋予审判过程中的测谎结论鉴定意见证据资格。我国的测谎技术也逐步走向规范和成熟，集中表现在法院引用测谎技术对其他证据进行审查。[3] 可以用测谎技术验证缓刑犯的自我报告里的信息是否准确。危险评估中缓刑犯基于趋利避害的本性，为了获取相对宽松的监管或者顺利被解除矫正，在自我报告中通常存在欺诈或者隐瞒情况。因此，社区矫正工作人员不能仅仅依靠缓刑犯的自我报告进行评估，而应当在自我报告的过程中进行测谎，以获取针对缓刑犯的更可靠的危险评估结果。[4]

（三）明确危险评估指标的选取原则

为了提升全国范围内缓刑犯危险评估的效率和规范性，有必要尽力研制科学的、适用于全国范围的危险评估量表。然而，具体评估指标及其权重的确立因直接影响危险评估的信度和效度。因此，不能生搬硬套，更不能随心所欲，必

---

〔1〕王梅：《完善社区矫正对象人身危险性评估的思考》，载《广西民族师范学院学报》2018年第4期。

〔2〕马皑、孙晓、宋业臻：《罪犯危险性智能化评估的理论与实践》，中国法制出版社2020年版，第91～118页。

〔3〕孙振玉、曹若辰、尹璐、顾艳：《测谎鉴定意见的应用现状及证据效力研究》，载《证据科学》2017年第5期。

〔4〕牛旭、贾晓谋、张天翼：《性犯罪人的循证矫治与社区处遇——以我国台湾地区的性犯罪人处遇制度为借镜》，载《犯罪与改造研究》2015年第8期。

须建立在坚实的实证研究基础上，同时应当把握几个基本原则。

1. 静态因素与动态因素相结合原则

危险评估量表的因素选取应当坚持静态与动态因素相结合原则。静态因素指历史形成的难以被影响的因素，反映的是服刑人员既成的、无法改变的因素，而动态因素指主观表现的容易被影响的因素，反映的是服刑人员生活中的一些可变因素，两者结合才能更好地提高危险评估的信度和效度。目前，不少研究者将危险评估指标区分为动态因素与静态因素。[1] 但是，这种按照动态与静态标准对危险评估指标进行划分的意义不十分明显。因为，任何阶段的任意一种危险评估都不可能仅仅包含动态因素或者动态因素，而只能是动态与静态因素的结合。况且，国外新近的一项为期 3 年的跟踪研究表明，尽管动态危险评估指标与再犯密切相关，但是动态危险评估指标并不能提高服务水平量表(Level of Service Supervision Inventory - Revised, LSI - R)的信度，反而静态评估指标表现出更强的再犯预测能力。[2] 这表明，无法确定静态评估指标或者动态评估指标在危险评估中发挥更大作用。因此，在研制危险评估量表时应当坚持静态与静态因素相结合原则，而不应予以区分。

2. 一般因素与特殊因素相结合原则

危险评估量表的因素选取应当坚持一般和个别因素相结合原则。一般因素指反映评估对象再犯可能的最基本要素，每个危险评估量表都应当包含的因素，而特殊因素指一定程度上能反映评估对象的再犯可能但却不是必须具备的因素，特殊因素有助于增强危险评估量表的个性化。从国外情况来看，各国危险评估量表对评估指标的差异很大，但包含犯罪类型、前科等因素的犯罪情况类因素是每个危险评估量表会考量的因素。[3] 因此，便可以将犯罪情况类因素作为一般因素。而我国幅员辽阔，各省市各具特色，试图一劳永逸地制定适用于全国的危险评估量表，可能性不大。因此，可以设想在理性借鉴国外危险评估量表基础上，舍弃或者修改不适合我国社区矫正的因素，并根据我国缓刑犯的特征适当增加一些本土化评估指标，制定一套全国通用的、包含一般因素的危险评估量表。各省市可以在一般因素不变动的前提下，结合本地特色选择适

---

〔1〕 王平主编:《社区矫正制度研究》,中国政法大学出版社 2014 年版,第 326 页。

〔2〕 Michael S. Caudy, Joseph M. Durso, Faye S. Taxman, *How well do dynamic needs predict recidivism? Implications for risk assessment and risk reduction*, Journal of Criminal Justice, 41(2013):458 - 466.

〔3〕 冯卫国、王超:《中外社区矫正风险评估指标结构差异研究》,载《法学杂志》2014 年第 7 期。

当的特殊因素，以制定适合本地的危险评估量表。

3. 危险因素与需要因素相结合原则

危险评估量表的因素选取应当坚持危险与需要因素相结合原则。危险因素是指反映评估对象再次进行危害行为可能性的信息，而需要因素是指能反映被评估对象个人需要的信息。在研制危险评估量表时兼顾危险因素与需要因素，既可以保证危险评估与处遇体系的科学性，也能全面动态地考察分级监管与分级处遇的效益与效果。[1] 目前，从危险和需要两个维度对社区矫正对象进行评估的做法在美国、加拿大、英国、澳大利亚等西方国家比较普遍，其中危险评估的结果主要用于监督方面，而需要评估的结果主要用于帮助方面。实践中这两方面的评估往往同时进行，并且编制在一种评估工具（量表）中。[2] 这主要是因为危险评估指标与需要评估指标存在较大重合，缓刑犯的矫正需要较大一定程度上表明其危险性较高。坚持危险与需要因素相结合，不仅可以提高评估的效率，而且可以提升评估的准确度。将危险评估和需要评估分开进行，不利于全面了解犯罪人的情况；同时，使用起来也比较耗费时间。[3] 需要指出的是，危险评估与需要评估的目的各有侧重，危险评估结果是缓刑犯分级监管的重要依据，需要评估结果则是对其进行个别化帮扶的依据。

4. 评估指标应当坚持区分阶段原则

危险评估量表的因素选取应当坚持区分阶段原则，即是在社区矫正适用前和社区矫正中的不同阶段，危险评估指标需要体现出差异。将危险评估量表分为矫前危险评估量表和矫中危险评估量表是合理的，因为拟适用缓刑的罪犯是否能够最终适用缓刑，应当依据对其再犯可能作出的评估，而此时对罪犯的认识也只能基于生活史、行为史（包括犯罪中、犯罪后及法庭表现行为）。矫中危险评估时，对罪犯生活史、行为史的认识已成为过去，矫前调查评估结果构成了矫中危险评估的基础，此时反映缓刑犯的再犯可能性的对犯罪的认识、遵守监管、接受教育及帮扶等因素成为危险评估重点考察的内容。考察国外的危险评估工具发现，矫正的不同阶段往往依据不同的危险评估量表。例如，美国刑事司法机构所使用的危险评估工具就有量刑阶段所用的、假释中所适用的、罪犯

---

〔1〕 李川：《从特殊预防到风险管控：社区矫正之理论嬗变与进路选择》，载《法律科学》2012 年第 3 期。

〔2〕 吴宗宪：《社区矫正比较研究》（上），中国人民大学出版社 2011 年版，第 331 页。

〔3〕 吴宗宪：《社区矫正比较研究》（上），中国人民大学出版社 2011 年版，第 343 页。

服刑形式选择中的、罪犯监禁中的和社区矫正中的危险评估工具之分。[1] 事实上，我国已有相关方面的司法实践探索。例如，上海市将危险评估分为由 18 个因素组成的初次危险评估和由 12 个因素组成的阶段危险评估，初次评估主要围绕个人因素、家庭因素和社会因素展开，阶段评估主要围绕社会交往、社会心态、公益劳动、技能情况等方面展开。[2]

5. 科学设定评估指标权重原则

危险评估对象在评估量表中的总得分与危险评估结果密切相关，而不同的危险评估指标在预测评估对象再犯可能中发挥的作用不同，这就要求在研制危险评估量表过程中，赋予不同评估指标不同的分值，也即是需要科学设定评估指标权重。我国有研究者在综合了各国再犯评估问卷后，认为评估指标的重要性从高到低依次为犯罪经历、受刑经历、家庭结构与联系、职业经历与初犯年龄。[3] 美国、英国、加拿大、瑞士等国家的危险评估量表中考察的最多的因素是犯罪情况，考察最少的因素是刑罚情况，并且建立在实证数据结果检验基础上。这说明社区矫正对象的犯罪情况是影响其再犯可能的首要因素，刑罚情况因素较犯罪情况因素重要性更低。而我国因为将心理状况视为影响社区矫正对象再犯的关键因素之一，所以在危险评估时比较重视心理状况因素，家庭居住情况因素在危险评估中也十分重要。[4] 综合国内外危险评估指标研究，应当按照对再犯影响重要性标准对各类评估指标进行排名，基于翔实的实证研究论证，准确计算出评估指标与再犯可能以及不同因素之间的相关系数，科学设定评估指标权重以提升危险评估的信度和效度。

第二节　缓刑犯分级监管的完善与创新研究

分级监管是指根据缓刑犯的罪刑特征、人身危险性及其在社区矫正中的具体表现等因素，按照一定标准进行分组并采取宽严程度不同的监督、管理措施

---

〔1〕 翟中东：《社区性刑罚的崛起与社区矫正的新模式：国际的视角》，中国政法大学出版社 2013 年版，第 129 ~ 167 页。

〔2〕 金碧华：《社区矫正风险评估机制的分析与思考》，载《南通大学学报（社会科学版）》2009 年第 2 期。

〔3〕 葛炳瑶主编：《社区矫正导论》，浙江大学出版社 2009 年版，第 216 页。

〔4〕 冯卫国、王超：《中外社区矫正风险评估指标结构差异研究》，载《法学杂志》2014 年第 7 期。

的行为和制度。分级监管是最典型的危险管控机制，是预防犯罪人在社区矫正过程中对社会造成危害的基础，是监督管理工作中最基本、最关键的机制之一。通过分级监管，可以对人身危险性和再犯可能性不同的缓刑犯分别实施不同强度的监管，有助于增强监管的针对性以提升监管效率和效果，进而提高社区矫正效率和效果；可以根据缓刑犯在社区矫正过程中的具体表现，适时提高人身危险性高、再犯可能性大的缓刑犯的监管等级，有助于惩罚表现较差的缓刑犯，降低监管风险，保证社区矫正的安全；可以适时降低人身危险性低、再犯可能性小的缓刑犯的监管等级，调宽处遇等级，便于更好地激励表现较好的缓刑犯；可以明确不同监管等级的缓刑犯各自应当履行的义务，为其提供明确的行为准则，有助于其自觉接受矫正。可见，缓刑犯分级监管具有重要意义，值得深入研究。

一、我国缓刑犯分级监管述评

我国并未明确规定缓刑犯分级监管制度，但是对社区矫正的分类管理有系统研究。国家和地方层面的规范均涉及分类管理，如《社区矫正法》第 24 条、《社区矫正法实施意见》第 21 条规定了分类管理，[1]个别地方还制定了分类管理类规范，也有不少机构在实践中积极创新社区矫正的分类管理模式。可以说，这些为缓刑犯分级监管制度的完善做出了不小贡献。但不容否认的是，我国缓刑犯分级监管尚存在一些问题，制约了缓刑犯社区矫正工作的开展，应当予以重视。

（一）缓刑犯分级监管的现状概述

严格来讲，各地仅对社区矫正对象的分类管理进行了探索，但并未对缓刑犯的分级监管进行专门研究。理论和实践中通常按照社区矫正对象类型、人身危险性、需要、犯罪类型及年龄等对其进行分类监管，其中，北京、上海、浙江、江苏等地形成了比较固定的分类监管模式。

不少司法解释对分级监管进行规定。例如，司法部《暂行办法》仅提及五种类型的社区矫正对象具有不同特点，应当结合社区矫正对象的不同特点制定有

〔1〕《社区矫正法》第 24 条规定："社区矫正机构应当……制定有针对性的矫正方案，实现分类管理、个别化矫正……"《社区矫正法实施意见》第 21 条规定："社区矫正机构应当根据社区矫正对象被判处管制、宣告缓刑、假释和暂予监外执行的不同裁判内容和犯罪类型、矫正阶段、再犯罪风险等情况，进行综合评估，划分不同类别，实施分类管理。社区矫正机构应当把社区矫正对象的考核结果和奖惩情况作为分类管理的依据。"

针对性的教育改造计划和措施,并根据矫正效果和需要,适时作出调整。两院两部《全国试行意见》在全面试行社区矫正工作的主要任务中提到要根据社区矫正对象的不同犯罪类型和风险等级,探索分类矫正方法。[1] 两院两部《实施办法》第 9 条概括性提出司法所应当在对社区矫正对象情况进行综合评估的基础上,制定有针对性的监管、教育和帮助措施,并根据矫正方案的实施效果,适时予以调整。2014 年 8 月 27 日发布的两院两部《全面推进意见》提到,对社区矫正对象实施分级处遇,以调动其改造的积极性。可见,适用于全国的指导性规范文件并未对社区矫正分类管理的分类标准及分级处遇作出更详细的规定,对缓刑犯的分级管理更是只字未提。因此,地方各级社区矫正机构积极对分级监管进行探索(见表 3),有的还形成了具有特色的制度性规范。

表 3　部分省市分级监管情况汇总[2]

省市	分级标准	监管等级	入矫过渡期性质及期限	不同监管等级的处遇差别体现在	监管等级调整期限
北京市	危险评估结果	A、B、C 三类	为期两月的最严 C 类标准	活动范围、公益劳动的时长、工作人员的走访和接受教育矫正及主动报到、汇报的频次差异等方面[3]	每 6 个月
上海市	危险评估结果为主,综合考虑其他因素	一级、二级、三级三个级别	在 3 个月的初期矫正期内均需接受高强度的监管	参加集中教育、个别教育的频次,公益劳动时长,向被害者提供补偿服务、通过即时通信、电子监控或者其他信息化手段,跟踪掌握日常活动情况	根据受奖励与处分情况
浙江省	危险评估结果	三级、四等[4]	自入矫宣告之日起接受 3 个月的严格管理	报告的形式及频次、提高思想汇报频次、查访及定位核查频次等方面	每 3 个月

[1] 两院两部《全国试行意见》在全面试行社区矫正工作的主要任务中提及,“根据社区矫正对象的不同犯罪类型和风险等级,探索分类矫正方法,依法执行社区矫正对象报到、会客、请销假、迁居、政治权利行使限制等管控措施,避免发生脱管、漏管,防止重新违法犯罪。”

[2] 表中信息来源于相关文献,包括田兴洪:《社区矫正中的社区参与模式研究》,法律出版社 2017 年版,第 79 ~ 87 页;张传伟:《我国社区矫正京沪模式的比较分析与选择》,载《北京社会科学》2009 年第 1 期;司法部社区矫正管理局编:《社区矫正法律法规与工作制度汇编》,法律出版社 2014 年版,第 303 页;等等。

[3] 张传伟:《我国社区矫正京沪模式的比较分析与选择》,载《北京社会科学》2009 年第 1 期。

[4] “三级”包括严管级、普管级和宽管级,其中宽管级又细分为一级宽管和二级宽管,从而形成“四等”。参见张传伟:《我国社区矫正运行模式研究》,山东大学出版社 2010 年版,第 99 ~ 100 页。

续表

省市	分级标准	监管等级	入矫过渡期性质及期限	不同监管等级的处遇差别体现在	监管等级调整期限
江苏省	危险评估结果	严管、普管和宽管三种	对宣告执行后3个月内的社区矫正对象，一律实施严格管理	报告的形式及频次、走访的频次等方面	每季度
湖北省	综合分析和危险评估结果	宽管、普管和严管三等	入矫教育不满3个月的，适用严管	思想行为和活动情况汇报的形式及频次、个别谈话频次、提交改造小结频次、集中学习时长、走访频次、参加社区服务时长等方面	每3个月

整体来看，现阶段我国的分级监管呈现出不少特点。在分类标准方面，理论上分类标准多重，但是实践中主要参照危险评估结果；监管等级方面，通常将分为三等，但也有例外；在入矫过渡方面，一般实施严格管理，但入矫过渡期限存在差异；在不同监管等级的处遇差别方面，处遇种类相对差别不大，处遇的方式较为单一；在监管等级调整期限方面，全国的规范性文件并未规定，各地规定的动态等级调整期限不一。

（二）缓刑犯分级监管存在的问题

分级监管中存在的问题，导致对缓刑犯的监管问题频出，监管不力使缓刑犯的教育矫正和帮困扶助前提缺失。因此，能否妥善解决缓刑犯分级监管中的问题关系到缓刑犯社区矫正的成败。目前，我国缓刑犯分级监管仍然存在不少问题。

1. 分级监管的分级标准不明

缓刑犯分级监管缺乏统一的分级标准。司法部《暂行办法》按照社区矫正对象类型进行分类监管，两院两部《全国试行意见》则按照犯罪类型和风险等级进行分类，而两院两部《实施办法》规定的针对性监管又建立在对社区矫正对象情况的综合评估基础上。《社区矫正法》第24条将缓刑犯的裁判内容和社区矫正对象的性别、年龄、心理特点、健康状况、犯罪原因、犯罪类型、犯罪情节、悔罪表现等情况作为分类管理依据，《社区矫正法实施办法》第21条将缓刑犯的不同裁判内容和犯罪类型、矫正阶段、再犯罪风险等情况作为分类监管的依据。[1]正是由于立法上缺乏对社区矫正对象分级标准的明确规定，才导致地方各级社区矫正机构在进行分级监管时的“各自为政”。例如，北京以调查评估为分类的基本前提，以分类管理为关键环节，以重新评估基础上的动态调整矫正类别为必要补充。上海以危险评估为分类标准，按照刑罚、案由等标准，实施分类分阶段矫正。江苏以建章立制为分类特点，建立健全分类管理及矫正机制。大体而言，目前我国大多数的监管等级划分标准为社区矫正对象的犯罪类型、罪刑特征、社会危害后果、主观罪过、现实表现等因素。[2]

应当明确，横向上的分类监管与纵向上的分级监管是不同的。目前，我国地方各省市对社区矫正对象的分类监管主要是将社区矫正对象看作一个整体而不区分社区矫正对象类型的分类。准确地说，是在纵向层面上根据社区矫正对象的风险等级而进行的分类，属于分级监管范畴，并不包含横向层面上根据社区矫正对象的类型进行的分类。也就是说，通常所讲的分类管理并不准确，其实际上是根据风险等级的不同而进行的分级监管。依据社区矫正对象的风险等级进行分类，虽然抓住了分类管理的核心，也提高了监督管理的效率。但是，仅依靠危险等级标准进行的分级，是不够全面、不够细致的。因为社区矫正对象在横向层面上，根据社区矫正对象身份不同，可以分为缓刑犯、假释犯、管制犯、暂予监外执行犯；根据社区矫正对象的罪过形式不同，可以分为故意犯和过失犯；根据社区矫正对象的年龄不同，可以分为老年犯、成年犯和未成年犯；根据犯罪行为方式不同，可以分为暴力犯和非暴力犯。单就缓刑犯而言，其在社区矫正期间应当履行的义务就与其他三类社区矫正对象应当履行的义务不同。况且，根据年龄、主观罪过及行为方式等对缓刑犯又可以进一步分类。目前，我国分级监管的当务之急是完善社区矫正对象类型分类基础上的，按照风险等级不同对同一类型社区矫正对象的监管等级划分。

---

〔1〕《社区矫正法》第24条规定：“……根据裁判内容和社区矫正对象的性别、年龄、心理特点、健康状况、犯罪原因、犯罪类型、犯罪情节、悔罪表现等情况，制定有针对性的矫正方案，实现分类管理……”《社区矫正法实施意见》第21条规定：“……根据……不同裁判内容和犯罪类型、矫正阶段、再犯罪风险等情况，进行综合评估，划分不同类别，实施分类管理。社区矫正机构应当把社区矫正对象的考核结果和奖惩情况作为分类管理的依据。”

〔2〕张学超、王宏玉：《我国社区矫正对象的分类实践及完善建议》，载《中国人民公安大学学报（社会科学版）》2013年第6期。

2. 分级监管的等级划分不一

社区矫正的全国性规范并未对分级监管的等级划分进行规定，实践中便产生监管等级不一致的现象。两院两部《全国试行意见》在全面试行社区矫正工作的主要任务中提到，根据社区矫正对象的不同犯罪类型和风险等级，探索分类矫正方法。这是与分级监管最为密切的全国性规范，但是并未提及应当划分多少个监管等级。于是，各地便自由规定监管等级个数，整体上虽然都采取严管、普管和宽管三个监管等级的划分方法，但是也有个别地方采取其他监管等级划分方法。例如，浙江省将监管等级划分为"三级四等"。而分级监管的等级划分不一将至少导致两方面问题：一方面，可能导致违背适用法律人人平等原则。显而易见，分级监管的目的在于实施分级处遇，监管等级划分方法不同将导致对应的处遇等级划分方式的差别，这将使同样情况下的缓刑犯可能被予以不同处遇，而这显然违反适用法律人人平等原则。另一方面，不利于分级监管的规范化、制度化发展。我国社区矫正对象的分级监管正处于实践探索阶段，各地也制定出不少分类管理类规范。为了在全国推行统一的分级监管，从而真正实现行刑平等，有必要以全国性规范的形式规定统一的分级监管等级。

3. 处遇种类单一且梯度差小

目前，我国社区矫正实践中普遍建立了分级、分类处遇制度，但是处遇种类相对单一，并且不同等级处遇的差距并不大，一定程度上影响了分级监管功能的发挥。分级监管的目的在于给予人身危险性和再犯可能性不同的缓刑犯不同等级的处遇，以体现刑罚个别化和实现特殊预防目的。然而，我国普遍实施的三级监管对应的三级处遇体系具有一定的不合理性。一方面，处遇种类相对单一。实践中的处遇种类通常包括报告、接受教育、思想汇报、走访、公益劳动、限制服刑人员活动范围等，不同等级的处遇差别仅仅体现在频次、时长与形式等方面区别。监管仍然停留在主要采取"责任田"式"人防"层面，"技防"的适用率不高。造成社区矫正工作人员工作压力大，漏管、脱管（逃）现象时有发生。在社区矫正执法人力资源匮乏的情况下，企图通过增加增派人员、加重监管任务的方式解决该类问题并不现实，并且收效也不会大。同时不利于社区矫正工作人员根据社区矫正对象的表现灵活发挥自由裁量权，更不利于充分实现行刑个别化。经过大量的实证调研，结合我国情况确立科学的危险评估和分类监管体系，并采取灵活多元的处遇方式，无疑是当前社区矫正资源有限情况下提升安全防范效益的最佳选择。西方国家基于社会风险采取的分类监管，手段灵活多样,如针对不同危险主体采取宽紧有别的居家监控、训练营等。[1] 另一方面,不同监管等级的处遇差别不大,不利于发挥矫正的激励性与威慑性等应有的正面功能。具体而言,提高监管等级对缓刑犯的威慑性不强,降低监管等级对缓刑犯的激励性也不足,容易使缓刑犯产生消极应付、得过且过心理,从而缺乏参与社区矫正应有的积极性与主动性。

4. 监管等级调整周期不合理

一些社区矫正规范性文件对监管等级动态调整周期的规定不明确、不统一,导致监管等级动态调整不适时。司法部《暂行办法》中提到,针对不同特点的社区矫正对象,应制订有针对性的教育改造计划和措施,并根据矫正效果和需要,适时作出调整。两院两部《实施办法》第 9 条也提出,司法所应当在对社区矫正对象情况进行综合评估的基础上,制定有针对性的监管、教育和帮助措施,并根据矫正方案的实施效果,适时予以调整。《社区矫正法》第 24 条规定应当根据社区矫正对象的表现等情况相应调整矫正方案,《社区矫正法实施办法》第 22 条指出应当根据分类管理的要求、实施效果以及社区矫正对象的表现等情况相应调整矫正方案。[2] 可见,处遇等级动态调整的重要性已经被普遍认识,但是并未统一规定动态调整的周期,由此导致了各地的司法实践探索。由表可见,北京市每 6 个月调整一次监管等级,浙江、江苏、湖北省则规定监管等级的调整周期为 3 个月,上海市根据每月的受奖励与处分情况适时调整监管等级。事实上,监管等级调整周期过长或者过短均利弊共存。监管等级动态调整周期过长,不利于实现对缓刑犯的及时激励与威慑,不利于及时激发缓刑犯的矫正积极性,但是可以减少社区矫正工作人员的工作量、降低行刑成本;监管等级动态调整周期过短,有利于在日常表现与监管等级调整间建立联系,有利于激发缓刑犯的矫正积极性,但是一定程度上增加社区矫正工作人员的工作量,[3] 增加行刑成本。因此,应当合理确定监管等级的动态调整周期。

二、缓刑犯分级监管的完善与创新建言

建立、健全分级监管机制有利于社区矫正的规范化与制度化发展、增强社

---

〔1〕 李川:《修复、矫治与分控:社区矫正机能三重性辩证及其展开》,载《中国法学》2015 年第 5 期。

〔2〕 《社区矫正法》第 24 条规定:“……矫正方案应当根据社区矫正对象的表现等情况相应调整。”《社区矫正法实施办法》第 22 条规定:“……矫正方案应当根据分类管理的要求、实施效果以及社区矫正对象的表现等情况,相应调整。”

〔3〕 何显兵、廖斌:《论社区矫正分级处遇机制的完善》,载《法学杂志》2018 年第 5 期。

区矫正的激励性与威慑性、节约社区矫正行刑资源、帮助社区矫正对象顺利回归社会。虽然我国社区矫正实践中的分类或者分级监管已经十分普遍,但分级监管中存在的分级标准不明、等级划分不一、处遇种类单一且梯度差小、动态等级调整周期不合理等问题严重制约了缓刑犯社区矫正的发展,应当予以完善。

(一)明确分级监管的分级标准

分级监管的根本目的在于保护社会安全,因此,分级监管的分类标准应当以缓刑犯的人身危险性与再犯可能性为标准。以危险防控为目标对社区矫正对象的分类管理,直接源自社区矫正监督管理工作安全与秩序的需求和保障,其根本目的在于实现有效的特殊预防,通过对缓刑犯的人身危险性的针对性管理和控制,预防其再次违法犯罪,维护社会安全和秩序。从社区矫正三大工作任务来看,监督管理也是教育矫正和帮困扶助的前提和保障,没有监管安全,其他相关工作难以有序推进或者取得真正的和持续的工作效果。监督管理缓刑犯的主要目标是防控社区矫正执行风险,也即对缓刑犯的人身危险的防范和控制,区分危险等级并实施差别化的分类管理。[1] 虽然各地对缓刑犯的监管分级划分情况不尽相同,但较为普遍采用的方式仍为纵向分级的危险管理。危险防控分类管理的关键是判断缓刑犯的人身危险情况,需要对缓刑犯的犯罪原因、犯罪类型、危害程度、悔罪表现、家庭及社会关系等相关情况进行科学的综合评价,进而按照危险防控等级标准对其实施相应的分类管理。值得注意的是,危险防控分类管理须遵循缓刑犯的人身危险状况动态变化的客观规律,以危险评估结果作为重要依据对分级监管作出适时、适当的调整。[2]

对缓刑犯进行分类是当今普遍被采用的一种罪犯管理模式,在分类标准方面,欧美国家普遍将危险性评估视为缓刑犯分类的重要依据。[3]除此之外,各国还辅以其他不同的分类标准。如美国对缓刑犯的具体分类通常确定为三个标准:缓刑犯的危险性,主要考虑其未来再犯的可能性;缓刑犯的需要,主要考虑与犯罪有关联的需要结构;矫正项目与缓刑犯的适应性,主要考虑处遇种类是否适应其需要和情况。大体而言,各国分类矫正步骤为:在调查分析社区矫正

---

〔1〕 分类管理不同于分类教育,分类教育的目的在于通过分类提高对社区矫正对象教育矫正的针对性从而提高效率,应当以犯罪类型为缓刑犯分类的标准,因为相同犯罪类型的罪犯往往在犯罪心理和行为方式方面具有相似性。

〔2〕 戴艳玲:《社区矫正对象分类管理标准探析》,载《犯罪与改造研究》2018 年第 6 期。

〔3〕 Gerald Bayens & John Ortiz Smykla, *Probation*, *Parole*, *and Community – Based Corrections*: *Supervision*, *Treatment*, *and Evidence – Based Practices*, McGraw – Hill Companies, 2013, p. 90,186.

对象基础上，依据一定标准区分出不同的服刑人员类别，基于此制定和实施相应的个性化管理、教育和矫正方案。[1] 我国台湾地区监狱即对新入监受刑人的调查分类，将直接调查、间接调查及心理测验所获的资料，[2]制定成符合其需求的戒护管理与处遇计划，来协助受刑人改过更生。[3]

环境犯罪学为分级监管提供重要的理论支撑。对人身危险性相对较高的缓刑犯实施监管等级更高的严格监管有一定的理论根据。环境犯罪学理论的核心概念是机会，根据环境犯罪学理论，减少罪犯在犯罪机会中的暴露可以有效防控犯罪。最近三四十年才出现的环境犯罪学对犯罪学理论和犯罪政策确实产生了重要影响，但是它在社区矫正中的影响还远不清晰。当然，也就很少有系统的研究来评价这些原则在当代社区矫正监管方式中的应用。[4]

（二）统一分级监管的等级划分

应当统一我国对缓刑犯管理中分级监管的等级划分。可以考虑确立三级监管分级标准，即宽管、普管和严管三个等级，以规范分级监管机制。在对缓刑犯社区矫正对象进行监督管理时，我国有的地方采取三级四等的监管分类标准，如我国的浙江省；而有的地方采取宽管、普管和严管等三级监管分类标准，如上海、湖北、山东等地。监管分类等级不统一不仅使得分级监管机制显得十分不规范，而且也不利于全国范围内对缓刑犯社区矫正对象基本情况的统计与深入研究。监管等级划分得过多，使得不同等级之间的处遇梯度过小，不利于拉开不同监管等级的缓刑犯的处遇差距，从而导致对缓刑犯的激励性和惩罚性作用不大，降低社区矫正的实际执行效果；但是，如果等级划分过少，又不能很好地满足精细化管理的需求，不能充分体现行刑个别化。为了解决上述情况，结合我国社区矫正分级监管实践，可以借鉴我国监狱对罪犯分类管理的做法，将缓刑犯社区矫正对象统一划分为三个级别进行监管。这样不仅使全国范围

---

〔1〕 张学超、王宏玉：《我国社区矫正对象的分类实践及完善建议》，载《中国人民公安大学学报（社会科学版）》2013 年第 6 期。

〔2〕 针对受刑人的家庭状况、社会背景、娱乐、志趣、宗教信仰及犯罪记录等，恐有疏漏，可通过函询方式请其家人、住居所在地治安机关或其他有关机关提供相关资料，这种方式称为间接调查。参见黄征男、赖拥连编著：《21 世纪监狱学：理论、实务与对策》，台北，一品文化出版社 2015 年版，第 120～121 页。

〔3〕 黄征男、赖拥连编著：《21 世纪监狱学：理论、实务与对策》，台北，一品文化出版社 2015 年版，第 120～121 页。

〔4〕 Joel Miller, *Probation Supervision and the Control of Crime Opportunities: An Empirical Assessment*, Crime & Delinquency, 60(8, 2014):1235－1257.

内对缓刑犯社区矫正对象的规范化和制度化，而且也符合当前大多数社区矫正实践，不至于打破现有的分级监管方式。同时，划分为三个监管等级，也符合我国刑法常见罪名的三等法定量刑情节，有利于体现行刑个别化。国外也通常将罪犯分为三等进行监管。例如，美国对罪犯的危险评估方法不同，但大多有相同类型的测定因素，将罪犯分为高度、中度和低度的危险。威斯康星州便以打分形式对罪犯进行危险性评估，并将罪犯分为高度、中度和低度等三等危险。[1]

论及监管等级的划分，入矫初期分级前的监管等级确立便不可避免，因为该阶段监管等级的确立也将影响监管等级的划分，本书认为该阶段应当对社区矫正对象实行严格管理。这主要是考虑到虽然缓刑犯的人身危险性一般不大，但毕竟不能完全排除其再犯罪的可能。同时，社区矫正工作人员对其并没有太多了解，为了保证社区矫正工作的安全，应当采取严格管理。但是，将入矫初期的严管期限规定为 3 个月并无太大必要，这主要是由于：其一，被宣告缓刑的罪犯的人身危险性并不大，不加以区分地实施较长时间的严格管理有浪费司法资源之嫌；其二，严格管理无形中强化了缓刑犯的罪犯标签效应，易触发其矫正的抵触情绪；其三，过渡期的设置主要是解决对社区矫正对象了解不足，对社区矫正对象进行危险评估问题，3 个月时间过久。因此，本书认为将入矫过渡期的严管期限规定为 1 个月或 2 个月较为合理。

（三）扩大不同等级的处遇差别

扩大不同监管等级的处遇差别可以通过改变同种处遇的频次和时长实现，也可以通过改变不同监管等级的处遇种类来实现，这要求处遇种类应当尽可能丰富。扩大等级处遇差别，通过正、反向行为激励，可以增强缓刑犯自觉接受矫正的积极性。有研究表明，通过惩罚、奖励等行为干预措施有利于提升社区矫正的效果，而调整监管至更为宽松等级即为常见的奖励形式。[2] 确立三级监管标准的目的便是尽可能扩大不同监管等级间的处遇差别。

改变现有处遇的频次和时长来扩大不同监管等级的处遇差别。缓刑犯社区矫正对象的现有处遇通常包括报告、接受教育、思想汇报、走访、公益劳动、限制服刑人员活动范围等，不同等级的处遇差别也只是表现在各种处遇的频次、

---

〔1〕 刘强编著：《美国社区矫正的理论与实务》，中国人民公安大学出版社 2003 年版，第 193、206 页。

〔2〕 Eric J. Wodahl et al., *Utilizing Behavioral Interventions to Improve Supervision Outcomes in Community - Based Corrections*, Criminal Justice and Behavior, 38(4, 2011):386 - 405.

时长与形式等方面的差别。例如,江苏省将对社区矫正对象的监管分为严格管理、普通管理和宽松管理三个级别,对应的处遇是:实行严格管理、普通管理的社区矫正对象每周电话报告1次,实行宽松管理的社区矫正对象每两周电话报告1次;实行严格管理的社区矫正对象每两周向社区矫正工作人员当面报告1次,实行普通管理和宽松管理的社区矫正对象每月向社区矫正工作人员当面报告1次;实行严格管理的社区矫正对象每两周被走访1次,实行普通管理的社区矫正对象每月被走访1次,而实行宽松管理的社区矫正对象每1个半月被走访1次。同样,北京市也将对社区矫正对象的监管分为高、中、低三种强度,处遇的等级差异主要体现在社区矫正对象的活动范围、公益劳动的时长、工作人员的走访和接受教育矫正及主动报到汇报的频次差异等方面。[1] 不难看出,不同监管等级的处遇差别并不大,导致无论降低或者提高监管等级,对缓刑犯的权利与义务影响不大,相应的激励和惩罚意义便减弱。因此,应当改变现有处遇的频次和时长来扩大不同监管等级的处遇差别。例如,可以考虑将公益劳动引入监督管理的处遇制度,通过扩大公益劳动的时长差距,解决分级监管中不同监管等级处遇差别小的问题。

丰富监管手段以增强社区矫正监督管理的惩罚性,改善目前社区矫正监管畸轻畸重现状。目前我国社区矫正的处遇种类单一,对社区矫正对象的惩罚性不足,导致社区矫正的效果不佳。相比较而言,社区矫正发展得较好的国家,其分级监管的处遇种类就比较丰富。例如,美国有转向方案、中途之家、假释和缓刑、归假制度、间歇监禁、家中监禁、社区扶助制度、劳动释放和学习释放等。澳大利亚有行为令、社区服务令、家庭禁锢、分阶段禁锢等。[2] 未来我国可以尝试着将行政处罚引入社区矫正,例如,对严重违反法律、行政法规和监督管理规定的缓刑犯,处以警告、罚款、没收违法所得、没收非法财物、责令停产停业、暂扣或者吊销许可证、吊销营业执照、行政拘留等。在社区矫正中设立一定的行政处罚情形和种类,赋予社区矫正机构相应的处罚权限,增强社区矫正监管的权威性。禁止令的实施以及《刑法修正案(九)》设定的职业禁止,推进了社区矫正强制性监管措施的建立。可以进一步增强暂扣、集中管理、强制带离、强制治疗等强制性措施,对频繁违反监管规定但又达不到收监执行的社区矫正对象采取强制性监管措施,可以有效预防、阻止其重新违法犯罪。把社区矫正对象遵

---

〔1〕 张传伟:《我国社区矫正京沪模式的比较分析与选择》,载《北京社会科学》2009年第1期。

〔2〕 屈耀伦:《我国缓刑制度的理论与实务》,中国政法大学出版社2012年版,第293页。

守法律法规以及社区矫正监管规定与经济惩处挂钩，明确社区矫正保证金收取标准、保管方式、适用范围、收取程序、退还程序，既可以考虑覆盖社区矫正全程的保证金，还可以建立仅针对某个单独项目的保证金。[1]

需要指出的是，对缓刑犯的监管并非越严厉越好。严管虽然更能够满足大众的社会安全感需求，然而仅能发挥犯罪预防的"治标"功能，仅是犯罪预防中情境预防的具体体现。当缓刑条件过于严厉或者可能显得不合理、不真实时，缓刑官倾向于忽略监管工作中违反缓刑条件的情况，而这将导致缓刑官失去缓刑犯对其的尊重，使得监管变得困难。美国缓刑假释协会（American Probation and Parole Association，APPA）认为缓刑条件应当以避免更严重犯罪行为发生为合理限制，不应该过度限制缓刑犯的自由或者违背缓刑犯宗教活动自由，并且缓刑条件也不应该含混不清或易引起歧义以至于不能给出真正的指导。[2] 这种看法有一定道理，值得借鉴。

（四）明确并动态调整监管等级

适时调整监管等级具有重要意义。监管等级的调整包括由高到低、由低到高两种表现形式，由高到低的调整有利于实现对缓刑犯良好矫正表现的及时鼓励，提升其自觉接受矫正的积极性，也增加了其矫正信心，同时也有利于及时减轻社区矫正工作人员的工作压力；由低到高的调整则有利于体现对缓刑犯不良矫正表现的及时惩罚，体现了一种反向激励，同时也有利于加强对其的控制，有利于保证社会和公众的安全。

建议在以后的规范性文件中明确动态调整监管等级的周期原则上为 3 个月，出现特殊情况的及时调整。即一般情况下每 3 个月对社区矫正对象的监管等级进行调整，当缓刑犯出现重大立功表现或者严重违反监督管理规定的，应当及时降低或者提高监管等级。这一方面有助于及时对缓刑犯的表现进行回应，增加缓刑犯社区矫正的积极性；另一方面，也能够对人身危险性和再犯可能性较大的缓刑犯及时予以更严厉的监管，以实现保护社会的目的。目前社区矫正全国性规范文件中，并未对动态调整监管等级的周期作出规定，导致各地的实践并不统一，有的地方将动态调整监管等级周期规定为 6 个月，有的地方则规定为 3 个月。将动态调整周期规定为 3 个月具有一定的合理性，同时也应当

---

〔1〕 高贞主编：《中国特色社区矫正制度研究》，法律出版社 2018 年版，第 58 ~ 59 页。

〔2〕 Howard Abadinsky, *Probation and Parole: Corrections in the Community*, Pearson Education, Inc, 2018, p. 80.

在特殊情形下予以及时调整,这主要是考虑到:一方面,将调整期限规定为 3 个月能更好地对缓刑犯的表现进行及时回应,以激发其社区矫正的积极性。缓刑犯的刑期一般不长,有的甚至只有半年,若将期限规定为 6 个月,需要对刑期较短的缓刑犯另作规定,导致规定过于烦琐。同时,对于刑期较长的缓刑犯,也不能及时进行激励,不利于提高其社区矫正的积极性。另一方面,将期限规定 3 个月,也是考虑到社区矫正工作人员的实际工作量。理论上,动态调整监管等级的周期自然越短越好,但是目前我国社区矫正工作人员数量存在严重缺口。实践中一个司法所的社区矫正对象一般为 40 ~ 60 人,而社区矫正工作人员一般为 2 ~ 3 人,其中 1 人负责静态的管理工作,其余 1 ~ 2 人负责动态管理工作,即按照社区矫正对象的需要开展家访、心理矫治、职业培训等方面工作。一般完成接受报到、报告、思想汇报等工作,即被视为完成了社区矫正工作,并没有太多时间考虑缓刑犯因个体差异需要的特殊、动态监管,且该部分工作也无法量化考核和具体监管,从而导致该类工作无法落实。[1]

第三节　缓刑犯监管衔接的完善与创新研究

缓刑犯的监管衔接,是指在缓刑犯社区矫正监督管理过程中,公安机关、人民检察院、人民法院、司法机关相互之间以及各系统内部不同部门或者上下级之间发生的工作联系、配合与制约。衔接问题既是各单位对缓刑犯的监督管理中的协调问题,也涉及各部门依法履行执法职责问题。应当注意的是,缓刑犯的监管衔接主要发生在缓刑犯的监督管理阶段,并不包括缓刑犯社区矫正适用前与缓刑犯报到接收过程中的衔接配合。缓刑犯的监管衔接畅通有助于保障缓刑犯的监督管理工作的顺利落实。建立健全缓刑犯的监督管理衔接机制,不仅为缓刑犯社区矫正提供了前提条件,也是完善刑罚执行体系、统一刑罚执行制度的重要方面。全面介绍当前我国缓刑犯社区矫正监管衔接机制建设的基本情况,系统梳理、深刻分析监管衔接工作存在的突出问题,进而提出缓刑犯社区矫正监管衔接机制建设的完善建议意义重大。

---

〔1〕 张静:《社区矫正实施的困境及其制度完善——以太原市社区矫正实务为样本》,载《山东警察学院学报》2018 年第 2 期。

一、我国缓刑犯监管衔接述评

缓刑犯社区矫正的监管衔接主要存在于对缓刑犯的监督管理阶段，包括缓刑犯日常监管的衔接与缓刑犯收监执行的衔接。[1] 并不当然地包含缓刑犯社区矫正前的衔接与缓刑犯报到接收的衔接，因为此时的罪犯或者尚未被宣告缓刑，或者并未实际地进入社区矫正程序。目前缓刑犯社区矫正监管衔接工作主要依据《社区矫正法》、《社区矫正法实施办法》和两院两部《衔接配合管理意见》。[2] 整体来看，缓刑犯社区矫正监管衔接机制已经初步建成，各机关之间以及各机关的机构间围绕缓刑犯社区矫正监督管理工作相互协作、相互制约的工作机制基本形成。但是，缓刑犯社区矫正监管衔接工作还远未达到理想状态，缓刑犯监管衔接中的一些问题亟待解决。[3]

（一）日常监管中的衔接问题

对缓刑犯的日常监管是维护良好矫正工作秩序、预防缓刑犯重新犯罪的重要措施，缓刑犯日常监管的主体涉及司法行政机关、公安机关、人民检察院，在缓刑犯的日常监管中存在不少衔接问题。

1. 脱管的核实与追查衔接不畅

两院两部《衔接配合管理意见》在对社区矫正对象监督管理的衔接配合中规定，脱管是指社区矫正对象在社区矫正期间脱离居住地社区矫正机构的监督管理且下落不明，或者虽然能够查找到其下落但拒绝接收监督管理的情况。但是并未规定脱管的认定主体和标准，也未赋予司法行政机关具有查找脱管人员的权力，更不涉及司法行政机关可以采取的查找手段。两院两部《实施办法》第19条规定，社区矫正对象脱离监管的，司法所应当及时报告县级司法行政机关组织追查，司法所应当及时报告县级司法行政机关组织追查，未按期报到或在矫正期间脱离监管的社区矫正对象。但是，县级司法行政机关进行查找存在不具有法律依据、工作人员短缺、查找技术手段落后、经费不足等问题，导致在查找脱管人员过程中，对故意抗拒监管的脱管人员，必须借助公安机关及其技术

---

〔1〕 严格意义上讲，缓刑犯收监执行的衔接应当属于缓刑犯监督管理的衔接，因为缓刑犯的收监执行同样发生在对缓刑犯的监督管理过程中。

〔2〕 《社区矫正法》第24～33条、《社区矫正法实施办法》第36～42条、两院两部《衔接配合管理意见》第10～22条均是有关缓刑犯社区矫正对象监督管理衔接的规定。

〔3〕 司法部预防犯罪研究所课题组：《社区矫正衔接机制建设研究报告》，载《中国司法》2016年第6期。

手段,在其配合下启动查找与追查。而公安机关往往以司法行政机关是查找的主体单位、未发现明确违法犯罪线索等理由推诿,不配合司法行政机关查找脱管人员。故而,《社区矫正法》第 30 条规定,社区矫正对象失去联系的,社区矫正机构应当立即组织查找,公安机关等有关单位和人员应当予以配合协助。《社区矫正法实施办法》第 38 条也规定,发现社区矫正对象失去联系的,社区矫正机构应当立即组织查找,可以采取通信联络、信息化核查、实地查访等方式查找,查找时要做好记录,固定证据。查找不到的,社区矫正机构应当及时通知公安机关,公安机关应当协助查找。社区矫正机构应当及时将组织查找的情况通报人民检察院。但是,该两个规范性文件均未规定公安机关等有关单位和人员应当如何配合协助,导致实践中具体可操作性不强,相互推诿、扯皮不断。

2. 异地监管的衔接不畅

缓刑犯的异地监管是指被宣告缓刑并依法实行社区矫正的罪犯离开原居住地,[1]由原居住地以外的县级司法行政机关实施的监督管理活动的总称。两院两部《实施办法》第 3 条明确规定对于社区矫正对象进行的监督管理和教育矫正,应当由县级司法行政机关社区矫正机构实施,司法所承担社区矫正日常工作。第 6 条又规定社区矫正对象到居住地县级司法行政机关报到。由此可见,缓刑犯应当由居住地县级司法行政机关监督管理。《社区矫正法》第 17 条也规定,社区矫正执行地为社区矫正对象的居住地。社区矫正对象在多个地方居住的,可以确定经常居住地为执行地。社区矫正对象的居住地、经常居住地无法确定或者不适宜执行社区矫正的,社区矫正决定机关应当根据有利于社区矫正对象接受矫正、更好地融入社会的原则,确定执行地。但实际上,缓刑犯通常并不需要执行监禁刑罚,而是在社区中执行非监禁刑,这就给缓刑犯的活动留下了开放空间。同时,缓刑犯因工作、生活、就学等的需要,具有迁离居住地所在县的现实需求。我国《刑法》第 75 条规定被宣告缓刑的犯罪分子离开所居住的市、县或者迁居,应当报经考察机关批准,两院两部《实施办法》第 13 条规定社区矫正对象未经批准不得离开所居住的市、县(旗),《社区矫正法》第 27 条规定社区矫正对象离开所居住的市、县或者迁居,应当报经社区矫正机构批准,

---

〔1〕 注意,这里是居住地而不是住所地、经常居住地或者户籍所在地,居住地并非严格的法律术语,现行的社区矫正有关规定也并未对居住地进行准确界定。《社区矫正法实施办法》第 12 条规定,社区矫正对象的居住地是指其实际居住的县(市、区)。社区矫正对象的经常居住地是指其经常居住的,有固定住所、固定生活来源的县(市、区)。

《社区矫正法实施办法》第26条规定，社区矫正对象未经批准不得离开所居住市、县。确有正当理由需要离开的，应当经执行地县级社区矫正机构或者受委托的司法所批准。[1] 可见，缓刑犯经过县级司法行政机关的批准，可以迁离居住地所在的县。这给缓刑犯的监督管理带来极大的不便，往往导致现居住地县级司法行政机关"不愿管"而原居住地县级司法行政机关"管不到"的衔接不畅问题。究其原因，是涉及异地管理的两个司法行政机关间的联系不及时、不紧密。实践中对居住地的认定并不容易，并且也很难核实缓刑犯实际在某地居住了多久。为了改善这种情况，《社区矫正法实施办法》第26~31条较为详细地规定了社区矫正的异地执行，但是实践中异地执行仍然是监督管理工作中的重大挑战。[2] 如《社区矫正法实施办法》第28条规定："执行地县级社区矫正机

---

[1] 《社区矫正法》第27条规定："社区矫正对象离开所居住的市、县或者迁居，应当报经社区矫正机构批准。社区矫正机构对于有正当理由的，应当批准；对于因正常工作和生活需要经常性跨市、县活动的，可以根据情况，简化批准程序和方式。因社区矫正对象迁居等原因需要变更执行地的，社区矫正机构应当按照有关规定作出变更决定。社区矫正机构作出变更决定后，应当通知社区矫正决定机关和变更后的社区矫正机构，并将有关法律文书抄送变更后的社区矫正机构。变更后的社区矫正机构应当将法律文书转送所在地的人民检察院、公安机关。"

[2] 《社区矫正法实施办法》第26条规定："社区矫正对象未经批准不得离开所居住市、县。确有正当理由需要离开的，应当经执行地县级社区矫正机构或者受委托的司法所批准。社区矫正对象外出的正当理由是指就医、就学、参与诉讼、处理家庭或者工作重要事务等。前款规定的市是指直辖市的城市市区、设区的市的城市市区和县级市的辖区。在设区的同一市内跨区活动的，不属于离开所居住的市、县。"

第27条规定："社区矫正对象确需离开所居住的市、县的，一般应当提前三日提交书面申请，并如实提供诊断证明、单位证明、入学证明、法律文书等材料。申请外出时间在七日内的，经执行地县级社区矫正机构委托，可以由司法所批准，并报执行地县级社区矫正机构备案；超过七日的，由执行地县级社区矫正机构批准。执行地县级社区矫正机构每次批准外出的时间不超过三十日。因特殊情况确需外出超过三十日的，或者两个月内外出时间累计超过三十日的，应报上一级社区矫正机构审批。上一级社区矫正机构批准社区矫正对象外出的，执行地县级社区矫正机构应当及时通报同级人民检察院。"

第28条规定："在社区矫正对象外出期间，执行地县级社区矫正机构、受委托的司法所应当通过电话通讯、实时视频等方式实施监督管理。执行地县级社区矫正机构根据需要，可以协商外出目的地社区矫正机构协助监督管理，并要求社区矫正对象在到达和离开时向当地社区矫正机构报告，接受监督管理。外出目的地社区矫正机构在社区矫正对象报告后，可以通过电话通讯、实地查访等方式协助监督管理。社区矫正对象应在外出期限届满前返回居住地，并向执行地县级社区矫正机构或者司法所报告，办理手续。因特殊原因无法按期返回的，应及时向社区矫正机构或者司法所报告情况。发现社区矫正对象违反外出管理规定的，社区矫正机构应当责令其立即返回，并视情节依法予以处理。"

第29条规定："社区矫正对象确因正常工作和生活需要经常性跨市、县活动的，应当由本人提出书面申请，写明理由、经常性去往市县名称、时间、频次等，同时提供相应证明，由执行地县级社区矫正机构批准，批准一次的有效期为六个月。在批准的期限内，社区矫正对象到批准市、县活动的，可以通过电话、微信等方式报告活动情况。到期后，社区矫正对象仍需要经常性跨市、县活动的，

构根据需要，可以协商外出目的地社区矫正机构协助监督管理，并要求社区矫正对象在到达和离开时向当地社区矫正机构报告，接受监督管理。”但是外出目的地不协助监督管理、社区矫正对象在到达和离开时不向当地社区矫正机构报告时，应该如何处理，却缺少明确规定，而这恰好是决定社区矫正异地执行成败的关键。

3. 治安管理处罚的衔接不畅

对缓刑犯的治安管理处罚，公安机关和县级司法行政机关均可以启动，但是最终的处罚决定由公安机关下发，县级司法行政机关仅具有提请同级公安机关依法给予缓刑犯治安管理处罚的权力。我国《治安管理处罚法》第 60 条第 4 项规定，缓刑考验期间的罪犯有违反法律、行政法规或者国务院有关部门的监督管理规定的行为的，处 5 日以上 10 日以下拘留，并处 200 元以上 500 元以下罚款。两院两部《实施办法》第 24 条规定，社区矫正人员违反监督管理规定或者人民法院禁止令，依法应予治安管理处罚的，县级司法行政机关应当及时提

应当重新提出申请。”

第 30 条规定：“社区矫正对象因工作、居所变化等原因需要变更执行地的，一般应当提前一个月提出书面申请，并提供相应证明材料，由受委托的司法所签署意见后报执行地县级社区矫正机构审批。执行地县级社区矫正机构收到申请后，应当在五日内书面征求新执行地县级社区矫正机构的意见。新执行地县级社区矫正机构接到征求意见函后，应当在五日内核实有关情况，作出是否同意接收的意见并书面回复。执行地县级社区矫正机构根据回复意见，作出决定。执行地县级社区矫正机构对新执行地县级社区矫正机构的回复意见有异议的，可以报上一级社区矫正机构协调解决。经审核，执行地县级社区矫正机构不同意变更执行地的，应在决定作出之日起五日内告知社区矫正对象。同意变更执行地的，应对社区矫正对象进行教育，书面告知其到新执行地县级社区矫正机构报到的时间期限以及逾期报到或者未报到的后果，责令其按时报到。”

第 31 条规定：“同意变更执行地的，原执行地县级社区矫正机构应当在作出决定之日起五日内，将有关法律文书和档案材料移交新执行地县级社区矫正机构，并将有关法律文书抄送社区矫正决定机关和原执行地县级人民检察院、公安机关。新执行地县级社区矫正机构收到法律文书和档案材料后，在五日内送达回执，并将有关法律文书抄送所在地县级人民检察院、公安机关。同意变更执行地的，社区矫正对象应当自收到变更执行地决定之日起七日内，到新执行地县级社区矫正机构报到。新执行地县级社区矫正机构应当核实身份、办理登记接收手续。发现社区矫正对象未按规定时间报到的，新执行地县级社区矫正机构应当立即通知原执行地县级社区矫正机构，由原执行地县级社区矫正机构组织查找。未及时办理交付接收，造成社区矫正对象脱管漏管的，原执行地社区矫正机构会同新执行地社区矫正机构妥善处置。对公安机关、监狱管理机关批准暂予监外执行的社区矫正对象变更执行地的，公安机关、监狱管理机关在收到社区矫正机构送达的法律文书后，应与新执行地同级公安机关、监狱管理机关办理交接。新执行地的公安机关、监狱管理机关应指定一所看守所、监狱接收社区矫正对象档案，负责办理其收监、刑满释放等手续。看守所、监狱在接收档案之日起五日内，应当将有关情况通报新执行地县级社区矫正机构。对公安机关批准暂予监外执行的社区矫正对象在同一省、自治区、直辖市变更执行地的，可以不移交档案。”

请同级公安机关依法给予处罚。公安机关应当将处理结果通知县级司法行政机关。《社区矫正法》第32条规定:“社区矫正对象有被依法决定拘留、强制隔离戒毒、采取刑事强制措施等限制人身自由情形的,有关机关应当及时通知社区矫正机构。”《社区矫正法实施办法》第41条规定:“社区矫正对象被依法决定行政拘留、司法拘留、强制隔离戒毒等或者因涉嫌犯新罪、发现判决宣告前还有其他罪没有判决被采取强制措施的,决定机关应当自作出决定之日起三日内将有关情况通知执行地县级社区矫正机构和执行地县级人民检察院。”根据以上规定,对缓刑犯的治安管理处罚,通常来源于县级司法行政机关的提请和公安机关的直接处罚。司法实践中,公安机关自行给予缓刑犯治安管理处罚时,往往由于衔接不力未能及时告知社区矫正机构,甚至导致社区矫正机构一直在查找脱管人员,最后发现已经被公安机关治安管理处罚的情形发生。

(二)收监执行中的衔接问题

缓刑犯在社区矫正期间因为重新犯罪、被发现漏罪或者严重违反监管规定被提请撤销缓刑的,应当收监执行。缓刑犯的收监执行涉及多个机关,包括人民法院、人民检察院、公安机关、县级司法行政机关、监狱和看守所等。在具体收监执行中,这些机关间存在不少衔接问题。

1. 人民法院不重视撤销缓刑建议

一些人民法院对社区矫正机构提请的撤销缓刑建议处理不及时甚至不予理睬。县级司法行政机关社区矫正机构基于日常监管情况,对违反有关法律、行政法规或者监管规定的缓刑犯提出处罚建议,甚至包括撤销缓刑的处罚建议,是树立执法权威、维护矫正工作秩序的必要手段。两院两部《实施办法》第25条规定了缓刑犯居住地同级司法行政机关可以向原裁判人民法院提出撤销缓刑建议书并附相关证明材料,人民法院应当自收到之日起1个月内依法作出裁定。[1]《社区矫正法》第46~48条、《社区矫正法实施办法》第46条、作出了

〔1〕 两院两部《实施办法》(已失效)第25条规定,“缓刑、假释的社区矫正人员有下列情形之一的,由居住地同级司法行政机关向原裁判人民法院提出撤销缓刑、假释建议书并附相关证明材料,人民法院应当自收到之日起一个月内依法作出裁定:(一)违反人民法院禁止令,情节严重的;(二)未按规定时间报到或者接受社区矫正期间脱离监管,超过一个月的;(三)因违反监督管理规定受到治安管理处罚,仍不改正的;(四)受到司法行政机关三次警告仍不改正的;(五)其他违反有关法律、行政法规和监督管理规定,情节严重的。司法行政机关撤销缓刑、假释的建议书和人民法院的裁定书同时抄送社区矫正人员居住地同级人民检察院和公安机关。”

更为详细的类似规定。[1] 但是,个别法院对社区矫正机构提出的撤销缓刑建议无正当理由长期拖延,并未按规定在1个月的期限内作出裁定,导致严重违反法律、行政法规或者监管规定的缓刑犯不到被及时惩处。有的法院对社区矫正机构提请撤销缓刑的建议设置较高标准,对社区矫正机构的合法建议不予支持,个别法院甚至不理睬提请撤销缓刑建议,既不作出撤销缓刑也不作出驳回提请撤销缓刑建议的裁定。[2]

2. 监狱或者看守所拒绝配合收监执行

一些监狱或者看守所以缓刑犯的身体状况不适合收监等各种原因拒绝配合收监执行。两院两部《实施办法》第27条规定人民法院撤销缓刑的,居住地县级司法行政机关应当及时将罪犯送交监狱或者看守所,公安机关予以协助。两院两部《衔接配合管理意见》也在加强对社区矫正对象收监执行的衔接配合管理中规定,缓刑犯因违反监督管理规定被依法撤销缓刑的,应当本着就近、便利、安全的原则,送交其居住地所属的省(区、市)的看守所、监狱执行刑罚。《社区矫正法》第48条规定:"人民法院裁定撤销缓刑、假释的,公安机关应当及时将社区矫正对象送交监狱或者看守所执行。执行以前被逮捕的,羁押一日折抵刑期一日。"《社区矫正法实施办法》第50条规定:"人民法院裁定撤销缓刑、撤

---

〔1〕《社区矫正法》第46条规定:"社区矫正对象具有刑法规定的撤销缓刑、假释情形的,应当由人民法院撤销缓刑、假释。对于在考验期限内犯新罪或者发现判决宣告以前还有其他罪没有判决的,应当由审理该案件的人民法院撤销缓刑、假释,并书面通知原审人民法院和执行地社区矫正机构。对于有第二款规定以外的其他需要撤销缓刑、假释情形的,社区矫正机构应当向原审人民法院或者执行地人民法院提出撤销缓刑、假释建议,并将建议书抄送人民检察院。社区矫正机构提出撤销缓刑、假释建议时,应当说明理由,并提供有关证据材料。"

第47条规定:"被提请撤销缓刑、假释的社区矫正对象可能逃跑或者可能发生社会危险的,社区矫正机构可以在提出撤销缓刑、假释建议的同时,提请人民法院决定对其予以逮捕。人民法院应当在四十八小时内作出是否逮捕的决定。决定逮捕的,由公安机关执行。逮捕后的羁押期限不得超过三十日。"

第48条规定:"人民法院应当在收到社区矫正机构撤销缓刑、假释建议书后三十日内作出裁定,将裁定书送达社区矫正机构和公安机关,并抄送人民检察院。"

《社区矫正法实施办法》第46条规定:"社区矫正对象在缓刑考验期内,有下列情形之一的,由执行地同级社区矫正机构提出撤销缓刑建议:(一)违反禁止令,情节严重的;(二)无正当理由不按规定时间报到或者接受社区矫正期间脱离监管,超过一个月的;(三)因违反监督管理规定受到治安管理处罚,仍不改正的;(四)受到社区矫正机构两次警告,仍不改正的;(五)其他违反有关法律、行政法规和监督管理规定,情节严重的情形。社区矫正机构一般向原审人民法院提出撤销缓刑建议。如果原审人民法院与执行地同级社区矫正机构不在同一省、自治区、直辖市的,可以向执行地人民法院提出建议,执行地人民法院作出裁定的,裁定书同时抄送原审人民法院。社区矫正机构撤销缓刑建议书和人民法院的裁定书副本同时抄送社区矫正执行地同级人民检察院。"

〔2〕高贞主编:《中国特色社区矫正制度研究》,法律出版社2018年版,第49页。

销假释或者决定暂予监外执行收监执行的，由执行地县级公安机关本着就近、便利、安全的原则，送交社区矫正对象执行地所属的省、自治区、直辖市管辖范围内的看守所或者监狱执行刑罚。”但是，规定中并未对监狱或者看守所的收监执行作出规定。这导致实践中，一些看守所、监狱因罪犯患有严重疾病、生活不能自理或者疫情等原因，拒绝执行已生效的撤销缓刑裁定，致使严重违反监管规定甚至重新犯罪的缓刑犯无法及时得到应有的惩罚，损害了执法权威。同时，不利于执法过程中的安全事故责任追究。当被撤销缓刑而未被收监的罪犯造成安全事故时，很难确定责任主体，县级社区矫正机关认为该缓刑犯已经被撤销缓刑，不再属于其监管范围，而监狱或者看守所主张该缓刑犯并未被收监，也不应由其担责。

3. 收监执行规定过于原则，缺乏可操作性

两院两部《实施办法》第 27 条规定人民法院撤销缓刑的，居住地县级司法行政机关应当及时将罪犯送交监狱或者看守所，公安机关予以协助。这一规定赋予县级司法行政机关很大的权力与责任，但是并未向县级司法行政机关提供履行职责的保障。两院两部《衔接配合管理意见》也在加强对社区矫正对象收监执行的衔接配合管理的第 20 条规定，被裁定、决定收监执行的社区矫正对象在逃的，居住地社区矫正机构应当在收到人民法院、公安机关、监狱管理机关的裁定、决定后，立即通知居住地县级公安机关，由其负责实施追捕。但是，收监执行难题并未被彻底解决，仍有公安机关选择性适用对自身有利的司法解释，沟通协调难度较大。于是《社区矫正法》第 48 条规定：“人民法院裁定撤销缓刑、假释的，公安机关应当及时将社区矫正对象送交监狱或者看守所执行。”《社区矫正法实施办法》第 50 条规定：“人民法院裁定撤销缓刑、撤销假释或者决定暂予监外执行收监执行的，由执行地县级公安机关本着就近、便利、安全的原则，送交社区矫正对象执行地所属的省、自治区、直辖市管辖范围内的看守所或者监狱执行刑罚。”即便如此，实践中的缓刑犯收监执行仍是一个十分复杂的问题，《社区矫正法》虽然规定了公安机关应当及时将社区矫正对象送交监狱或者看守所执行，但是并未规定具体时限。同时，《社区矫正法实施办法》中规定的执行地县级公安机关本着就近、便利、安全的原则送交社区矫正对象入监执行刑罚也较为原则，在把握就近、便利、安全原则时，通常也会出现相互推诿的情况。因此，有的社区矫正机构为了避免麻烦，对严重违反监管规定的缓刑犯放

宽收监标准,尽量不提出收监执行建议。[1] 这在一定程度上,增加了缓刑犯社区矫正对象危害社会的可能性。

4. 追逃和网上追逃难落实

最高人民法院、最高人民检察院、公安部、国家安全部、司法部、全国人大常委会法制工作委员会于2012年12月26日发布的《关于实施刑事诉讼法若干问题的规定》第35条规定:“被决定收监执行的社区矫正人员在逃的,社区矫正机构应当立即通知公安机关,由公安机关负责追捕。”但是公安机关网上追逃所依据的法律文书为拘留证和逮捕证,撤销缓刑裁定书并未纳入网上追逃的依据范畴,因而无法对缓刑犯开展网上追逃。为解决该问题,两院两部《衔接配合管理意见》第20条规定:“撤销缓刑、撤销假释裁定书和对暂予监外执行罪犯收监执行决定书,可以作为公安机关网上追逃依据。公安机关根据案情决定是否实施网上追逃。”可见,撤销缓刑裁定书可以作为公安机关网上追逃依据。《社区矫正法》第50条也仅规定:“被裁定撤销缓刑、假释和被决定收监执行的社区矫正对象逃跑的,由公安机关追捕,社区矫正机构、有关单位和个人予以协助。”《社区矫正法实施办法》第51条规定:“撤销缓刑、撤销假释的裁定和收监执行的决定生效后,社区矫正对象下落不明的,应当认定为在逃。被裁定撤销缓刑、撤销假释和被决定收监执行的社区矫正对象在逃的,由执行地县级公安机关负责追捕。撤销缓刑、撤销假释裁定书和对暂予监外执行罪犯收监执行决定书,可以作为公安机关追逃依据。”但是在具体的实践中,仍有不少公安机关以不了解相关规定为由,要求出具逮捕证,否则就拒绝对被撤销缓刑的缓刑犯社区矫正对象开展网上追逃。

二、缓刑犯监管衔接的完善与创新建言

缓刑犯的日常监管和收监执行中存在的衔接问题,严重影响了缓刑犯监督管理的质量,从而整体上妨碍了缓刑犯社区矫正工作的开展,甚至会导致人身危险性较高的缓刑犯继续活动在社会中,增加了侵犯公民人身财产权利和危害社会的可能。因此,应当针对性地解决这些问题,以进一步完善缓刑犯监管衔接制度。

---

[1] 司法部预防犯罪研究所课题组:《社区矫正衔接机制建设研究报告》,载《中国司法》2016年第6期。

(一)进一步明确相关部门职责

《社区矫正法》《社区矫正法实施办法》已经明确了社区矫正有关机关的职责,从法律层面确定司法行政机关的社区矫正执法主体地位和社区矫正工作人员的执法主体资格,更加清晰地规定了社区矫正有关机关的具体职责,这是解决缓刑犯监督管理中衔接问题的根本措施。但是,一些规定仍然较为原则,权责内容也不够清晰,一定程度上削弱了缓刑犯社区矫正监督管理的效果。因此,应当进一步明确有关规定的内容,增强对缓刑犯社区矫正对象监督管理的指导。

1. 进一步明确社区矫正机构的相关职责

《社区矫正法实施办法》第9条列出了社区矫正机构参与社区矫正工作的十项职责,[1]而与缓刑犯的监督管理密切相关的是第4~9项,几乎涉及缓刑犯监督管理的各个方面。

我国《社区矫正法》第9、24~31、33、34条分别明确规定社区矫正机构职责、制定矫正方案并实现分类管理和个别化矫正、制定矫正小组并落实矫正方案、掌握社区矫正对象情况、批准社区矫正对象申请变更执行地、社区矫正对象的考核奖惩、使用电子定位装置、查找失联社区矫正对象、制止与处置社区矫正

---

〔1〕《社区矫正法实施办法》第9条规定:"社区矫正机构是县级以上地方人民政府根据需要设置的,负责社区矫正工作具体实施的执行机关。社区矫正机构依法履行以下职责:(一)接受委托进行调查评估,提出评估意见;(二)接收社区矫正对象,核对法律文书、核实身份、办理接收登记,建立档案;(三)组织入矫和解矫宣告,办理入矫和解矫手续;(四)建立矫正小组、组织矫正小组开展工作,制定和落实矫正方案;(五)对社区矫正对象进行监督管理,实施考核奖惩;审批会客、外出、变更执行地等事项;了解掌握社区矫正对象的活动情况和行为表现;组织查找失去联系的社区矫正对象,查找后依情形作出处理;(六)提出治安管理处罚建议,提出减刑、撤销缓刑、撤销假释、收监执行等变更刑事执行建议,依法提请逮捕;(七)对社区矫正对象进行教育帮扶,开展法治道德等教育,协调有关方面开展职业技能培训、就业指导,组织公益活动等事项;(八)向有关机关通报社区矫正对象情况,送达法律文书;(九)对社区矫正工作人员开展管理、监督、培训,落实职业保障;(十)其他依法应当履行的职责。设置和撤销社区矫正机构,由县级以上地方人民政府司法行政部门提出意见,按照规定的权限和程序审批。社区矫正日常工作由县级社区矫正机构具体承担;未设置县级社区矫正机构的,由上一级社区矫正机构具体承担。省、市两级社区矫正机构主要负责监督指导、跨区域执法的组织协调、与同级社区矫正决定机关对接的案件办理工作。"

对象违法行为、提出社区矫正对象减刑建议,以及保护社区矫正对象合法权益等。[1] 但是这些规定过于原则、分散,导致实践中“打折扣”执行甚至不执行,各地各级社区矫正机构做法也不统一。因此,《社区矫正法实施办法》在第19、21、22、23、28、30~40、42条分别对制定矫正小组并如何落实矫正方案、如何对社区矫正对象分类并实施分类管理、如何制定矫正方案、如何掌握社区矫正对象情况并实施监督管理、如何批准社区矫正对象申请变更执行地、如何对社区

---

〔1〕《社区矫正法》第9条规定:“县级以上地方人民政府根据需要设置社区矫正机构,负责社区矫正工作的具体实施。社区矫正机构的设置和撤销,由县级以上地方人民政府司法行政部门提出意见,按照规定的权限和程序审批。司法所根据社区矫正机构的委托,承担社区矫正相关工作。”

第25条规定:“社区矫正机构应当根据社区矫正对象的情况,为其确定矫正小组,负责落实相应的矫正方案。根据需要,矫正小组可以由司法所、居民委员会、村民委员会的人员,社区矫正对象的监护人、家庭成员,所在单位或者就读学校的人员以及社会工作者、志愿者等组成。社区矫正对象为女性的,矫正小组中应有女性成员。”

第26条规定:“社区矫正机构应当了解掌握社区矫正对象的活动情况和行为表现。社区矫正机构可以通过通信联络、信息化核查、实地查访等方式核实有关情况,有关单位和个人应当予以配合。社区矫正机构开展实地查访等工作时,应当保护社区矫正对象的身份信息和个人隐私。”

第28条规定:“社区矫正机构根据社区矫正对象的表现,依照有关规定对其实施考核奖惩。社区矫正对象认罪悔罪、遵守法律法规、服从监督管理、接受教育表现突出的,应当给予表扬。社区矫正对象违反法律法规或者监督管理规定的,应当视情节依法给予训诫、警告、提请公安机关予以治安管理处罚,或者依法提请撤销缓刑、撤销假释、对暂予监外执行的收监执行。对社区矫正对象的考核结果,可以作为认定其是否确有悔改表现或者是否严重违反监督管理规定的依据。”

第29条规定:“社区矫正对象有下列情形之一的,经县级司法行政部门负责人批准,可以使用电子定位装置,加强监督管理:(一)违反人民法院禁止令的;(二)无正当理由,未经批准离开所居住的市、县的;(三)拒不按照规定报告自己的活动情况,被给予警告的;(四)违反监督管理规定,被给予治安管理处罚的;(五)拟提请撤销缓刑、假释或者暂予监外执行收监执行的。前款规定的使用电子定位装置的期限不得超过三个月。对于不需要继续使用的,应当及时解除;对于期限届满后,经评估仍有必要继续使用的,经过批准,期限可以延长,每次不得超过三个月。社区矫正机构对通过电子定位装置获得的信息应当严格保密,有关信息只能用于社区矫正工作,不得用于其他用途。”

第30条规定:“社区矫正对象失去联系的,社区矫正机构应当立即组织查找,公安机关等有关单位和人员应当予以配合协助。查找到社区矫正对象后,应当区别情形依法作出处理。”

第31条规定:“社区矫正机构发现社区矫正对象正在实施违反监督管理规定的行为或者违反人民法院禁止令等违法行为的,应当立即制止;制止无效的,应当立即通知公安机关到场处置。”

第33条规定:“社区矫正对象符合刑法规定的减刑条件的,社区矫正机构应当向社区矫正执行地的中级以上人民法院提出减刑建议,并将减刑建议书抄送同级人民检察院。人民法院应当在收到社区矫正机构的减刑建议书后三十日内作出裁定,并将裁定书送达社区矫正机构,同时抄送人民检察院、公安机关。”

第34条规定:“开展社区矫正工作,应当保障社区矫正对象的合法权益。社区矫正的措施和方法应当避免对社区矫正对象的正常工作和生活造成不必要的影响;非依法律规定,不得限制或者变相限制社区矫正对象的人身自由。社区矫正对象认为其合法权益受到侵害的,有权向人民检察院或者有关机关申诉、控告和检举。受理机关应当及时办理,并将办理结果告知申诉人、控告人和检举人。”

矫正对象进行考核奖惩、如何使用电子定位装置、如何查找失联社区矫正对象、如何提出社区矫正对象减刑建议作出更加详细的规定。但是,具体实践中仍然存在这样或者那样的问题。

因此,建议未来在修订《社区矫正法实施办法》,或者各地市级以上社区矫正机构根据《社区矫正法》《社区矫正法实施办法》、结合本地司法实践具体情况、制定实操性更强的《〈社区矫正法实施办法〉实施细则》时,应当进一步明确:第一,执行地县级社区矫正机构、受委托的司法所与矫正小组签订的矫正责任书的主体、内容和格式;第二,综合评估所适用的工具或者量表,每种等级的监督管理对应的具体措施和频次等;第三,矫正方案的效果评估和调整周期;第四,对社区矫正对象考核奖惩的具体做法;第五,社区矫正机构如何协调有关的部门、单位、场所、个人协助配合执行禁止令;第六,当社区矫正对象失去联系并查找不到时,社区矫正机构应当如何及时通知公安机关等。

2. 进一步明确公安机关的相关职责

《社区矫正法实施办法》第 7 条明确列出了公安机关参与社区矫正工作的八项职责,[1]而与缓刑犯的监督管理密切相关的是第 4 ~6 项,其中第 5 项任务尤为重要。

《社区矫正法》第 32 条规定:"社区矫正对象有被依法决定拘留、强制隔离戒毒、采取刑事强制措施等限制人身自由情形的,有关机关应当及时通知社区矫正机构。"《社区矫正法实施办法》第 41 条规定:"社区矫正对象被依法决定行政拘留、司法拘留、强制隔离戒毒等或者因涉嫌犯新罪、发现判决宣告前还有其他罪没有判决被采取强制措施的,决定机关应当自作出决定之日起三日内将有关情况通知执行地县级社区矫正机构和执行地县级人民检察院。"类似规定见

---

〔1〕《社区矫正法实施办法》第 7 条规定:"公安机关依法履行以下职责:(一)对看守所留所服刑罪犯拟暂予监外执行的,可以委托开展调查评估;(二)对看守所留所服刑罪犯拟暂予监外执行的,核实并确定社区矫正执行地;对符合暂予监外执行条件的,批准暂予监外执行;对符合收监执行条件的,作出收监执行的决定;(三)对看守所留所服刑罪犯批准暂予监外执行的,进行教育,及时通知并送达法律文书;依法将社区矫正对象交付执行;(四)对社区矫正对象予以治安管理处罚;到场处置经社区矫正机构制止无效,正在实施违反监督管理规定或者违反人民法院禁止令等违法行为的社区矫正对象;协助社区矫正机构处置突发事件;(五)协助社区矫正机构查找失去联系的社区矫正对象;执行人民法院作出的逮捕决定;被裁定撤销缓刑、撤销假释和被决定收监执行的社区矫正对象逃跑的,予以追捕;(六)对裁定撤销缓刑、撤销假释,或者对人民法院、公安机关决定暂予监外执行收监的社区矫正对象,送交看守所或者监狱执行;(七)执行限制社区矫正对象出境的措施;(八)其他依法应当履行的职责。"

于两院两部《衔接配合管理意见》第 15 条。[1] 但是,该两项规定仍然不够详细,导致具体实践中仍然存在一些问题。例如,处于某司法所监督管理中的缓刑犯,被某市公安局区公安分局经济犯罪侦查支队发现存在漏罪而被采取刑事强制措施,但是该缓刑犯并未向公安机关报告自己处于社区矫正期间的情况,这样社区矫正具体执行者司法所便无法与缓刑犯取得联系,认为该缓刑犯处于脱管状态。根据《社区矫正法实施办法》第 41 条的规定,决定采取刑事强制措施的主体为某市公安局区公安分局经济犯罪侦查支队,其无从得知该缓刑犯属于社区矫正对象的情况,自然也就不存在自作出决定之日起 3 日内将有关情况通知执行地县级社区矫正机构和执行地县级人民检察院的必要。

因此,建议未来在修订《社区矫正法实施办法》,或者各地市级以上社区矫正机构根据《社区矫正法》《社区矫正法实施办法》、结合本地司法实践具体情况、制定实操性更强的《〈社区矫正法实施办法〉实施细则》时应当修改本条为:社区矫正对象被依法决定行政拘留、司法拘留、强制隔离戒毒等或者因涉嫌犯新罪、发现判决宣告前还有其他罪没有判决被采取强制措施的,决定机关应当自作出决定时将有关情况通知社区矫正对象执行地公安机关(派出所),社区矫正执行地公安机关(派出所)应当自接到通知 3 日内通过社区矫正对象执行地司法所将有关情况通知社区矫正对象执行地县级社区矫正机构和执行地县级人民检察院。

需要特别注意的是,在疫情防控形势较为严峻的情况下,尤其是某些监所发生疫情传播事件后,被撤销缓刑的社区矫正对象的收监成为比较突出的问题。《社区矫正法》第 48 条规定,人民法院裁定撤销缓刑、假释的,公安机关应当及时将社区矫正对象送交监狱或者看守所执行。《社区矫正法实施办法》第 50 条也规定,人民法院裁定撤销缓刑、撤销假释或者决定暂予监外执行收监执行的,由执行地县级公安机关本着就近、便利、安全的原则,送交社区矫正对象执行地所属的省、自治区、直辖市管辖范围内的看守所或者监狱执行刑罚。可以说,该两个法律条文明确了被撤销缓刑的社区矫正对象收监执行的主体、执行地。但是在公安机关按照规定将被撤销缓刑的罪犯送交看守所或者监狱时,

---

〔1〕 两院两部《衔接配合管理意见》第 15 条规定:"社区服刑人员被依法决定行政拘留、司法拘留、收容教育、强制隔离戒毒等或者因涉嫌犯新罪、发现判决宣告前还有其他罪没有判决被采取强制措施的,决定机关应当自作出决定之日起 3 日内将有关情况通知居住地县级司法行政机关和居住地县级人民检察院。"

看守所或者监狱却以疫情防控政策拒绝收监执行，而公安机关此时也没有办法，只能将已经被控制的被撤销缓刑的社区矫正对象重新释放，这样被撤销缓刑的社区矫正对象的收监就无法开展。因此，建议未来在修订《社区矫正法实施办法》，或者各地市级以上社区矫正机构根据《社区矫正法》《社区矫正法实施办法》、结合本地司法实践具体情况、制定实操性更强的《〈社区矫正法实施办法〉实施细则》时，应当明确：人民法院裁定撤销缓刑、撤销假释或者决定暂予监外执行收监执行的，由执行地县级公安机关本着就近、便利、安全的原则，送交社区矫正对象执行地所属的省、自治区、直辖市管辖范围内的看守所或者监狱执行刑罚。看守所或者监狱拒绝收监的，应当书面说明理由。公安机关对不收监执行决定不服的，可以报同级人民检察院监督。人民检察院发现看守所或者监狱拒绝收监不当的，应当依法提出纠正意见、检察建议。看守所或者监狱应当在 3 日内将采纳纠正意见、检察建议的情况书面回复人民检察院，没有采纳的应当说明理由。

3. 进一步明确人民法院的相关职责

《社区矫正法实施办法》第 5 条明确列出了人民法院参与社区矫正工作的八项职责，[1]而与缓刑犯的监督管理密切相关的是第 6～8 项，其中第 6、7 项任务较为重要。

《社区矫正法》第 33 条规定："社区矫正对象符合刑法规定的减刑条件的，社区矫正机构应当向社区矫正执行地的中级以上人民法院提出减刑建议，并将减刑建议书抄送同级人民检察院。人民法院应当在收到社区矫正机构的减刑建议书后三十日内作出裁定，并将裁定书送达社区矫正机构，同时抄送人民检察院、公安机关。"第 46 条规定："社区矫正对象具有刑法规定的撤销缓刑、假释情形的，应当由人民法院撤销缓刑、假释。对于在考验期限内犯新罪或者发现判决宣告以前还有其他罪没有判决的，应当由审理该案件的人民法院撤销缓

---

〔1〕《社区矫正法实施办法》第 5 条规定："人民法院依法履行以下职责：（一）拟判处管制、宣告缓刑、决定暂予监外执行的，可以委托社区矫正机构或者有关社会组织对被告人或者罪犯的社会危险性和对所居住社区的影响，进行调查评估，提出意见，供决定社区矫正时参考；（二）对执行机关报请假释的，审查执行机关移送的罪犯假释后对所居住社区影响的调查评估意见；（三）核实并确定社区矫正执行地；（四）对被告人或者罪犯依法判处管制、宣告缓刑、裁定假释、决定暂予监外执行；（五）对社区矫正对象进行教育，及时通知并送达法律文书；（六）对符合撤销缓刑、撤销假释或者暂予监外执行收监执行条件的社区矫正对象，作出判决、裁定和决定；（七）对社区矫正机构提请逮捕的，及时作出是否逮捕的决定；（八）根据社区矫正机构提出的减刑建议作出裁定；（九）其他依法应当履行的职责。"

刑、假释,并书面通知原审人民法院和执行地社区矫正机构。"第 47 条规定:"被提请撤销缓刑、假释的社区矫正对象可能逃跑或者可能发生社会危险的,社区矫正机构可以在提出撤销缓刑、假释建议的同时,提请人民法院决定对其予以逮捕。人民法院应当在四十八小时内作出是否逮捕的决定。决定逮捕的,由公安机关执行。逮捕后的羁押期限不得超过三十日。"第 48 条规定:"人民法院应当在收到社区矫正机构撤销缓刑、假释建议书后三十日内作出裁定,将裁定书送达社区矫正机构和公安机关,并抄送人民检察院。"《社区矫正法实施办法》第 42 条规定:"社区矫正对象符合法定减刑条件的,由执行地县级社区矫正机构提出减刑建议书并附相关证据材料,报经地(市)社区矫正机构审核同意后,由地(市)社区矫正机构提请执行地的中级人民法院裁定。依法应由高级人民法院裁定的减刑案件,由执行地县级社区矫正机构提出减刑建议书并附相关证据材料,逐级上报省级社区矫正机构审核同意后,由省级社区矫正机构提请执行地的高级人民法院裁定。人民法院应当自收到减刑建议书和相关证据材料之日起三十日内依法裁定。社区矫正机构减刑建议书和人民法院减刑裁定书副本,应当同时抄送社区矫正执行地同级人民检察院、公安机关及罪犯原服刑或者接收其档案的监狱。"第 48 条规定:"被提请撤销缓刑、撤销假释的社区矫正对象具备下列情形之一的,社区矫正机构在提出撤销缓刑、撤销假释建议书的同时,提请人民法院决定对其予以逮捕:(一)可能逃跑的;(二)具有危害国家安全、公共安全、社会秩序或者他人人身安全现实危险的;(三)可能对被害人、举报人、控告人或者社区矫正机构工作人员等实施报复行为的;(四)可能实施新的犯罪的。社区矫正机构提请人民法院决定逮捕社区矫正对象时,应当提供相应证据,移送人民法院审查决定。社区矫正机构提请逮捕、人民法院作出是否逮捕决定的法律文书,应当同时抄送执行地县级人民检察院。"

整体而言,关于法院在缓刑犯监督管理期间的规定还不十分详细,导致在对缓刑犯撤销缓刑、提请逮捕或者提出减刑建议时指导性不强。因此,建议未来在修订《社区矫正法实施办法》,或者各地市级以上社区矫正机构根据《社区矫正法》《社区矫正法实施办法》、结合本地司法实践具体情况、制定实操性更强的《〈社区矫正法实施办法〉实施细则》时,应当开展深入的司法实践调研,再次基础上制定指导性更强的规范。

4. 进一步明确人民检察院的相关职责

《社区矫正法实施办法》第 6 条明确列出了人民法院参与社区矫正工作的

八项职责,[1]而与缓刑犯的监督管理密切相关的是第4~7项,其中第5项任务尤为重要。

《社区矫正法》第62条规定:"人民检察院发现社区矫正工作违反法律规定的,应当依法提出纠正意见、检察建议。有关单位应当将采纳纠正意见、检察建议的情况书面回复人民检察院,没有采纳的应当说明理由。"《社区矫正法实施办法》第57条规定:"有关单位对人民检察院的书面纠正意见在规定的期限内没有回复纠正情况的,人民检察院应当督促回复。经督促被监督单位仍不回复或者没有正当理由不纠正的,人民检察院应当向上一级人民检察院报告。有关单位对人民检察院的检察建议在规定的期限内经督促无正当理由不予整改或者整改不到位的,检察机关可以将相关情况报告上级人民检察院,通报被建议单位的上级机关、行政主管部门或者行业自律组织等,必要时可以报告同级党委、人大,通报同级政府、纪检监察机关。"两院两部《衔接配合管理意见》第22条规定:"人民检察院应当加强对社区矫正收监执行活动的监督,发现有下列情形之一的,依法提出纠正意见:(1)居住地县级司法行政机关未依法向人民法院、公安机关、监狱管理机关提出撤销缓刑、撤销假释建议或者对暂予监外执行的收监执行建议;(2)人民法院、公安机关、监狱管理机关未依法作出裁定、决定,或者未依法送达;(3)居住地县级司法行政机关、公安机关未依法将罪犯送交看守所、监狱,或者未依法移交被收监执行罪犯的文书材料;(4)看守所、监狱未依法收监执行;(5)公安机关未依法协助送交收监执行罪犯,或者未依法对在逃的收监执行罪犯实施追捕;(6)其他违反收监执行规定的情形。"

人民检察院监督职能的发挥在缓刑犯社区矫正监管衔接中具有重要意义,目前缓刑犯监管中的衔接问题,一定程度上是由于人民检察院监督不力所致。因此,建议未来在修订《社区矫正法》《社区矫正法实施办法》时吸收两院两部《衔接配合管理意见》中的以下内容,或者直接修订两院两部《衔接配合管理意见》时修改以下内容:一方面,统一执行地县级司法机关为缓刑犯社区矫正对象

---

[1] 《社区矫正法实施办法》第6条规定:"人民检察院依法履行以下职责:(一)对社区矫正决定机关、社区矫正机构或者有关社会组织的调查评估活动实行法律监督;(二)对社区矫正决定机关判处管制、宣告缓刑、裁定假释、决定或者批准暂予监外执行活动实行法律监督;(三)对社区矫正法律文书及社区矫正对象交付执行活动实行法律监督;(四)对监督管理、教育帮扶社区矫正对象的活动实行法律监督;(五)对变更刑事执行、解除矫正和终止矫正的活动实行法律监督;(六)受理申诉、控告和举报,维护社区矫正对象的合法权益;(七)按照刑事诉讼法的规定,在对社区矫正实行法律监督中发现司法工作人员相关职务犯罪,可以立案侦查直接受理的案件;(八)其他依法应当履行的职责。"

的监督管理主体，目前《社区矫正法》第 17 条、《社区矫正法实施办法》第 12 条已经明确社区矫正对象的执行地；另一方面，公安机关在送交收监执行罪犯时，已经不是协助送交，《社区矫正法》第 48 条、《社区矫正法实施办法》第 50 条明确了应当由公安机关将社区矫正对象送交监狱或者看守所执行。

（二）建立健全惩罚机制

针对目前参与缓刑犯社区矫正监督管理中有关机关因职责不明确、相互推诿，导致缓刑犯社区矫正对象矫正效果不佳，甚至脱管漏管的问题，应当进一步明确缓刑犯社区矫正对象和公安、检察院、法院、司法所的法律责任，建立健全惩罚机制。

《社区矫正法》第 61 条规定："社区矫正机构工作人员和其他国家工作人员有下列行为之一的，应当给予处分；构成犯罪的，依法追究刑事责任：（一）利用职务或者工作便利索取、收受贿赂的；（二）不履行法定职责的；（三）体罚、虐待社区矫正对象，或者违反法律规定限制或者变相限制社区矫正对象的人身自由的；（四）泄露社区矫正工作秘密或者其他依法应当保密的信息的；（五）对依法申诉、控告或者检举的社区矫正对象进行打击报复的；（六）有其他违纪违法行为的。"第 62 条规定："人民检察院发现社区矫正工作违反法律规定的，应当依法提出纠正意见、检察建议。有关单位应当将采纳纠正意见、检察建议的情况书面回复人民检察院，没有采纳的应当说明理由。"

《社区矫正法实施办法》第 56 条规定："对社区矫正工作人员追究法律责任，应当根据其行为的危害程度、造成的后果、以及责任大小予以确定，实事求是，过罚相当。社区矫正工作人员依法履职的，不能仅因社区矫正对象再犯罪而追究其法律责任。"第 57 条规定："有关单位对人民检察院的书面纠正意见在规定的期限内没有回复纠正情况的，人民检察院应当督促回复。经督促被监督单位仍不回复或者没有正当理由不纠正的，人民检察院应当向上一级人民检察院报告。有关单位对人民检察院的检察建议在规定的期限内经督促无正当理由不予整改或者整改不到位的，检察机关可以将相关情况报告上级人民检察院，通报被建议单位的上级机关、行政主管部门或者行业自律组织等，必要时可以报告同级党委、人大，通报同级政府、纪检监察机关。"

不难看出，目前《社区矫正法》《社区矫正法实施办法》关于法律责任的规定比较原则，责任形式不够具体，导致对有关机关工作人员的处罚不能很好落实。因此，建立健全惩罚机制是解决缓刑犯监督管理中衔接问题重要保障。

一方面,增加对脱离执行地社区矫正机构监管的缓刑犯的惩罚力度。其一,统一脱管认定标准及相应惩罚。两院两部《衔接配合管理意见》第10条虽然界定了脱管,[1]但是并没有明确缓刑犯的脱管的具体认定及相应处罚,导致无法实质性地处罚脱管。《社区矫正法》《社区矫正法实施办法》对脱管问题也没有更明确的规定。因此,应当统一脱管的认定标准及相应惩罚。对于脱管,建议明确规定以"三日"为期限,从脱离监管之日起计算,脱离监管超过3日的即为脱管。脱离监管不超过3日的,不宜认定为脱管;脱离监管超过3日不超过1月的,视情况给予警告、提请治安管理处罚;脱离监管超过1月的,提请撤销缓刑,收监执行。其二,赋予社区矫正机构更多行政处罚权以减少监管的衔接环节。目前社区矫正机构对缓刑犯可以采取的监管措施有限,常采用的惩罚手段仅有警告、提请治安管理处罚、提请撤销缓刑等;并且惩罚的层次性也不丰富,警告之后直接设置提请治安管理处罚或者撤销缓刑,中间没有过渡,导致对违反监管规定的缓刑犯的处罚畸轻畸重。而法律规定的行政处罚手段除警告外,还包括罚款、没收违法所得、没收非法财物、责令停产停业、暂扣或者吊销许可证、暂扣或者吊销执照、拘留等手段。可以考虑在缓刑犯的监督管理中引入以上行政处罚手段,赋予缓刑犯社区矫正机构相应的处罚权,以增强缓刑犯监督管理的权威性。[2]

另一方面,加大对不及时配合社区矫正机构、不按时处理社区矫正机构的提请建议的有关主体的责任追究力度。对不及时配合社区矫正机构导致缓刑犯处于脱管状态的公安机关或者不按时处理社区矫正机构的提请导致缓刑犯不能得到及时处罚或者收监的人民法院、监狱或者看守所工作人员,应当视具体情况给予纪律或者法律处分。同时,人民检察院也应当发挥好缓刑犯报到接收过程中的检察监督作用,对于违反规定的有关主体,可以区别情况提出口头纠正意见、制发纠正违法通知书或者检察建议书等。[3] 此外,还应当将以上处

---

〔1〕两院两部《衔接配合管理意见》第10条规定:"社区服刑人员在社区矫正期间脱离居住地社区矫正机构的监督管理下落不明,或者虽能查找到其下落但拒绝接受监督管理的,属于脱管。"

〔2〕司法部预防犯罪研究所课题组:《社区矫正衔接机制建设研究报告》,载《中国司法》2016年第6期。

〔3〕两院两部《实施办法》第37条规定,"人民检察院发现社区矫正执法活动违反法律和本办法规定的,可以区别情况提出口头纠正意见、制发纠正违法通知书或者检察建议书。交付执行机关和执行机关应当及时纠正、整改,并将有关情况告知人民检察院。"第38条规定,"在实施社区矫正过程中,司法工作人员有玩忽职守、徇私舞弊、滥用职权等违法违纪行为的,依法给予相应处分;构成犯罪的,依法追究刑事责任。"

罚与年终评优评奖、晋升等资格挂钩。例如，导致缓刑犯因脱管而给予警告处分的，全年取消评优资格；导致缓刑犯因脱管而给予两次以上警告处分或者提请治安管理处罚、撤销缓刑、收监执行的，全年取消评奖与晋升资格。

（三）完善信息共享平台

完善缓刑犯日常监管和收监执行中的信息共享平台，实现网上办案、网上监管、网上监督，是解决缓刑犯监管衔接中问题的重要支撑。《社区矫正法》第5条明确规定："国家支持社区矫正机构提高信息化水平，运用现代信息技术开展监督管理和教育帮扶。社区矫正工作相关部门之间依法进行信息共享。"《社区矫正法实施办法》第4条规定，司法行政机关依法履行指导支持社区矫正机构提高信息化水平职责，在第11条中，更是规定了如何提高信息化水平。〔1〕两院两部《衔接配合管理意见》第13、14条对缓刑犯的监管衔接及信息交换平台建设进行特别规定。〔2〕但是，实践中的信息共享方面仍然存在不少问题，导致缓刑犯的日常监管和收监执行衔接不畅。例如，公安机关在对缓刑犯采取限制人身自由的刑事强制措施后不通报社区矫正机构相关信息，致使社区矫正机构认为缓刑犯已经脱管，花费不少精力查找缓刑犯。虽然《社区矫正法》第32条、《社区矫正法实施办法》第41条、两院两部《衔接配合管理意见》第15条均对此作出明确规定，但是实践中在处理类似情况时，总存在这样或者那样的问题。因此，可以通过完善信息共享平台，实现不同机关间信息的及时获取与运用，从而增强相互之间的监督。当公安机关对缓刑犯采取限制人身自由强制措施后，社区矫正机构能够及时知悉，从而不再将该人员认定为脱管人员实施查找。同时，社区矫正机构也可以及时与决定机关进行确认并提醒决定机关送达有关法

〔1〕《社区矫正法实施办法》第11条规定："社区矫正机构依法加强信息化建设，运用现代信息技术开展监督管理和教育帮扶。社区矫正工作相关部门之间依法进行信息共享，人民法院、人民检察院、公安机关、司法行政机关依法建立完善社区矫正信息交换平台，实现业务协同、互联互通，运用现代信息技术及时准确传输交换有关法律文书，根据需要实时查询社区矫正对象交付接收、监督管理、教育帮扶、脱离监管、被治安管理处罚、被采取强制措施、变更刑事执行、办理再犯罪案件等情况，共享社区矫正工作动态信息，提高社区矫正信息化水平。"

〔2〕两院两部《衔接配合管理意见》第13条规定："司法行政机关应当会同人民法院、人民检察院、公安机关健全完善联席会议制度、情况通报制度，每月通报核对社区矫正对象人数变动、漏管脱管等数据信息，及时协调解决工作中出现的问题。"

第14条规定："司法行政机关应当建立完善社区矫正对象的信息交换平台，推动与人民法院、人民检察院、公安机关互联互通，利用网络及时准确传输交换有关法律文书，根据需要查询社区矫正对象脱管漏管、被治安管理处罚、犯罪等情况，共享社区矫正工作动态信息，实现网上办案、网上监管、网上监督。"

律文书。此外,完善信息共享平台还可以提高办案效率。公安机关和人民法院对社区矫正机构提请治安管理处罚或者撤销缓刑的建议处理不及时,也可能是由于信息传递不及时引起的。囿于办案压力较大,有的公安机关和人民法院可能已经及时处理了社区矫正机构的提请,但是未能将处理结果或者撤销缓刑裁定书按时送达到社区矫正机构。而通过完善信息共享平台,社区矫正机构可以通过公安机关和人民法院的信息录入,及时了解提请意见的处理情况,有效减少提请治安管理处罚和撤销缓刑建议的处理时间。

实践中,司法行政部门也认识到了提高信息化的重要性。司法部于2016年12月30日发布了《关于进一步加强司法行政信息化建设的意见》,并于2019年9月30日发布《智慧矫正　移动应用技术规范》、2020年9月23日发布《智慧矫正　总体技术规范》《智慧矫正　远程视频督察系统规范》三个司法行政行业标准。一些机构充分利用智慧城市建设、大数据、云计算及人工智能等新兴科技成果,在社区矫正信息共享及信息化建设方面进行了较为深入的探索。例如,长沙艾拓智能科技有限公司应用现代科技采集位置信息,并通过电子手环等电子产品采集缓刑犯的血压、心率、生命体征等,实现了对缓刑犯社区矫正情况的及时监管。山东飞鸢空间信息技术有限公司以“一张网、一张图、一套数据中心”为设计理念,开发了对社区矫正对象综合监管的可视化管理平台。[1] 实际上,建立、完善全国统一、上下联动、各部门互联互通的社区矫正信息交换平台,既可以强化已收集数据间的共享、提升数据的利用率,又可以堵塞脱管、脱逃漏洞,是切实解决缓刑犯监管衔接问题的突出重点和努力方向。利用信息共享平台,社区矫正机构提请变更刑罚执行措施,相关部门就可以审核监督。相关部门一旦作出相应处理,社区矫正机构便可以及时知悉。

---

〔1〕 连春亮:《第四届海峡两岸暨香港澳门社区矫正论坛综述》,载《犯罪与改造研究》2018年第1期。

第四章

缓刑犯社区矫正教育矫正的完善与创新研究

缓刑犯的教育矫正是指社区矫正机构转变被宣告缓刑并依法实行社区矫正人员的犯罪心理和行为恶习，促使其再社会化的系统性影响活动。[1] 教育矫正是社区矫正的基本内容和重要任务之一。[2] 早在2003年社区矫正试点之初发布的两院两部《试点通知》便将社区矫正的目标定位为矫正社区矫正对象的犯罪心理和行为恶习，并促进其顺利回归社会。教育矫正是与社区矫正的目标联系最为密切的工作任务，教育矫正工作的功能和作用直接指向社区矫正的目标定位。根据犯罪实证学派的观点，发生犯罪，是因为犯罪人社会化不充分，缓刑罪犯的产生也与其社会化程度不高有关。因此，为了达到缓刑犯社区矫正的预设矫正效果，对缓刑犯实施教育矫正就显得十分重要。可以说，教育矫正是社区矫正的核心，也是维持社区矫正基本秩序、维护社区安全和保障社会稳定的治本之策。[3] 目前，虽然现行制度所确定的对缓刑犯教育矫正工作的作用和目标，以及为促进教育矫正工作规范运行并有效实施所确立的相关制度保障，逐步形成了对缓刑犯教育矫正工作的基本框架。[4] 但是，缓刑犯的教育矫正机制仍然存在一些不足。例如，对缓刑犯的入矫教育重视不够，分类教育标准长期不统一，教育矫正方式具有一定的随意性，以及心理矫治的定位与实施等亟待进行制度化完善。

---

〔1〕 教育矫正只是社区矫正三大任务之一。实际上，缓刑犯的监督管理与帮困扶助也都涉及教育矫正的部分内容，在一定程度上也发挥了教育矫正缓刑犯的作用，但这些应当属于更广义层面上的教育矫正。本章的教育矫正限于狭义层面，并不涵盖监督管理和帮困扶助中的教育矫正内容。

〔2〕 吴宗宪主编：《社区矫正导论》，中国人民大学出版社2011年版，第298页。

〔3〕 司法部社区矫正管理局编：《2012～2017年全国社区矫正工作统计分析报告》，法律出版社2018年版，第36页。

〔4〕 高贞主编：《中国特色社区矫正制度研究》，法律出版社2018年版，第111～112页。

第一节　缓刑犯入矫教育的完善与创新研究

对缓刑犯的入矫教育是指对新接收入矫的缓刑犯进行以社区矫正常识教育、矫正指导教育为中心的，使其逐步熟悉、适应社区矫正生活的过渡性专项教育活动。[1] 由于在入矫初期对缓刑犯实行严格管理，便产生是否应当将入矫教育放在监督管理任务中讨论的疑问。其实，入矫初期的严格监管并非社区矫正的最终目的，严格监管仅是为了强化缓刑犯的纪律意识和服刑意识，保证社区矫正工作的安全性，为教育矫正创造稳定的条件。所以，入矫阶段的工作重心在于教育，应将入矫教育置于教育矫正中探讨。目前，随着社区矫正工作的不断推进，入矫教育工作越来越受重视，但是仍然存在不少问题。例如，对缓刑犯的入矫教育认识不足、内容不全、形式单一等，影响了缓刑犯社区矫正的质量和效率。

一、我国缓刑犯入矫教育述评

目前，我国针对缓刑犯的入矫教育虽然已普遍存在，但是对入矫教育的内涵和外延的把握还不准确，对入矫教育意义的认识还不充分，由此导致现行入矫教育实践中存在不少问题。

（一）缓刑犯入矫教育的概念及意义

准确界定缓刑犯入矫教育的概念，是深刻认识缓刑犯入矫教育意义的基础，但理论上对入矫教育的理解存在一定偏颇。因此，有必要重新界定缓刑犯入矫教育，并进一步阐释缓刑犯入矫教育的重要意义。

1. 缓刑犯入矫教育的概念界定

理论界对入矫教育的理解并无太大争议，均未将入矫宣告纳入入矫教育范畴，而这是不合适的。例如，有研究者认为，社区矫正对象的入矫教育是指对新接收的社区矫正对象进行以社区矫正法律法规、社区服刑指导为中心的，使社区矫正对象明确其行为规范、权利义务等过渡性专项集体教育；[2] 也有研究者认为，入矫教育是指对新收矫的社区矫正对象进行的以社区矫正常识教育、服

---

〔1〕 胡配军主编：《社区矫正教育理论与实务》，法律出版社 2007 年版，第 127 页。

〔2〕 欧渊华：《社区矫正对象教育矫正理论与实务》，中国法制出版社 2016 年版，第 72～73 页。

刑指导为中心的，使他们逐步熟悉、适应社区矫正生活的过渡性专项教育活动。[1] 还有研究者认为，入矫教育是指司法所接收社区矫正对象之后，为使其了解、适应社区矫正生活而进行的，以社区矫正相关法律法规、社区矫正基本常识、政策以及社区矫正对象在矫正期间享有的权利和应当履行的义务等为内容的针对性专项教育活动。[2] 以上对入矫教育的概念理解中，将教育内容归纳为社区矫正基本内容、有关法律法规、权利义务及服刑意识等方面的教育，这些理解十分中肯。但是并未将入矫宣告作为入矫教育外延的一部分，这是值得商榷的。因为入矫宣告的重要内容便是通过一定仪式，向缓刑犯宣读在社区矫正期间具有的权利和应当履行的义务，并且让其认识到其服刑身份，是权利义务和服刑意识教育的重要部分，理应将入矫宣告确定为入矫教育的重要组成部分。

基于此，本书认为缓刑犯入矫教育，是指社区矫正机构及社区矫正工作人员在接收缓刑犯的初期，通过一定仪式或者活动对其进行的社区矫正基本常识、权利义务、有关法律法规及服刑意识等方面的专项教育活动。注意，入矫教育不同于《社区矫正法》第 19 条和《社区矫正法实施办法》第 15 条规定的社区矫正决定机关应当对社区矫正对象进行的教育，这里的教育是在社区矫正对象进入社区矫正机构前的教育，而入矫教育发生在社区矫正机构接收缓刑犯社区矫正对象后。

2. 缓刑犯入矫教育的重要意义

缓刑犯入矫教育具有多方面重要意义。做好对缓刑犯的入矫宣告工作，不仅有利于稳定缓刑犯的情绪，消除其思想顾虑；而且有利于加深其对社区矫正的认识，纠正其错误的思想观念，消除其抵制矫正的情绪，激发其自觉接受矫正的积极性；还有利于全面了解其基本情况，方便后续分级监管、分类教育、个别化帮扶工作的开展。概括来讲，开展缓刑犯的入矫教育在缓刑犯和社区矫正工作人员两方具有重要意义。一方面，对于缓刑犯的重要意义。社区矫正基本内容教育，可以使其了解社区矫正的性质、政策，消除恐惧、疑惑和对立情绪；有关法律法规教育，有助于缓刑犯认罪悔罪，而认罪悔罪又是接受监督管理、教育矫正和帮困扶助的基础，通过对缓刑犯的行为性质及法律规定的解释，可以让其更好地认识到自身行为的社会危害，进而认罪悔罪；权利义务方面教育，有助于缓刑犯全面掌握在社区矫正期间享有的权利和应当遵守的义务，以及对违纪违

---

〔1〕 卢麦芳主编：《社区矫正教育》，法律出版社 2016 年版，第 43～45 页。

〔2〕 盛高璐编著：《社区矫正对象矫正教育实务》，中国政法大学出版社 2016 年版，第 123 页。

法后果的认识，便于其自觉接受监管，同时有助于缓刑犯的权利维护；服刑意识教育，有助于缓刑犯的罪犯身份意识和服刑观念的确立，实践中缓刑犯由于没有监禁体验，并不认同自己的罪犯身份和服刑观念，而入矫教育恰好能够纠正该不正确观念。另一方面，对于社区矫正工作人员的重要意义。通过入矫教育可以了解、掌握缓刑犯的基本特点和情况，为将来的监管、教育和帮扶打下良好的基础。为了更好地进行有针对性的教育矫正，要求社区矫正工作人员必须了解和掌握缓刑犯的基本情况，而入矫教育则提供了一个恰当契机。[1]

（二）缓刑犯入矫教育的现状与不足

目前，理论与实践中均对缓刑犯入矫教育进行了不同程度的探索。理论层面，不少研究及规范都根据教育矫正各阶段的不同特点，将教育矫正分为解矫教育、日常教育和入矫教育三个部分。实践层面，入矫教育比较有代表性的地方经验主要包括：（1）北京经验。北京市将入矫教育阶段划定为接收缓刑犯的前两个月，但对于矫正期限不足6个月的缓刑犯，因矫正期短、阶段性特点不明显，不采取分阶段教育的工作方法。入矫教育的目标是促进缓刑犯的适应社会能力，在认罪服法的基础上开展服从社区矫正机构的监督管理教育。（2）江苏经验。江苏省的入矫教育在缓刑犯办理登记手续后进行，可以采用集体教育方式，也可以采用单独教育方式，入矫教育的内容限定为缓刑犯在社区矫正期间的权利与义务。（3）吉林经验。吉林省的司法所应当对新接收的缓刑犯进行3个月的入矫教育，入矫教育结束前，针对缓刑犯的危险性及教育矫正难度进行评估，并提出矫正意见，在此基础上制订有针对性的矫正方案。入矫教育应视情况采用集体教育或个别教育方式进行，通过发放学习资料、个别谈话与辅导、电话交流、家庭走访等方法实施。（4）上海经验。上海市的入矫教育阶段为矫正宣告后的3个月，入矫教育的主要内容为认罪服法教育、社区矫正告知教育、心理健康教育。[2]

结合我国缓刑犯入矫教育的现状，可知我国缓刑犯入矫教育中仍然存在一些问题，制约了社区矫正中教育矫正的发展。这些问题主要表现在：

1. 对入矫宣告认识不足

对入矫宣告认识不足又体现在对入矫宣告的性质与价值认识不足两个方面。

---

〔1〕 姜祖桢主编：《社区矫正理论与实务》，法律出版社2010年版，第225页。

〔2〕 赵秉志主编：《社区矫正法（专家建议稿）》，中国法制出版社2013年版，第69～70页。

对入矫宣告的性质认识不足。理论上在界定入矫教育时,就将入矫宣告排除在入矫教育范畴外,而这种观点是不准确的。由此也导致了实践中对入矫宣告的理解存在偏差,例如,入矫教育的北京经验、江苏经验与吉林经验均将缓刑犯入矫教育的起点设定为接收缓刑犯后,而入矫教育的上海经验则将矫正宣告作为入矫教育的时间起点,划定矫正宣告后的3个月为入矫教育阶段。这种区别令人产生矫正宣告后开展的教育是否属于入矫教育的疑惑。[1] 缓刑犯的入矫宣告旨在通过严肃的入教仪式、丰富的入矫宣告内容使其了解社区矫正的性质、享有的权利与义务及服刑意识等,自然是缓刑犯入矫教育中的重要一环。对入矫宣告性质的认识不足,极易带来理论与实践的脱节,也有损入矫宣告制度化运行。

对入矫宣告的价值认识不足。入矫宣告是缓刑犯接受社区矫正的第一步,对于其明确身份意识、建立服刑观念、增强社区矫正执行的严肃性等具有重要意义,但是理论和实践中通常对入矫宣告的价值认识并不充分。理论上并未将入矫宣告视为入矫教育的重要一环,有关入矫教育的概念中体现不出有关入矫宣告的内容,《社区矫正法》也并未对入矫教育有关内容作出具体规定。实践中,对入矫宣告重要性的认识也存在差异。社区矫正机构虽然通常都设立了入矫宣告室,但是不少入矫宣告室的使用流于形式。入矫宣告时,设立的相应席位无人出席或者由他人代为出席的情况较为常见,还存在有关出席入矫宣告的人员不穿制服导致入矫宣告效果减弱的问题。这些都是对入矫宣告价值认识不足的重要表现,导致后续的教育矫正难以顺利开展。

2. 入矫教育的内容随意

入矫教育内容随意是指各研究者或者各地区划定的缓刑犯的入矫教育内容既不全面,也不统一,内容丰富程度完全取决于研究者的不同主张或者各地的教育资源以及社区矫正机构对入矫教育的重视程度。入矫教育内容的不全面通常表现在:第一,心理健康教育缺失。缓刑犯在进入社区矫正初期,通常会存在很多心理问题。例如,可能会因不了解社区矫正性质而表现出抗拒、消极,可能会因不了解自身权利义务而压力重重,也可能会对解矫后的生活表现出担忧、疑虑等。针对这些情况,及时的心理疏导教育是十分必要的,但是实践中对心理健康教育的重视度往往不足。第二,权利义务教育不足。不少缓刑犯的知

[1] 《社区矫正法》第19条和《社区矫正法实施办法》第15条规定,在被宣告缓刑后,社区矫正决定机关应当对社区矫正对象进行教育。

识水平有限,甚至不识字,也有的缓刑犯的理解能力较差。社区矫正初期的权利义务教育通常以入矫宣告时的权利义务告知书形式进行,权利义务告知书的规定相对较为原则,并且专业术语较多。因此,开设专门的权利义务教育,以明确缓刑犯在社区矫正期间享有的权利和应当履行的义务,社区矫正的纪律和奖惩规定,增强服从矫正组织管理教育的自觉,显得十分必要。第三,服刑观念教育欠缺。缓刑犯并不像假释犯那样已经经历了一段时间的监禁,明确认识到自身的罪犯身份和服刑意识。而缓刑犯并未被现实监禁,对自身犯罪行为的危害以及社区矫正的性质和任务缺乏正确的认识,往往表现出抗拒矫正的情绪。因此,对缓刑犯的服刑观念教育尤为重要。但是,实践中为了避免"标签效应"的影响,刻意回避缓刑犯社区矫正对象的罪犯身份,同时也囿于社区矫正工作人员工作压力较大,对缓刑犯的服刑观念教育欠缺。第四,入矫教育内容缺乏规划性。这也是导致入矫教育内容随机的重要原因之一。如果在缓刑犯进入社区矫正机构之初,就根据矫前调查评估报告制订出符合缓刑犯自身特点的个别教育计划,则可以很好地避免入矫教育内容过于随意。而入矫教育内容的不统一主要表现在,理论上的入矫教育内容完全取决于研究者的认知,由于研究者认知不同,入矫教育内容也千差万别。实践中的入矫教育内容则取决于该地区的教育资源以及该地区社区矫正机构对入矫教育的重视程度等因素,该地教育资源丰富、社区矫正机构较为重视入矫教育,则入矫教育内容相对丰富;反之,入矫教育内容则相对匮乏。

3. 教育的方式过于单一

教育方式过于单一是影响入矫教育效果的重要因素之一。目前部分地区司法行政机关"看重监督管理,轻视教育矫正"思想依旧十分严重,导致实践中将主要资源和精力投入对缓刑犯的监督管理上,而对缓刑犯的教育矫正关注不足,投入的人力、物力、财力均有限,进而导致入矫教育方式过于单一,严重影响了入矫教育的效果。实践中,入矫教育通常情况下采取集体教育与个别教育相结合的方式。[1] 例如,入矫教育的江苏经验和吉林经验便是如此。但是,什么情况下进行集体教育或者个别教育,又缺乏严格、统一的标准,致使选取教育方式的随机性较强。也有的地方的入矫教育通过发放学习资料、个别谈话与辅导、电话交流、家庭走访等方法实施。整体上看,入矫教育方法过于简单、原始,

---

〔1〕 需要指出的是,要求缓刑犯定期提交思想汇报也应当是个别教育的一种形式。

不注意入矫教育中信息化技术的运用,也不注重教育方式与缓刑犯自身状况的结合。当然,这也与当地教育制度不健全、教育资源短缺、社区矫正工作人员不足等因素有关。

二、缓刑犯入矫教育的完善与创新建言

缓刑犯的入矫教育中存在的问题,不仅影响了缓刑犯入矫教育的质量,也间接削弱了缓刑犯的教育矫正效果。因此,应当不断完善缓刑犯的入矫教育制度,以更好地指导入矫教育的实践工作。

(一)严肃入矫宣告教育

在入矫教育阶段首先应当开展严肃的入矫宣告教育,以转变缓刑犯的身份观念、提高其服刑意识,让其认识到社区矫正是一项严肃的刑罚执行活动。与假释犯不同,缓刑犯在进入社区矫正机构前,并未经受过监禁之苦,对社区矫正的严肃性和强制性缺乏亲身体验,对社区矫正性质的认识也存在欠缺。因此,不少缓刑犯会认为只要没进监狱就万事大吉了,由此也导致部分缓刑犯对社区矫正工作存在侥幸和逆反心理。在社区矫正中的具体行为上则表现为抵制性、试探性和被动性。[1] 抵制性体现在对社区矫正抗拒抵触,拒不参加。有的缓刑犯甚至认为法官已经对其宣告缓刑,不再干涉其行为自由,社区矫正机构有什么依据与权力再要求其参加社区矫正。试探性体现在参加社区矫正时的行为具有试探性,改造表现不稳定。由于缓刑犯的非监禁刑罚执行场所为相对开放的社区,这就意味着社区矫正工作人员并非时刻关注着缓刑犯的言行,导致一些缓刑犯在履行社区矫正期间义务时敷衍了事,甚至不履行,抱有逃避监管、教育的侥幸心理。被动性体现在被动地参加社区矫正,缺乏主动参与的积极性。不少缓刑犯在履行社区矫正义务时完全依靠社区矫正工作人员的监管,不主动参与社区矫正的教育学习。针对该阶段缓刑犯的特点,严肃入矫宣告教育是关

---

〔1〕 邢文杰:《社区矫正分阶段教育运作模式之思考》,载《山西省政法管理干部学院学报》2011 年第 1 期。

键。因此,《社区矫正法实施办法》便在第20条明确规定了入矫宣告。[1] 入矫宣告可以使缓刑犯清醒认识到其罪犯身份,让其明白在社区中接受矫正依旧是一种刑罚执行活动,只不过采取了非监禁的形式进行。

可以采取多种方式增强实践中入矫宣告的严肃性。其一,可以举行比较正式的仪式,并营造一种庄严的氛围。正式的仪式包括邀请公安机关、人民检察院和人民法院的工作者穿制服到场,邀请矫正小组成员到场,必须在专门的入矫宣告室进行等。例如,湖北省形成公安、检察院、法院、司法局联合入矫训诫制度。入矫训诫适用对象为新入矫的社区矫正对象。入矫训诫地点为县社区矫正执法大队“入矫训诫室”,“入矫训诫室”内设置矫正官席、法官席、检察官席、警官席等共四个席位。入矫训诫的实施主体为公安、检察院、法院、司法局工作人员,他们共同对新入矫的社区矫正对象进行训诫,帮助他们树立身份意识,认清所犯罪行,积极矫正,努力改造。浙江省某地为了营造庄严的入矫宣告氛围,在入矫宣告中播放背景音乐——迟志强的《铁窗泪》。[2] 其二,可以通过向缓刑犯宣读并要求其签署法律文件的方式,使其更加重视社区矫正。例如,湖北省的入矫训诫内容主要包括:宣告判决书、执行通知书等有关法律文书的主要内容,宣告其正式入矫;告知缓刑犯应当遵守的规定、被禁止的事项以及违反规定的法律后果;告知缓刑犯依法享有的权利和被限制行使的权利及应当履行的义务;告知矫正小组的组成人员及其职责。并且配备固定的公安训诫词、人民法院训诫词、司法局训诫词。此外,通过签订矫正承诺书和监护责任书、矫正协议书等,也可以使缓刑犯感受到刑罚执行的严肃性,促使其自觉遵守法律法规和社区矫正各项规定。[3]

(二)完善入矫教育内容

缓刑犯入矫教育的出发点在于让缓刑犯进一步明确自己的身份转变,了解

---

〔1〕《社区矫正法实施办法》第20条规定:“执行地县级社区矫正机构接收社区矫正对象后,应当组织或者委托司法所组织入矫宣告。入矫宣告包括以下内容:(一)判决书、裁定书、决定书、执行通知书等有关法律文书的主要内容;(二)社区矫正期限;(三)社区矫正对象应当遵守的规定、被剥夺或者限制行使的权利、被禁止的事项以及违反规定的法律后果;(四)社区矫正对象依法享有的权利;(五)矫正小组人员组成及职责;(六)其他有关事项。宣告由社区矫正机构或者司法所的工作人员主持,矫正小组成员及其他相关人员到场,按照规定程序进行。宣告后,社区矫正对象应当在书面材料上签字,确认已经了解所宣告的内容。”

〔2〕该部分内容来自吴宗宪教授于2017年12月13日在中国政法大学的以“我国社区矫正若干关键问题探讨”为题的讲座。

〔3〕欧渊华:《社区矫正对象教育矫正理论与实务》,中国法制出版社2016年版,第72~73页。

社区矫正的性质，知晓享有的权利和应当履行的义务，稳定其情绪、消除其顾虑；让社区矫正工作人员及时摸清缓刑犯的基本情况，为后续的教育矫正工作的开展奠定基础。[1] 然而，目前我国缓刑犯的入矫教育存在内容不全面、不统一等问题。因此，应当从加强认罪悔罪教育、注重权利义务教育、强化服刑意识教育、制订入矫教育计划等方面完善。

1. 加强认罪悔罪教育

缓刑犯的认罪悔罪教育是入矫教育的基础。缓刑犯的认罪悔罪教育是指社区矫正工作人员针对缓刑犯所犯罪行不承认、不悔过现象而开展的系统性影响活动。缓刑犯的认罪悔罪教育是缓刑犯接受教育矫正的前提和开始，因为缓刑犯只有认罪悔罪，才能真正服从监管、接受教育矫正。司法部 2007 年 7 月 4 日发布了《教育改造罪犯纲要》，根据第 4 条的规定，认罪悔罪教育应当达到这样一些目标，即为使缓刑犯承认犯罪事实，认清犯罪危害，对自己的犯罪行为表示悔恨，服从法院判决，不无理缠讼。在认罪悔罪教育过程中，社区矫正工作人员应当特别注意识别、批判和矫正缓刑犯不认罪不悔罪的思想倾向。实践中不认罪通常表现为认为自身实施的行为应当被认定为无罪、自身被判处了较重的刑罚、实施的犯罪行为是因为自身以外的愿意导致的，等等；不悔罪通常表现为缓刑犯仇视被害人、不向被害人道歉、不及时赔偿被害人，等等。社区矫正工作人员应当及时识别这些表现，并分析导致该类行为表现的原因，进而实施针对性的入矫教育。可以通过有关法律、法规及司法解释等的宣讲，让缓刑犯切实认识到自身行为的性质及对被害人造成的危害，从而真心实意地认罪服法，为将来接受教育矫正打下良好的心理基础。

2. 注重权利义务教育

权利义务教育是入矫教育的基本内容。缓刑犯的权利义务教育是指为了让缓刑犯在社区矫正期间依法行使享有的权利和履行应尽的义务而进行的教育。除被限制人身自由及服从基本管理规定以外，缓刑犯享有其他一切公民权利。权利义务教育是规范缓刑犯在社区矫正期间行为的重要内容。缓刑犯在社区中执行非监禁刑罚，刑事制裁性仍应是其根本属性，缓刑犯仍然要遵守国家法律、法规和监管规定。例如，应当定期进行思想汇报、及时参加集体学习、按时参加公益劳动，严格执行会客、请销假、迁居等监管规定等。通过权利义务

---

[1] 盛高璐编著：《社区矫正对象矫正教育实务》，中国政法大学出版社 2016 年版，第 123 页。

教育,缓刑犯能够全面了解社区矫正期间的权利义务,提高其社区矫正的主动性,也可以在一定程度上减少社区矫正工作人员的工作压力。实践中,入矫宣告中的权利义务教育往往采取集体教育的形式,即将一批社区矫正对象不分类型地集中在一起统一教育。这种做法并不恰当,因为不同类型的社区矫正对象应当履行的义务并不相同。因此,应当按照社区矫正对象的类型进行入矫宣告阶段的权利义务教育。可以由司法行政机关社区矫正机构制定缓刑犯社区矫正权利义务告知书,该告知书应当载明缓刑犯在社区矫正期间享有除应当履行的义务之外的一切公民权利,同时应当载明不履行应尽义务的法律后果。在对缓刑犯进行入矫宣告时,由社区矫正工作人员向缓刑犯宣告并发放,也要组织缓刑犯集体学习该告知书,社区矫正工作人员应当在集体学习该告知书过程中逐条解释说明该告知书载明的内容。

3. 强化服刑意识教育

服刑意识教育是入矫教育的重要方面。缓刑犯的服刑意识教育是指社区矫正工作人员为了让缓刑犯清晰地认识到其自身的罪犯身份和服刑状态而对缓刑犯进行的教育。[1] 在社区矫正工作中,服刑意识教育通常针对服刑意识淡薄、身份意识不清、不服从监督管理、抗拒社区矫正的缓刑犯进行。但是考虑到缓刑犯社区矫正的场所为开放性的社区,容易造成部门缓刑犯忽视其罪犯身份,以为不被关押在监狱中就不是罪犯,进而抵触对自身开展的社区矫正工作。为了降低这种可能,增加缓刑犯社区矫正的积极主动性,应当将服刑意识教育作为入矫宣告教育的基本内容之一,对所有的缓刑犯实施。通过入矫宣告中的服刑意识教育,应该让缓刑犯清晰地认识到,虽然他们在社区中教授教育与矫正,但是法律上仍然是罪犯身份,社区矫正期间应当为严肃的非监禁刑罚执行过程,应当接受必要的监督管理和教育矫正。[2] 基于服刑意识教育是缓刑犯清晰认识其罪犯身份和服刑状态的目的,服刑意识教育的内容应当以刑事法律、社区矫正工作政策法规为依据,全面介绍社区矫正教育矫正的性质、任务、原则、矫正的基本手段及社区矫正对象的权利和义务。通过这些内容,教育社区矫正对象明确自己的身份,珍惜党和政府给予的社区行刑机会,从而自觉接受教育矫正,成为守法公民。

---

〔1〕 吴宗宪主编:《社区矫正导论》,中国人民大学出版社 2011 年版,第 307 页。

〔2〕 卢麦芳主编:《社区矫正教育》,法律出版社 2016 年版,第 43 ~ 45 页。

4. 制订入矫教育计划

制订入矫教育计划有助于解决入矫教育内容随机的问题。缓刑犯的入矫教育计划是指社区矫正工作人员在缓刑犯的社区矫正前期对其在该阶段教育内容和目标的整体性安排。制订缓刑犯入矫教育计划时,可以以周为时间单位,详细列出教育学习和个别谈话的重点,教育学习的内容和频率,以及教育学习的反馈情况。通过逐一完成入矫教育计划中的项目,不仅可以改善缓刑犯入矫教育内容不全面的状况,而且能够尽可能地使同一地区的入矫教育内容更加统一。制订缓刑犯的入矫教育计划,应当建立在对缓刑犯的全面、深入了解基础上,社区矫正工作人员通过查阅矫前调查评估报告、个别谈话或者进一步走访等方式详细、准确地掌握每名缓刑犯的自身情况。同时,在制订缓刑犯入矫教育计划时也应当关注当地的教育资源情况,社区矫正工作人员要从本社区的现实情况出发。例如,针对教育资源较为集中的地区,可以借助该地社会资源对缓刑犯实施内容全面的个别教育;而在教育资源相对贫瘠的地区,则可以安排内容尽可能全面的集体教育。此外,在制订缓刑犯的入矫教育计划时,也应当注意坚持教育的循序渐进和及时调整教育计划原则。因为对客观事物的认知过程本身就是一个由表及里、由浅入深的循序渐进过程,并且每个人的认知能力也千差万别,对缓刑犯的入矫教育也应遵循这些规律。因此,入矫教育计划在安排教育内容时,应注意循序渐进和及时调整。

(三)丰富入矫教育方式

入矫教育方式相对单一也是导致入矫教育效果不佳的重要原因之一,因此,为了提升入矫教育效果,可以通过规范现有的教育方式、增加监禁体验型教育及打造网络平台式教育来丰富入矫教育方式。

1. 规范现有的教育方式

目前入矫教育采取的集体教育和个别教育方式并不完善,应当予以完善。(1)确立集体教育和个别教育的适用情形。《社区矫正法》第 36 条规定:"对社区矫正对象的教育应当根据其个体特征、日常表现等实际情况,充分考虑其工作和生活情况,因人施教。"《社区矫正法实施办法》第 43 条规定:"社区矫正机构、受委托的司法所应当充分利用地方人民政府及其有关部门提供的教育帮扶场所和有关条件,按照因人施教的原则,有针对性地对社区矫正对象开展教育矫正活动。社区矫正机构、司法所应当根据社区矫正对象的矫正阶段、犯罪类型、现实表现等实际情况,对其实施分类教育;应当结合社区矫正对象的个体特征、日常表现等具体情况，进行个别教育。社区矫正机构、司法所根据需要可以采用集中教育、网上培训、实地参观等多种形式开展集体教育；组织社区矫正对象参加法治、道德等方面的教育活动；根据社区矫正对象的心理健康状况，对其开展心理健康教育、实施心理辅导。社区矫正机构、司法所可以通过公开择优购买服务或者委托社会组织执行项目等方式，对社区矫正对象开展教育活动。”现阶段我国各地缓刑犯的入矫教育通常采取集体教育和个别教育相结合的方式，但是究竟在何种情况下采取集体教育、何种情况下采取个别教育，各地做法不一。这不仅在一定程度上削弱社区矫正的效果，而且影响了入矫教育的规范化发展。因此，应当确立集体教育和个别教育的适用情形。新接收的缓刑犯的入矫教育应当在接收后采取集体教育方式及时组织开展，而对于未通过入矫教育学训测试考核、身体具有一定缺陷不能正常听写或者当月受警告及以上处罚等的缓刑犯，应当采取个别教育的方式。(2)完备现有入矫教育的程序。不少社区矫正机构的入矫教育流于形式，仅是进行简单地集体教育便敷衍了事，并不注重入矫教育的效果，这不利于缓刑犯入矫教育质量的提升。因此，应当完备现有入矫教育程序。比较完整的入矫教育程序至少应当包括制定教育目标、通知培训时间和地点、确立教育对象、实施入矫教育、进行学训测试、总结教育效果等环节。(3)丰富集体教育的实施方式。集体教育具有高效率的优势，是入矫教育的主要方式。《社区矫正法实施办法》第43条便规定：“社区矫正机构、司法所根据需要可以采用集中教育、网上培训、实地参观等多种形式开展集体教育；组织社区矫正对象参加法治、道德等方面的教育活动；根据社区矫正对象的心理健康状况，对其开展心理健康教育、实施心理辅导。”但是集体教育往往因形式单一，而个别教育方式多样，使对缓刑犯的集体教育通常不如个别教育有效。因此，可以进一步丰富集体教育的实施方式，以提高集体教育的效果。例如，浙江省天台县公安、检察院、法院、司法所联合对新入矫的缓刑犯开展“入矫训诫”和“入矫教育”，“入矫教育”包含“队列训练”“学习教育”“学训测试”三块内容，并制定学训行为规范。通过对缓刑犯的系统性训诫、教育、学习和测试，确保其知身份、名规章，树立社区矫正工作的严肃性。[1] 借鉴天台县的做法，司法部或者各省司法厅可以加强对下级社区矫正工作人员的入矫教育业务培训和指导，组织相关社区矫正专家、学者编写入矫教育教材供基层司法所使

---

〔1〕 举例中的信息来源于2018年3月对浙江省台州市社区矫正的调研。

用,以解决基层司法所教育资源缺乏的困境。[1]

2. 增加监禁体验型教育

增加监禁体验型教育是完善我国缓刑犯入矫教育理论和改善缓刑犯入矫教育效果的重要方式之一。缓刑犯的监禁体验型教育是指为了促进缓刑犯更好地参加社区矫正而对其实施的限制其一段时间人身自由的教育。监禁体验型教育的目的在于教育缓刑犯,限制其人身自由只是实现目的的手段。目前我国缓刑犯的社区矫正有关正式规定,并未涉及监禁体验型教育。这不仅使得对缓刑犯的处罚手段相对较少、容易导致处罚的畸轻畸重,而且也不利于增强缓刑犯入矫教育的强制性,因为对一些不认真参加入矫教育的缓刑犯,除了警告很难采取实质性的处罚。因此,应当增加缓刑犯入矫教育的监禁体验型方式。具体可以通过以下方式实现:(1)将部分缓刑犯短期内送入监狱以体验监狱的艰苦生活。缓刑犯通常并没有监禁经历,加之部分缓刑犯的法律观念陈旧、意识淡薄,矫正中往往表现出极大的抵触情绪,矫正效果不理想。为改善这种状况,可以与监狱管理部门联系,将多次违反监管规定,说服教育不能奏效的缓刑犯短期内送入监狱,让其体验到监禁刑的严厉性和惩罚性,从而预防其重新犯罪,保障社区矫正顺利进行。[2] (2)组织缓刑犯到监狱参观。缓刑犯一般并未体验过监狱生活,对监狱的生活状态缺乏足够的了解,一部分缓刑犯可能并不清楚撤销缓刑并收监执行带来的后果。因此,在缓刑犯入矫教育的前期,有必要组织新入矫的所有缓刑犯到监狱参观,对监狱的生活有直观的感受,从而认识到不认真参加社区矫正的严重后果。并且组织缓刑犯到监狱参观远比将缓刑犯短期内送入监狱现实,因为后者还涉及缓刑犯的监禁费用、监狱的监管压力及缓刑犯发生人身安全问题的责任承担主体等一系列问题。(3)强制部分缓刑犯到阳光社区矫正中心中接受社区矫正。其实,阳光社区矫正中心类似于国外的矫正训练营和军训式矫正中心,可以将其理解为一种将缓刑犯集中起来进行军事化集训、参加体力劳动和必要的教育培训或治疗计划的制裁方式。最早的矫正训练营产生于美国,当前国外的矫正训练中心主要包括“监禁的前段转处”和“监禁后的转处”两种模式,其目的主要是强制罪犯培养自我控制能力、生活自律性或者予以强制戒除物质性依赖。[3] 我国缓刑犯入矫教育中的监禁体

[1] 缪恩玲:《社区矫正集体教育初探》,载《科技资讯》2015 年第 22 期。
[2] 赵秉志主编:《社区矫正法(专家建议稿)》,中国法制出版社 2013 年版,第 72 页。
[3] 赵秉志主编:《社区矫正法(专家建议稿)》,中国法制出版社 2013 年版,第 74 页。

验型教育,完全可以借鉴国外矫正训练营的运作模式,在缓刑犯被撤销缓刑并收监执行前,让其到阳光社区矫正中心接受社区矫正,让其体验自由被限制的困扰,同时观察是否需要真正地提请撤销缓刑并收监执行。

3. 打造网上入矫教育平台

打造网上入矫教育平台以丰富入矫教育的方式,有助于提高入矫教育的效率。缓刑犯的网上入矫教育平台是指通过网络为缓刑犯提供入矫教育内容及相关考核的系统。随着社区矫正信息化建设的推进,对社区矫正对象的规范管理成为各地社区矫正信息化建设的主要内容,各地利用信息化平台开展对社区矫正对象的监督管理工作,并取得了良好的实践效果。但是这种以对社区矫正对象的监督管理为社区矫正信息化建设重点的做法,显然是不合适的。社区矫正的教育矫正任务更加需要信息化建设,对缓刑犯的入矫教育尤其需要加强信息化建设。因为缓刑犯仅是在社区中执行非监禁刑罚,其不像假释犯经过一段时间的监禁已经失去工作,缓刑犯仍然可以保留之前的工作或者学习,这样就在入矫教育与工作或者学习时间上存在冲突。而通过网上入矫教育平台,缓刑犯可以自由支配时间学习,解决了参加集中入矫教育与工作或者学习时间冲突问题。为了保证缓刑犯的入矫教育效果,可以通过该平台对缓刑犯进行网上测评与考核。同时,将入矫教育的相关内容录制成视频或者制作成微信文章等并上传到网上入矫教育平台,可以使得入矫教育课程内容无限次被重复播放或者呈现,节约了司法资源,也缓解了社区矫正工作人员的工作压力。我国已有不少地区对社区矫正对象教育矫正的信息化建设进行探索。例如,南京市司法局于2014年下半年建成社区矫正监管安全指挥中心,除实现对全市各社区矫正监管场所、执法现场、社区矫正对象位置的实时监控外,还对社区矫正对象参加教育学习等矫正情况进行计时量化考核。这样的信息化平台以安全管理为支撑,规范了教育矫正的实施及考核标准。[1]

第二节　缓刑犯分类教育的完善与创新研究

缓刑犯的分类教育是指社区矫正工作人员根据缓刑犯的不同特征,采取不

〔1〕 高贞主编:《社区矫正执行体系研究》,法律出版社2017年版,第189~190页。

同方式施以不同教育内容的教育方法。[1]《社区矫正法实施办法》第 43 条规定："社区矫正机构、司法所应当根据社区矫正对象的矫正阶段、犯罪类型、现实表现等实际情况，对其实施分类教育；应当结合社区矫正对象的个体特征、日常表现等具体情况，进行个别教育。"缓刑犯分类教育的目的在于对具有相同或者相似特征的一类缓刑犯实施集体教育，以提高教育矫正的针对性和效率，分类教育是个别教育的抽象化和集体教育的具体化。一般而言，相同的性别、年龄、犯罪性质、刑期、人生经历、心理特征和思想行为特点的罪犯具有大致相同的需要，针对每类罪犯的特点和需要实施有针对性的分类教育，既可以提高教育矫正的效率进而缓解施教警力紧张的问题，又能够实现教育的针对性进而有利于提高矫正教育质量。同时，有利于促进缓刑犯的教育矫正工作的科学性，有利于丰富完善社区矫正体系。我国目前的集体教育比较单调、呆板，对于不同犯罪类型、矫正不同阶段、不同年龄的缓刑犯，采用不同的模式、方法和内容进行矫正，不仅有利于提高矫正工作的科学性和矫正质量，而且也是丰富完善我国社区矫正模式的应然选择。但是实践中，我国社区矫正对象的分类主要根据年龄、性别、罪错、主观恶性程度、个性特征及矫正表现等方面，[2]分类教育仍然存在重视度不够、分类不合理、分类标准不明确等问题，对缓刑犯的分类教育更是很少涉及，严重影响了缓刑犯的教育矫正质量，应当予以深入研究。

一、我国缓刑犯的分类教育述评

相较于分级监管，社区矫正分类教育方面的理论研究和实践探索比较匮乏，虽然有的地方开展了针对犯罪类型、社区矫正对象年龄和性别等特征的分类教育，但是总体来看体系不清晰、操作不规范，一定程度上制约了教育矫正工作的组织实施及实施效果。

（一）分类教育的有关规定

社区矫正开展试点工作以来，就一直比较重视缓刑犯的分类教育，不少社区矫正的规范性文件都涉及缓刑犯的分类教育内容或者思想。司法部《暂行办法》第 29 条规定，司法所应当每月对社区矫正对象的思想动态进行分析，遇有

---

〔1〕 值得注意的是，分类教育虽然与缓刑犯的分类教育是种属关系，即缓刑犯的分类教育属于分类教育，但是二者在分类标准上存在差异，目前分类教育的分类标准主要是社区矫正对象类型，而缓刑犯分类教育的分类标准主要是犯罪类型。

〔2〕 卢麦芳主编：《社区矫正教育》，法律出版社 2016 年版，第 70 页。

重大事件,应当随时收集分析,并根据分析酌情况,进行有针对性的教育。2005年1月10日发布的两院两部《扩大试点通知》规定,社区矫正根据社区矫正对象的不同特点,实施分类管理和教育,矫正其不良心理和行为,突出教育改造的针对性和实际效果。两院两部《全面推进意见》在社区矫正工作的主要任务中提到,大力创新教育方式方法,实行分类教育和个别教育。2016年12月1日国务院法制办公室发布的《征求意见稿》,其制定不甚完备,但是即便如此,仍然在第27条规定,社区矫正机构对社区矫正人员的教育形式应当充分考虑社区矫正人员的犯罪类型、个体特征、日常表现等实际情况。《社区矫正法》第36条规定,对社区矫正对象的教育应当根据其个体特征、日常表现等实际情况,充分考虑其工作和生活情况,因人施教。《社区矫正法实施办法》第43条规定:"社区矫正机构、受委托的司法所应当充分利用地方人民政府及其有关部门提供的教育帮扶场所和有关条件,按照因人施教的原则,有针对性地对社区矫正对象开展教育矫正活动。社区矫正机构、司法所应当根据社区矫正对象的矫正阶段、犯罪类型、现实表现等实际情况,对其实施分类教育;应当结合社区矫正对象的个体特征、日常表现等具体情况,进行个别教育。"两院两部《扩大试点通知》、两院两部《全面推进意见》和《社区矫正法实施办法》直接规定了分类教育,而司法部《暂行办法》中的针对性的教育、《征求意见稿》中的教育形式应当考虑实际情况、《社区矫正法》中的因人施教等也都体现了分类教育思想,足见分类教育的重要性。这些规范性文件虽然没有直接涉及缓刑犯的分类教育,但是缓刑犯是社区矫正对象的主体,对社区矫正对象的分类教育理应涵盖对缓刑犯的分类教育。

(二)分类教育存在的问题

不少有关社区矫正的正式规范性文件虽然均对缓刑犯的分类教育内容或者思想作出规定,但是这些规定都比较概括,并未指明分类教育的标准、如何进行分类以及分类教育的具体实施等。进而导致了分类教育的实践混乱,各地的分类教育做法并不统一。

1. 分类教育的重视度不足

社区矫正的理论和实践中均存在"重监督管理,轻教育矫正"的思想,这是导致分类教育诸多问题的根本原因之一。理论层面的轻视教育矫正思想主要体现在两方面:一是社区矫正的正式规范性文件中,介绍监督管理的内容占据规范性文件的较大篇幅,而有关教育矫正的内容则一语带过;二是有关监督管理的学术研究成果丰硕,不仅数量上占据绝对优势,而且也不乏较新的研究,然而有关教育矫正的科研成果则较为匮乏,很多研究还停留在社区矫正开展试点工作之初阶段。实践层面的重视监督管理思想也主要体现两方面:一是将保护社会安全作为考核社区矫正工作实效的最重要指标,一旦监管中出现严重问题,则对社区矫正的全部工作予以否定;二是将大量的司法资源投入对社区矫正对象的监督管理中,监管手段多样且呈现出不断翻新趋势,监督管理工作消耗了大量的人力、物力、财力。监督管理有利于保护社会的同时还为教育矫正创造了良好的秩序环境,理应受到重视。但是监督管理仅仅是实现预防缓刑犯再次实施违法犯罪行为进而保护社会目的的手段,监督管理的目的在于加强缓刑犯与社区矫正工作人员之间的联系,阻隔其犯罪的环境因素,从而有效预防其再次实施违法犯罪行为,保障社会安全。而教育矫正才是社区矫正的本质所在,教育矫正的目的在于矫正缓刑犯的犯罪心理和行为恶习,并促进其顺利回归社会,从根本上预防缓刑犯再次实施违法犯罪行为。正是理论和实践将监督管理和教育矫正的倒置现象,才使得对缓刑犯的教育矫正不够重视,分类教育相关研究更是欠缺,实践中对分类教育的重视度也不足,严重影响了教育矫正的效果。实际上,针对缓刑犯的分类教育是由其犯因性素质决定的,[1]如同医生给病人看病时需要找到病因才能对症下药一样,教育矫正缓刑犯也需要找准其各种犯因性素质,才能制订出个性化的教育矫正方案,进而提升教育矫正的质量和效率。

2. 目前的分类标准不明确

分类教育的有关规定较为原则,是导致分类教育实践不统一的重要因素之一。全国层面的社区矫正规范性文件规定的分类教育较为原则。司法部《暂行办法》、两院两部《扩大试点通知》、两院两部《全面推进意见》《征求意见稿》《社区矫正法实施办法》等规范虽然分别提出分类教育要求或者思想,但是这些规定都较为概括,并未明确分类教育的具体分类标准。两院两部《扩大试点通知》仅是提及要根据社区矫正对象的不同特点实施分类教育,《征求意见稿》也仅是提到教育形式应当充分考虑社区矫正对象的犯罪类型、个体特征、日常表现等实际情况。《社区矫正法实施办法》也仅是规定应当根据社区矫正对象的矫正

---

〔1〕 犯因性素质与犯因性差异、犯因性缺陷不同,仅指犯罪人自身所具有的且不包括环境方面的各种犯因性差异或者犯因性缺陷。参见吴宗宪:《罪犯改造论:罪犯改造的犯因性差异理论初探》,中国人民公安大学出版社 2007 年版,第 96 页。

阶段、犯罪类型、现实表现等实际情况，对其实施分类教育；应当结合社区矫正对象的个体特征、日常表现等具体情况，进行个别教育。对于应当采取何种标准分为多少类，缺乏明确的规定，各地社区矫正的规范性文件也缺乏更详细的规定。而分类标准是分类教育的基础，分类标准将直接决定分类教育的种类。地方的社区矫正规范性文件中，分类教育的标准往往采取笼统的说法。例如，武汉市《社区矫正实施细则》第84条规定，司法行政机关应当针对社区矫正对象犯罪原因、犯罪性质、年龄结构、执行期限等不同情况和特点，坚持集体教育与分类教育、课堂教育与个别教育、社会教育与走访教育相结合。因人施教、因类施教、因时施教，提升教育针对性和有效性。[1] 分类教育规定得较为原则、分类标准的不明确，必然导致分类教育的实践差异。

目前分类教育的分类标准较为混乱。司法部《暂行办法》和两院两部《实施办法》并未规定分类教育的具体标准，但是却按照社区矫正对象的类型进行不同的监督管理，两院两部《实施办法》更是在第23条规定了未成年人的社区矫正，《社区矫正法》专设第七章未成年人社区矫正特别规定，可以将这些规范性文件中的分类教育标准理解为社区矫正对象的类型和年龄。也有研究者和一些地方的司法实践，采取分级分类教育矫正的做法，认为分级分类教育矫正包括纵向分级和横向分类。分级矫正是针对不同监管等级的社区矫正对象实施相应的教育矫正方案，区别对待并动态调整。分类矫正则是指依据社区矫正对象的性别、年龄、犯罪类型、刑罚种类等特征实施分类教育。还有一些地方的司法实践，实施分阶段教育，根据社区矫正对象在社区矫正不同阶段的心理、行为特点和需要变化规律，结合教育矫正之初设定的目标，将教育矫正全程分为初始教育、常规教育和解矫教育，如北京。[2] 此外，还有不少研究者主张分类教育的标准应当涵盖社区矫正对象的类型、年龄、性别、犯罪类型、罪刑特征等多种因素。整体来看，理论和实践中分类教育的分类标准包括社区矫正对象类型、年龄、性别、犯罪类型、罪刑特征、监管等级、教育矫正阶段等众多因素，尚未统一，严重制约了分类教育的开展。

3. 目前的分类方式不合理

目前分类教育采用的几种分类标准都不十分合理。（1）按照社区矫正对象

---

〔1〕 该规范来源于2016年11月底对湖北省社区矫正状况的调研。

〔2〕 司法部基层工作指导司：《北京市制定并实施〈社区矫正对象分类管理分阶段教育实施方案〉》，载《人民调解》2005年第12期。

类型实施分类教育意义不大。分类教育的目的在于对相同或者相似犯因性素质的社区矫正对象实施集体教育,以提高教育矫正的质量和效率。不同类型的社区矫正对象,其犯因性素质未必不同;相同类型的社区矫正对象,其犯因性素质未必相同。也就是说,社区矫正对象类型与其犯因性素质之间并不存在必然联系。以社区矫正对象类型为标准的分类,在分类教育中并不具有意义。但是,由于相同类型的社区矫正对象在社区矫正期间的基本权利义务是相同的,为了提高教育矫正尤其是入矫教育中权利义务教育的效率,可以按照社区矫正对象类型标准进行分类。鉴于本书仅研究缓刑犯社区矫正问题,这种分类标准也不能产生积极影响。因此,以社区矫正对象类型为标准实施的缓刑犯分类教育并不合理。(2)教育矫正阶段标准并未体现分类教育思想。不可否认,按照教育矫正的不同阶段,结合不同阶段社区矫正对象的心理和行为习惯特征等,实施分阶段教育具有一定的合理性。但是,入矫教育、常规教育与解矫教育是每名社区矫正对象的必经环节,所有社区矫正对象均如此,并未体现分类教育思想。此外,是否有必要区分常规教育和解矫教育也值得商榷。因为社区矫正对象在被接收之初,心理、行为特征和需要等会发生明显变化,而常规教育和解矫教育中的这种变化并不大。(3)危险等级标准不契合教育矫正目的。按照危险等级标准对缓刑犯的分类体现了分类思想,针对危险等级越高的缓刑犯,采取更加严厉等级的监管,有利于保护社会安全,这是按照危险等级标准分类的根本目的。而分类教育的主要目的在于教育矫正而非监督管理,所以采取危险等级标准进行分类教育并不合适。(4)性别标准并无必要。性别相较于年龄对教育方式的影响更小,并且增加不同的分类标准意味着要实施更多的针对性教育。从教育效果角度出发,分类越精细则教育效果越好,应当说个别教育是最有效和最终的教育方法。[1] 但是,分类越精细则教育效率越低,依据多个分类标准进行分类教育与分类教育的初衷背道而驰。因此,在确定分类标准时,应当考虑对教育形式影响较大的因素,性别因素必要性不大。

此外,目前分类教育的针对性不强,分类依据重经验轻实证现象严重。从各地的实践来看,分类教育主要依据社区矫正对象的类型、年龄和性别等。这样的分类教育能够反映缓刑犯的一些基本特征,具有一定的针对性。但是,分类标准主要依靠主观经验判断,并未实施科学的实证研究,导致分类教育方案

---

〔1〕 吴宗宪:《罪犯改造论——罪犯改造的犯因性差异理论初探》,中国人民公安大学出版社 2007 年版,第 274 页。

与分类教育效果之间的联系受到质疑。并且,不建立分类依据和标准的科学评价体系,不重视分类教育的实证研究,将无法准确评估分类教育方案与缓刑犯的矫正需要之间的匹配度,不利于了解现有分类教育方案的实际教育效果和不足之处,进而也不利于分类教育的及时完善和改进。不可否认,依靠经验进行的分类教育能够把握分类的基本原则和方向,一定程度上也可以提升分类效率,但是这种仅停留在思辨层面标准选取对分类教育的深入研究和进一步改善意义不大。[1]

二、缓刑犯分类教育的完善建议

缓刑犯分类教育中存在的问题,消减了分类教育的实施效果,制约了分类教育的发展完善。因此,应当从正视分类教育价值、明确分类教育标准、完善分类教育程序、升级分类教育网络平台等方面完善。

(一)正视分类教育价值

分类教育中的问题很大程度上是由对教育矫正工作不重视引起的,因此,完善缓刑犯的分类教育,首先应当正确认识分类教育价值,具体可以通过以下措施实现:

1. 重视分类教育重要意义

重视分类教育有利于提高教育矫正的效率和质量,同时体现了行刑个别化思想,不应被忽视。虽然对缓刑犯的最有效教育矫正是个别教育,但是个别教育相较于集体教育效率低下。考虑到缓刑犯的数量巨大而社区矫正工作人员又严重短缺,教育矫正往往采取集体教育。同时,为了保证教育矫正的质量,又需要对缓刑犯进行分类,以实施更加针对性的教育。此外,分类教育也体现了行刑个别化思想。分类教育是对特征相同或者相似的缓刑犯进行的集体教育,在施教过程中关注缓刑犯的特征,本身也是行刑个别化的体现。

2. 确立分类教育法律地位

应当提高教育矫正的法律地位,明确分类教育是教育矫正的重要内容。社区矫正在教育刑理论大背景下蓬勃发展,社区矫正的理念便是给予犯罪人更多的教育矫正而非刑罚惩罚,社区矫正目的便是矫正社区矫正对象犯罪心理和行为恶习,促进其顺利回归社会,这与教育矫正的目的是一致的。因此,教育矫正

---

[1] 高贞主编:《中国特色社区矫正制度研究》,法律出版社2018年版,第119~120页。

应当居于社区矫正三大任务中比较重要的地位，有关社区矫正的正式规范性文件应当明确规定教育矫正是社区矫正的重要任务，是矫正缓刑犯的根本措施，而分类教育是教育矫正的重要内容，规范性文件对此也应当载明。建议未来在修订《社区矫正法》时明确分类教育，《社区矫正法》在24条即明确了分类管理。

3. 加强分类教育指导培训

加强分类教育的指导培训也是正视分类教育价值的重要表现之一。分类教育的指导培训是指司法部社区矫正管理局教育矫正处或者县级以上司法行政机关对下级社区矫正机构及其工作者的分类教育业务培训和指导。司法部或者各省司法厅可以通过组织相关社区矫正专家、学者编写分类教育教材提供给县市级社区矫正机构和基层司法所使用或者通过组织司法所社区矫正工作人员参加业务培训、讲座、座谈会等方式，解决基层司法所教育资源匮乏难题，加强对下级司法行政机关分类教育的业务指导。分类教育教材可以制定成学习手册，例如，未成年社区缓刑犯的教育学习手册，职务犯罪类缓刑犯的教育学习手册、交通肇事类缓刑犯的教育学习手册等。[1] 分类教育指导培训体现了对下级司法行政机关分类教育工作的重视和支持，是正视分类教育价值的重要表现，实践中已经有省市进行探索。例如，北京市司法局按照《社区矫正教育课程研发项目》的相关安排，由北京市教育中心、林业大学及各区司法局的相关工作人员，基于课程研发联合编写北京市社区矫正对象分类教育教材，拟于2018年完成并在全市推广。[2]

（二）明确分类教育标准

在缓刑犯的教育矫正阶段，宜采取以犯罪类型为主要标准、以年龄为辅助标准实施缓刑犯的分类教育。

确立缓刑犯的犯罪类型为主要分类标准。对缓刑犯实施教育矫正是社区矫正的主要任务之一，为了保证教育效果，对缓刑犯的教育矫正内容必须具有针对性和适应性，也即不同缓刑犯的教育矫正内容应有所区别，同时要符合缓刑犯的矫正需要。通常情况下，实施相同类型犯罪的缓刑具有相同或者类似的犯罪心理、行为方式及矫正需要。例如，财产类犯罪的犯罪主体通常好逸恶劳、缺乏必备的生存技能等，针对该类缓刑犯则可以重点开展思想教育和职业教育；酒驾类犯罪的犯罪主体往往侥幸心理严重、对违法成本认识不足，针对该类

[1] 缪恩玲：《社区矫正集体教育初探》，载《科技资讯》2015年第22期。

[2] 北京市社区矫正对象教育中心：《做优做精社区服刑教育矫正》，载《人民调解》2018年第4期。

缓刑犯,可以重点加强法治教育和警示教育。按照犯罪类型标准实施分类教育,有助于把握缓刑犯教育矫正工作的真实需要和核心需要,从而提升教育矫正工作的实效;有助于体现缓刑犯教育矫正内容的针对性,从而提高缓刑犯教育矫正的效率。〔1〕 虽然犯罪类型划分标准存在争议、犯罪类型也在日益增多,但是常见的犯罪类型基本稳定。因此,采取犯罪类型标准对缓刑犯进行分类教育,具有可行性。对于少数特殊或者新增的犯罪类型,可以采取个别教育方式实施教育矫正;待新增的犯罪类型较为普遍时,转为常见的犯罪类型。

确立缓刑犯的年龄为辅助分类标准。不同年龄阶段的缓刑犯其生理、心理和犯罪特征也不相同。例如,未成年人处在一个生理、心理发育不成熟的阶段,世界观、人生观尚未定型,辨别是非、自我认知和自我控制能力较低,敏感、易冲动,承受能力和自我调节能力差,容易情绪激动、意气用事等。〔2〕 犯罪往往具有临时起意特征,不少未成年缓刑犯是初次犯罪,犯罪人的主观恶性不强。正是基于缓刑犯的这些特征,在对缓刑犯实施教育矫正时,才主张应当坚持"教育为主,惩罚为辅"的基本原则。两院两部《实施办法》第 23 条明确规定对未成年人实施社区矫正应当遵循教育、感化、挽救的方针。《社区矫正法》第 52 条便规定:"社区矫正机构应当根据未成年社区矫正对象的年龄、心理特点、发育需要、成长经历、犯罪原因、家庭监护教育条件等情况,采取针对性的矫正措施。对未成年人的社区矫正,应当与成年人分别进行。"各地的司法实践,也根据未成年缓刑犯的不同特点,普遍采取了区别于成年人缓刑犯的教育矫正。部分省甚至还制定了未成年犯社区矫正专门规范,如《未成年犯社区矫正工作办法》。〔3〕

(三)完善分类教育程序

明确分类标准是科学实施分类教育的前提,有助于提升教育矫正的实施效果,而完善分类教育程序则是保证分类教育顺利实施的根本。可以从了解缓刑犯的基本情况、确立分类教育主体、制订分类教育计划、严格落实分类教育和及时评估等方面着手。

完备的分类教育程序应当包括一系列环节,这些环节保障缓刑犯分类教育的顺利实施。(1)及时了解缓刑犯的基本情况。缓刑犯的基本情况决定了其教育矫正的分类,例如,实施财产型犯罪和暴力型犯罪的缓刑犯应当分别进行不

〔1〕 戴艳玲:《社区矫正对象分类管理标准探析》,载《犯罪与改造研究》2018 年第 6 期。
〔2〕 欧渊华:《社区矫正对象教育矫正理论与实务》,中国法制出版社 2016 年版,第 177 ~ 178、199 页。
〔3〕 高贞主编:《社区矫正执行体系研究》,法律出版社 2017 年版,第 180 页。

同的集体教育,缓刑犯是否成年也决定了缓刑犯是否能够参加未成年缓刑犯的教育矫正。缓刑犯被接收后,社区矫正工作人员应当翻阅有关法律文书,了解缓刑犯的基本情况,及时对其进行分类。《社区矫正法实施办法》第 43 条便规定:“社区矫正机构、司法所应当根据社区矫正对象的矫正阶段、犯罪类型、现实表现等实际情况,对其实施分类教育;应当结合社区矫正对象的个体特征、日常表现等具体情况,进行个别教育。”(2)确立分类教育的实施主体。一方面,应当确定县级司法行政机关社区矫正机构为组织实施具体分类教育的主体,因为司法所接收的缓刑犯的数量有限,采取分类的集体教育不太现实,并且由司法所实施分类教育也不能保证分类教育的规范性;另一方面,应当及时确立缓刑犯分类教育的具体实施主体,即某个缓刑犯的分类教育应当由确定的社区矫正工作人员监督,这样有利于体现“责任到人”,以保证每名缓刑犯及时参加分类教育。《社区矫正法》第 12 条便规定:“社区矫正机构应当根据社区矫正对象的情况,为其确定矫正小组,负责落实相应的矫正方案。”(3)制订分类教育计划并严格落实。该环节是整个分类教育的关键,教育矫正的质量和效率很大程度上取决于分类教育计划的制订和落实。在了解缓刑犯的基本情况基础上,由社区矫正工作人员对缓刑犯进行分类,并结合缓刑犯的矫正需要,制定完善的教育矫正内容。在具体实施过程中,应当严格记录已经实施的每项教育内容,确保制订出的教育计划被严格落实。(4)准确评估分类教育效果。分类教育效果评估是调整分类教育方案的基础,分类教育效果评估不仅为适时调整每名缓刑犯的分类教育方案提供依据,而且也为整个缓刑犯分类教育完善提供支撑。只有建立在效果评估基础上的完善措施,才更具说服力。目前的分类教育流于形式、分类标准不合理,很大程度上是由于不重视分类教育的效果评估。以后的分类教育中,应当建立完善的分类教育质量评估体系,以促进个案分类教育计划的不断调整和整体分类教育的完善。

(四)改进网络教育平台

改进网络教育平台也是完善缓刑犯分类教育制度的重要内容。网络教育具有传统教育不可比拟的优势,不仅为缓刑犯的主动接收分类教育提供便利,而且更好地体现了教育矫正的针对性进而提高矫正效率。同时,可以通过了解缓刑犯的网上学习时间和效果,对缓刑犯的分类教育实施适时监督。此外,网络课程可实现反复播放以供缓刑犯无限次学习,从而节约师资、场地、教材等方面费用。正是认识到网络教育的诸多优势,《社区矫正法实施办法》便在第 43

条规定,社区矫正机构、司法所根据需要可以采用网上培训形式开展集体教育。目前,虽然不少省市已经建立健全教育矫正网络平台,但是一些具体工作还不精细,应当予以完善:(1)及时修订分类教育内容。由于颁布新法、修订旧法等原因,导致已经上传到网络平台的分类教育内容可能与现行法律规定冲突。例如,《刑法修正案(八)》的颁布对社区矫正产生重大影响,《刑法修正案(八)》发布前,缓刑犯由公安机关考察,发布后则对其实行社区矫正,由司法行政部门负责考察。有关内容应当在分类教育中有所体现,网上分类教育内容应当作出及时修订。(2)不断丰富分类教育内容。随着社会的发展,新型犯罪会不断涌现,一些之前不常见的犯罪可能成为常见的犯罪类型,针对实施新型犯罪的罪犯进行的分类教育内容,应当不断在网络教育平台完善。同时,针对一些不常见的犯罪,实施个别教育效率更高。为了进一步提高教育矫正效率,可以将针对实施不常见犯罪罪犯的教育内容录制成音频或者视频,上传到网络教育平台。(3)重视网上分类教育效果考察。由于网络教育采取非面对面单向授课方式进行,社区矫正工作人员虽然可以通过网络计时等方式对缓刑犯的学习时长进行监督,但是并不能准确了解缓刑犯的学习质量。因为在非面对面单向授课中,缓刑犯并不需要真实地参与到分类教育中。因此,为了提升缓刑犯的分类教育质量和方便及时调整教育矫正方案,通过网上测评或者考核等方式加强对缓刑犯的分类教育监督,显得十分必要。

第三节　缓刑犯心理矫治的完善与创新研究

犯罪之所以发生,很大程度上是心理因素使然。罪犯心理矫治的研究经历了从刑事古典学派犯罪研究中根据人的理性选择及自由意志来解释犯罪发生、寻找矫正途径(心理威慑),[1]到实证派犯罪学研究中的正式论证犯罪的心理因素及矫治方式,[2]再到犯罪心理学派的研究者们深入研究导致犯罪发生的心理因素及心理矫治。[3] 综观犯罪学的学科发展历史,学者们一直十分重视犯罪

〔1〕 张远煌主编:《犯罪学》(第3版),中国人民大学出版社2015年版,第32~34页。

〔2〕 [意]切萨雷·龙勃罗梭:《犯罪及其原因和矫治》,吴宗宪等译,中国人民公安大学出版社2009年版,第269~271页。

〔3〕 吴宗宪:《西方犯罪学史》(第2版),中国人民公安大学出版社2010年版,第799~921页。

的心理因素及心理矫治。与监狱服刑人员相比，在社区中执行刑罚的缓刑犯的社会危害性相对较小、犯罪情节较轻，对其的改造应该更加倾向于教育及社会适应能力的培养。因此，社区矫正对象心理矫治作为提高社区矫正教育质量的关键方法，更应该引起高度重视。[1] 理论和实务界正是认识到罪犯心理矫治工作的重要意义，才积极推动社区矫正对象心理矫治理论探讨和司法实践。但是，目前我国社区矫正对象的心理矫治还存在不少问题，尤其是实务工作中缺乏深入开展心理矫治的工作机制。因此，本书尝试在分析当前我国缓刑犯社区矫正对象心理矫治现状的基础上，提出完善缓刑犯心理矫治的建议，以完善我国缓刑犯心理矫治机制和司法实践。

一、我国缓刑犯的心理矫治概述

缓刑犯的心理矫治，是指利用心理学原理和方法调整被宣告缓刑并依法实行社区矫正罪犯的心理和行为并促使其发生积极变化的活动。[2] 缓刑犯的心理矫治是一系列相关活动的总称，不仅仅局限于系统、专业的心理治疗和行为矫正，而是凡是与心理相关的能够对缓刑犯产生积极影响，能够使其发生积极变化的活动，均可以称为缓刑犯的心理矫治活动。[3]

（一）心理矫治的有关规定

心理矫治的相关规定不断完善。我国服刑人员心理矫治工作自 21 世纪初期开始进入了一个快速发展期，不仅心理矫治研究成果不断涌现，而且心理矫治有关内容在相关法律规范性文件中也有所体现。司法部《暂行办法》第 30 条规定，司法所应当聘请社会专业人员，定期为社区矫正对象提供心理咨询服务，开展心理健康教育。两院两部《全国试行意见》中全面试行社区矫正工作的主要任务提及，加强心理矫正工作，采取多种形式对社区矫正对象进行心理健康教育，提高心理咨询和心理矫正，促使其顺利回归和融入社会。两院两部《实施办法》第 17 条规定，根据社区矫正人员的心理状态、行为特点等具体情况，应当采取有针对性的措施进行个别教育和心理辅导，矫正其违法犯罪心理，提高其适应社会能力。两院两部《全面推进意见》在全面推进社区矫正工作的主要任务中提到，普遍开展心理健康教育，做好心理咨询和心理危机干预，不断增强教

---

〔1〕 刘邦惠等：《社区矫正对象的心理矫治》，科学出版社 2015 年版，第 3 页。

〔2〕 吴宗宪主编：《中国服刑人员心理矫治技术》，北京师范大学出版社 2010 年版，第 2 页。

〔3〕 罗大华、何为民主编：《犯罪心理学》（第 3 版），中国政法大学出版社 2016 年版，第 500 页。

育矫治效果。《征求意见稿》第32条规定，社区矫正机构可以公开择优购买社区矫正社会工作服务，为社区矫正人员在思想教育、心理矫治、职业技能等方面提供必要的帮扶。《社区矫正法》第40条规定，社区矫正机构可以通过公开择优购买社区矫正社会工作服务或者其他社会服务，为社区矫正对象在教育、心理辅导、职业技能培训、社会关系改善等方面提供必要的帮扶。《社区矫正法实施办法》更是在第43条规定，社区矫正机构、司法所根据社区矫正对象的心理健康状况，对其开展心理健康教育、实施心理辅导。基于这样的大背景，缓刑犯的心理矫治成为缓刑犯社区矫正工作的一项重要内容，缓刑犯心理矫治的理论研究和实践探索得以不断推进。

（二）心理矫治的实践问题

实践层面，随着社区矫正工作不断深入，我国大部分地区均开展了针对缓刑犯的心理矫治工作。相对而言，上海市和深圳市的心理矫治工作开展得较好。例如，上海市某地建立"心理工作室"，以心理学专家的系统心理教育课程为主，辅之以心理咨询师的个别心理咨询和心理辅导，心理矫治的内容较为全面。[1] 虽然各地相继成立社区矫正对象心理矫治专门机构，并制定、出台相关工作制度，但在具体开展该项工作中仍然存在不少问题。

1. 对心理矫治工作的认识存在误区

"心理矫治"作为一个"舶来品"，在国外已经发展得较为成熟，然而我国的心理矫治尚处于探索阶段。因此无论是社区矫正工作人员还是社区矫正对象，都因为缺乏对相关知识的了解，对心理矫治工作产生认知误区，主要表现在：

第一，对缓刑犯心理矫治工作的重要性认识不足。由于规范性文件中并未对心理矫治工作作出硬性要求，同时心理矫治的效果也并非立竿见影。因此，司法实践中认为心理矫治就是"走走形式""起不了什么作用""可有可无"的现象普遍存在。2016年，中国政法大学专家就社区心理矫治工作满意程度对北京市某社区矫正中心177名工作人员及258名社区矫正对象进行了问卷调查。[2] 调查结果显示，社区矫正工作人员关于心理矫治的态度方面，仅62.2%的人员认为心理矫治"很重要"（见表4），近半数的社区矫正工作人员并未认识到开展缓刑犯的心理矫治的重要意义。

---

〔1〕金碧华、潘菲：《社区矫正对象心理矫治工作的实践与思考——以上海市社区矫正试点工作为例》，载《郑州航空工业管理学院学报（社会科学版）》2009年第2期。

〔2〕刘邦惠等：《社区矫正对象的心理矫治》，科学出版社2015年版，第6页。

表4 社区工作人员对于社区心理矫治的态度[1]

很重要		可有可无		其他	
人数(人)	比例(%)	人数(人)	比例(%)	人数(人)	比例(%)
110	62.2	62	35.0	5	2.8

另外,通过调查社区矫正对象对于社区心理矫治的认识,发现仅有65.1%的社区矫正对象“听说过心理矫治”,34.9%的社区矫正对象“从来都没有听说过心理矫治”。因此,仍有相当一部分社区矫正对象对于心理矫治并不是特别了解甚至一无所知,这主要是由于对社区服刑的心理矫治宣传不到位导致的。

第二,社区矫正对象对心理矫治工作存在回避态度。实践工作中,相当一部分社区矫正对象认为自己的心理困惑涉及自己的隐私,不便告诉他人,更无法告诉社区矫正工作人员。北京市某社区矫正中心调查结果显示,当社区矫正对象遇到心理问题时,仅有36.4%的人表示会经常向社区矫正工作人员求助(见表5)。

表5 社区矫正对象心理问题求助情况[2]

经常求助		偶尔求助		不会求助	
人数(人)	比例(%)	人数(人)	比例(%)	人数(人)	比例(%)
94	36.4	107	41.5	57	22.1

2. 心理矫治工作的开展常流于形式

社区矫正工作全面展开以来,心理矫治工作也逐渐形成了自己的体系及工作内容,但是由于我国目前的心理矫治工作正处于探索阶段,所以很多地方的心理矫治工作的开展常流于形式,内容简单化、工作对象泛化。具体而言,存在以下几个方面问题:

第一,心理矫治以心理健康教育为主要形式,导致心理矫治工作过于简单化。目前最常见的心理矫治工作形式就是开展心理健康教育。例如,邀请专家开展讲座、印发关于心理矫治工作的宣传手册。这种方式忽略了心理矫治工作的专业性及个体性,只能让社区矫正对象对社区心理矫治具有肤浅的了解,而

[1] 刘邦慧等:《社区矫正对象的心理矫治》,科学出版社2015年版,第7页。
[2] 刘邦慧等:《社区矫正对象的心理矫治》,科学出版社2015年版,第7页。

无法针对性地解决社区矫正对象的心理问题,更加起不到矫治的作用。[1]

第二,团体活动替代个体咨询,容易导致心理矫治对象泛化,缺乏针对性。以团体心理辅导为主的团体活动在一定程度上具有效率高,见效快的优势,但是对于具有严重心理问题的社区矫正对象,团体心理辅导缺乏针对性,[2]仍旧解决不了根本问题。虽然心理矫治包括一系列工作,但是其核心还是心理咨询以及心理治疗,以团体心理辅导为核心开展工作很可能会导致心理矫治对象泛化。

第三,不定期心理咨询代替定期心理咨询,缺乏长效性。实践工作中,大多数社区矫正中心都以不定期邀请心理咨询专家开展集中心理咨询的方式为服刑人员解决心理问题。这样的方式短时间内确实能够缓解社区矫正对象的心理问题,但是社区矫正独享的心理问题往往存在反复性、顽固性,需要制订咨询计划,定期、数次咨询才能够解决问题。然而实践工作中,往往缺乏这样的长效机制。[3]

第四,工作范畴界限不清,区别对待原则体现得不明显。在对缓刑犯进行心理矫治时,应当根据其心理状况的不同,采取不一样的应对措施。详言之,与正常个体一样的心理问题,包括一般心理问题和严重心理问题以及轻微的神经症等可以由心理咨询工作解决,工作场所也可以设在社区矫正中心的心理咨询室内。但是由人格障碍以及严重的神经症等所导致的犯罪心理以及社区矫正对象,则应该去专业的医疗、卫生部门寻求心理治疗。实际工作中,往往不区分心理咨询与心理治疗,心理咨询师也承担了心理治疗工作,忽略了区别性原则。[4]

3. 社区矫正对象心理矫治队伍专业化不足

当前的工作中,承担心理矫治工作的一般有三种力量:社区矫正工作人员、

---

〔1〕 岳健、张帆:《社区矫正心理矫治工作的探索与实践》,载《中国司法》2015 年第 7 期。

〔2〕 马立骥、董长青等:《监狱团体心理辅导操作实务》,上海交通大学出版社 2015 年版,第 196 页。

〔3〕 岳健、张帆:《社区矫正心理矫治工作的探索与实践》,载《中国司法》2015 年第 7 期。

〔4〕 一般情况下,监狱服刑人员受监狱环境的限制,无法随时接受外界专业的心理治疗,因此监狱心理矫治适应症中可以包含一部分较为轻微的心理障碍,监狱心理矫治工作人员可以承担一部分简单的心理治疗工作。参见吴宗宪主编:《中国服刑人员心理矫治技术》,北京师范大学出版社 2010 年版,第 15 ~ 18 页。但是在社区服刑不受环境限制,可以到专业的医疗机构接受心理治疗。因此,本书认为社区矫正对象心理矫治应当注意区别性原则。

心理矫治兼职志愿者以及心理矫治专职人员。[1] 其中心理矫治专职人员是指通过政府购买公共服务的方式招聘的具有一定专业知识的专门协助从事社区矫正对象心理矫治工作的人员。[2] 与社区矫正的其他工作不同，心理矫治工作是一项专业要求十分高的工作，因此队伍专业化是心理矫治工作开展的基本条件之一。但是目前的工作中，心理矫治队伍专业知识水平并不理想，具体而言主要存在以下两方面问题：一是政府公共服务购买力度较低，心理矫治专职力量不足。司法部社区矫正管理局的数据显示，在册社区矫正对象从 2012 年的 564,046 人增加至 2017 年的 693,675 人，但是专职矫治工作者的人数仅仅增长了几百人。专职矫治工作者配比率，[3] 从 2012 年的 9.5% 下滑至 2017 年的 7.8%。[4] 这表明，由于政府购买公共服务的力度不大，心理矫治专职力量严重不足。二是社区矫正工作人员专业素质不高。缓刑犯的日常管理工作主要由社区矫正工作人员负责，因而社区矫正工作人员对缓刑犯的情况了解得比较深入，掌握得较为全面。如果社区矫正工作人员心理矫治的专业水平很高，专业知识过硬，他们将成为缓刑犯心理矫治的支柱力量。但是实际工作中，社区矫正工作人员往往因为缺乏心理学专业知识或者从业经历，而无法胜任心理矫治工作，将心理矫治工作推向社会工作者，对于社会专职力量依赖过强，忽略了自身的责任，缺乏自给自足的工作能力。

二、缓刑犯心理矫治的完善与创新建言

缓刑犯心理矫治中存在的问题制约了心理矫治的发展，而缓刑犯心理矫治又是缓刑犯教育矫正工作的重要内容。因此，不断完善缓刑犯心理矫治十分必要，可以从加强心理健康教育、深入推进心理咨询与心理治疗工作、培养高素质的心理矫治队伍等方面入手。

（一）加强对有关人员的心理健康教育

应当加强心理健康教育，使社区矫正工作人员和缓刑犯及时走出对心理矫

---

〔1〕 金碧华、潘菲：《社区矫正对象心理矫治工作的实践与思考——以上海市社区矫正试点工作为例》，载《郑州航空工业管理学院学报（社会科学版）》2009 年第 2 期。

〔2〕 司法部社区矫正管理局编辑部：《2012～2017 年全国社区矫正工作统计分析报告》，法律出版社 2018 年版，第 14 页。

〔3〕 专职矫治工作者配比率，是指一定时期内，参与社区矫正工作的专职社会工作者人数与在册社区矫正对象人数的比例，属于正面指标。

〔4〕 司法部社区矫正管理局编辑部：《2012～2017 年全国社区矫正工作统计分析报告》，法律出版社 2018 年版，第 15 页。

治认识的误区。心理健康教育是心理评估、心理咨询和心理治疗工作开展的基础,对心理矫治产生认知误区的原因主要是社区矫正工作人员及缓刑犯的心理矫治专业知识匮乏。为了扭转这种局面,就应当对其加强心理健康教育。一方面,加强社区矫正机构及其工作者对心理矫治的科学认识,让其认识到开展心理矫治是提高社区矫正质量和效果的重要手段,有利于缓刑犯以健康的心态融入社区,减少重新犯罪的可能性,顺利回归社会。可以通过组织心理学专业知识讲座、进行业务培训、举办座谈会等方式,帮助他们树立科学的观念,强化其职能意识,保证其规范有效地组织实施心理矫治工作。[1] 另一方面,加强对缓刑犯的心理健康教育。犯罪的发生与个体的心理问题以及心理障碍是密切相关的,对于相当一部分缓刑犯,潜藏的心理问题或者心理障碍是导致其犯罪的主要原因之一。但是由于该类缓刑犯缺乏明确的自我认知,对自身存在的心理问题缺乏清晰的认知,更无法自主调节,导致了犯罪行为的发生。[2] 虽然缓刑犯受到刑事处罚并依法在社区服刑,但是犯罪行为发生之前的心理问题仍旧没有解决,甚至还会因为服刑人员和罪犯的"污名效应"而产生更加严重的心理问题。[3] 加之对于心理矫治工作的回避态度,导致心理问题不能被很好疏导,反而越来越严重。这就要求在心理矫治工作中,加强心理健康教育,从思想上让社区矫正工作人员重视心理矫治工作,扭转缓刑犯对心理矫治的误解。

(二)建立个体化心理矫治的长效机制

缓刑犯的心理问题具有反复性、顽固性及个体差异性等特征,同时心理矫治工作也是一项专业性、科学性、系统性的工作。因此,在完善缓刑犯的心理矫治时,应当注重心理矫治工作的专业性以及缓刑犯的个体性差异,深入、准确评估缓刑犯的心理状态,加强心理咨询及心理治疗工作力度,并且明确两者的界限,有计划、有步骤、长效地开展工作。

1. 建立多层次的心理评估制度

心理评估是按照心理学的原则和方法对所观察的心理现象做全面、系统、深入的描述与鉴定。对缓刑犯而言,心理评估主要是对其认知能力、个性特征、心理健康水平等情况进行的评价与鉴定。心理评估既包含日常评估,也包含心

---

〔1〕 金碧华、潘菲:《社区矫正对象心理矫治工作的实践与思考——以上海市社区矫正试点工作为例》,载《郑州航空工业管理学院学报(社会科学版)》2009 年第 2 期。

〔2〕 章恩友:《罪犯心理矫治基本原理》,群众出版社 2004 年版,第 118 ~ 119 页。

〔3〕 李伟主编:《服刑人员心理矫治理论与实务教程》,对外经济贸易大学出版社 2012 年版,第 61 页。

理诊断评估。日常评估是指通过专业的心理量表进行测验，加上会谈、行为观察等手段，对社区矫正对象近期的一般心理健康状况进行评估，是建立心理档案的第一步。一般包括智力水平测试、认知能力测试、情绪倾向性及情感成熟度测验、对环境的适应能力测验、对精神刺激的抵抗力和耐受力测验、对精神活动的自控力和协调能力测验，以及人际交往能力和受暗示性测验等。[1] 日常评估应当贯穿整个社区矫正的始终，除了矫前、矫中、解矫三个阶段的评估之外，还应包含缓刑犯在遭遇重大事件后的评估。心理诊断评估主要用于缓刑犯的心理问题确诊，判别心理问题的类别及程度，主要包括一般心理问题诊断评估、严重心理问题诊断评估、神经症性心理问题诊断评估、神经症和心理障碍诊断评估。对这些问题的评估应作出症状有无及等级程度的评定，为进一步开展和调整心理咨询及心理治疗方案提供参考。[2]

2. 加强个体心理咨询与心理治疗

准确诊断和评估之后，心理矫治工作人员就应当结合缓刑犯的个体情况，选择最适合其自身特征的心理矫治方法，开展心理矫治工作，而不能只顾追求效率，不加区分地进行团体辅导。具体实践中，可以以县级社区矫正机构为单位组建心理咨询室，并与专业的心理咨询中心合作，为社区矫正对象提供长期的心理咨询服务。对于需要进行心理治疗的缓刑犯，则可以由县级社区矫正机构的心理咨询师出具书面诊断，并向其所属的司法行政部门领导申请转介到专业的医疗、卫生部门接受心理治疗。

3. 严格区分心理咨询及心理治疗的工作范畴

心理治疗是由专业的精神科医生或者心理治疗师发起的，它针对的目标群体主要是有心理或精神障碍的服刑人员。在这类治疗中，需要重建目标群体的人格，在治疗中要触及病人无意识的心理现象，具有治疗时间长、耗费精力大等方面特点，这就要求专业性非常强的心理学家、精神病学家或者医生来进行长期的跟踪治疗。[3] 心理治疗的专业性比心理咨询更强，专业技术要求更高，心理咨询师通常情况下并不具有类似于心理治疗师的处方权。因此，为了避免缓刑犯心理疾病或者精神障碍得到不正确的治疗，应严格区分心理咨询和心理治疗的工作范畴。

---

〔1〕 李伟主编：《服刑人员心理矫治理论与实务教程》，对外经济贸易大学出版社 2012 年版，第 92 页。
〔2〕 李伟主编：《服刑人员心理矫治理论与实务教程》，对外经济贸易大学出版社 2012 年版，第 94 页。
〔3〕 林婷婷：《我国社区矫正中心理矫治工作探讨》，江苏大学 2010 年硕士学位论文，第 17 页。

(三)加强心理矫治队伍的专业化建设

专业化、精细化是心理矫治工作的发展方向,心理矫治工作是否能够深入发展,很大程度上取决于心理矫治队伍的专业化程度。因此,未来的缓刑犯社区矫正心理矫治工作应当探索一条县级社区矫正机构内专职心理矫治工作者与政府购买心理矫治服务相结合的道路,既要建设自身的专业队伍,也要充分利用丰富的社会资源,具体而言主要包括:第一,加强社区矫正工作人员队伍专业化建设。不少基层社区矫正工作人员具有心理咨询师职业资格,少部分人也有心理咨询经历。应当充分发掘自身队伍中能够胜任心理咨询师工作或者有潜力胜任的人员,支持其学习专业知识,或者在招录时明确同等条件下具有心理学专业或者心理咨询经验的应聘者优先被录用。培养自身的心理矫治专业队伍,能够增强心理矫治工作的稳定性及长效性。[1] 第二,加强政府公共服务购买力度,为心理矫治工作提供专业人才保障。自20世纪80年代中期起,中国心理卫生协会以及各地方协会相继成立,心理咨询与治疗从萌芽阶段发展至今,受到人们越来越多的重视,也越来越成熟。[2] 在这样的大背景下,社区矫正机构与地方心理协会或者医疗机构合作,可以为心理矫治工作提供人才保障。财政部、民政部、工商总局于2014年12月15日发布的《政府购买服务管理办法(暂行)》第14条便明确将社区矫正规定为适宜由社会力量承担的服务项目,并纳入政府购买服务指导性目录。近年来,随着宽严相济刑事政策的不断贯彻,将有越来越多的罪犯被宣告缓刑而依法实行社区矫正。因此,政府部门需要加大投入,增加心理矫治专职社会工作者的配比率。第三,自身队伍应与社会资源相互协调。从自身队伍中培养出心理咨询师并不困难,但是专业性更强的心理治疗师和精神病医生却只能采用与社会资源合作的方式才能有效完成。另外,因为咨询关系破裂或非咨询师擅长领域的转介,以及经过初步诊断怀疑缓刑犯为心理障碍需进行心理治疗的转介,都需要协调好社会专业力量才可实现。[3]

---

〔1〕 岳健、张帆:《社区矫正心理矫治工作的探索与实践》,载《中国司法》2015年第7期。

〔2〕 林孟平:《中国的心理辅导与治疗迈向专业化之路》,载《教育研究与实验》1999年第3期。

〔3〕 杨征军:《社区矫正心理咨询与心理治疗》,载《福建政法管理干部学院学报》2008年第4期。

第五章

缓刑犯社区矫正帮困扶助的完善与创新研究

缓刑犯的帮困扶助是指社区矫正机构整合各种资源帮助被宣告缓刑并依法实行社区矫正的罪犯解决就业、生活、法律等方面的困难和问题,促使其顺利回归社会的社区矫正工作。帮困扶助是社区矫正的重要工作之一,[1]对缓刑犯的帮困扶助是缓刑犯社区矫正教育矫正工作的补充,因为如果不尽最大努力去改善社会环境,仅凭对罪犯的教育矫治不足以防止其再犯。[2] 教育矫正只是改变了缓刑犯的犯罪心理和行为恶习,帮困扶助则改善缓刑犯的社会环境,帮困扶助的目的在于帮助缓刑犯掌握更多的生活、工作知识和技能,减少其通过非法手段实现其目的的可能性。唯物史观认为,犯罪根源、犯罪的直接原因以及影响犯罪产生的其他因素,都根源于现实社会的物质生活条件,都是在一定的社会生活条件下形成的,来源于社会因素的影响,受社会因素的制约。[3] 犯罪是一种正常的社会现象,就像一切文明均产生于社会一样,犯罪也同样产生于社会。既然犯罪是由社会造成的,社会就应当承担起防治犯罪的责任。对缓刑犯开展帮困扶助工作,也是社会承担责任的一种形式。对缓刑犯实行帮困扶助,有利于帮助缓刑犯适应社会生活,实现罪犯再社会化的目标;有利于预防缓刑犯重新违法犯罪,实现维护社会稳定目标;有利于体现人道主义精神,实现构建和谐社会的目标。在帮困扶助活动中,应当坚持需要评估原则、个别化帮扶原则和社会力量参与原则。

---

〔1〕 吴宗宪主编:《社区矫正导论》,中国人民大学出版社 2011 年版,第 321 页。

〔2〕 [意]菲利:《犯罪社会学》(第 2 版),郭建安译,中国人民公安大学出版社 2004 年版,第 95 ~ 96 页。

〔3〕 王牧主编:《新犯罪学》(第 3 版),高等教育出版社 2016 年版,第 123 页。

第一节　缓刑犯需要评估的完善与创新研究

缓刑犯的需要评估是指对缓刑犯的个人需要进行的系统性评价。[1] 这是了解缓刑犯的个人社会技能、职业能力、情感稳定以及其他与导致其实施犯罪行为相关因素的重要手段和结果，需要评估将确定缓刑犯在社区矫正期间的需要结构进而明确帮困扶助工作的重点和方向，[2] 是开展个别化帮困扶助的基础，也是考察调整帮困扶助方案的重要依据，帮困扶助前后缓刑犯的需要变化更是考核帮困扶助措施效果的基本指标。只有通过对缓刑犯实施全面、准确的需要评估，才能全面、深入了解缓刑犯的现实需要，也才能对其针对性开展个别化的帮困扶助，消除导致其违法犯罪的因素，进而提高帮困扶助的效率和效果。

一、我国缓刑犯的需要评估述评

目前，我国针对社区矫正对象需要评估的理论研究和实践探索均相对匮乏，专门针对缓刑犯的研究则更加少见。由此导致缓刑犯的需要评估相关规定不明确，对需要评估的认识不足、需要评估缺乏评估工具等，应当引起重视。

（一）对需要评估认识不足

目前有关缓刑犯帮困扶助的理论与实践对需要评估的认识不足。这主要表现在：(1)在社区矫正的价值取向上，重视监督管理工作而忽视帮困扶助工作。长期以来，我国的刑事领域注重对罪犯的镇压和控制，很少体现帮困扶助。社区矫正中虽然确立了帮困扶助的理念和制度，但工作重心仍偏重于对缓刑犯的监督管理，相对忽视对其的帮困扶助。[3] 即便开展了一些帮困扶助工作，也不注重对缓刑犯的现实需要的评估，导致提供的帮困扶助与缓刑犯的实际需要并不匹配。(2)基于监督管理的需要，将需要评估等同于危险评估。实际上，需要评估和危险评估虽然均是基于对犯罪人基本情况的考察，经过需要评估而确立并解决对于缓刑犯而言最为迫切需要的问题，同样有利于解决危险评估所追求地避免或减少其重新犯罪问题，但是需要评估和危险评估并不是完全等同

---

〔1〕 吴宗宪主编：《社区矫正导论》，中国人民大学出版社 2011 年版，第 191 页。

〔2〕 刘强主编：《社区矫正制度研究》，法律出版社 2007 年版，第 159 页。

〔3〕 吴宗宪主编：《社区矫正导论》，中国人民大学出版社 2011 年版，第 196 页。

的，二者考察的侧重点有所不同。危险评估侧重于考察缓刑犯的罪刑特征及现实表现等方面情况，而需要评估侧重考察缓刑犯的生活保障及职业技能等方面情况。（3）对需要评估存在误解。一方面，社区矫正工作人员可能会觉得周期性开展需要评估过于浪费时间，由于自身工作压力较大，再反复进行需要评估并不现实；另一方面，部分社会公众可能会认为，作为普通公民尚且得不到及时的帮困扶助而生活困难，而对于作为罪犯的缓刑犯却时常开展需要评估和帮困扶助，这违背了基本的社会公平正义。

（二）需要评估规定不清楚

我国社区矫正有关的正式性规范文件虽然对帮困扶助进行了规定，但是并未明确规定应当对社区矫正对象进行需要评估。司法部《暂行办法》第 33 条规定，司法行政机关应当协调有关部门和单位，为社区矫正对象提供职业培训和就业指导，为符合条件的社区矫正对象提供最低生活保障，为社区矫正对象遇到的其他问题提供指导和帮助。两院两部《实施办法》第 18 条规定，司法行政机关应当根据社区矫正人员的需要，协调有关部门和单位开展职业培训和就业指导，帮助落实社会保障措施。两院两部《全面推进意见》在全面推进社区矫正工作的主要任务中提到，要切实加强社会适应性帮扶工作。制定完善并认真落实帮扶政策，协调解决社区矫正对象就业、就学、最低生活保障、临时救助、社会保险等问题，为社区矫正对象安心改造并融入社会创造条件。《社区矫正法》第 37 条规定，社区矫正机构可以协调有关部门和单位，依法对就业困难的社区矫正对象开展职业技能培训、就业指导，帮助社区矫正对象中的在校学生完成学业。第 38 条规定，居民委员会、村民委员会可以引导志愿者和社区群众，利用社区资源，采取多种形式，对有特殊困难的社区矫正对象进行必要的教育帮扶。《社区矫正法实施办法》第 45 条规定，执行地县级社区矫正机构、受委托的司法所依法协调有关部门和单位，根据职责分工，对遇到暂时生活困难的社区矫正对象提供临时救助；对就业困难的社区矫正对象提供职业技能培训和就业指导；帮助符合条件的社区矫正对象落实社会保障措施；协助在就学、法律援助等方面遇到困难的社区矫正对象解决问题。以上规定只是规定了帮困扶助的基本内容、目的，两院两部《实施办法》更是进一步提到帮困扶助应当根据社区矫正人员的需要，既然要根据社区矫正对象的需要开展帮困扶助，那么需要评估自然是帮困扶助的基础。但却未对需要评估作出明确要求，也并未涉及需要评估的价值、指标、工具、再次评估等问题，这些问题严重影响了缓刑犯需要评估工作的制度化、规范化发展。而刚生效不久的《社区矫正法》《社区矫正法实施办法》并未明确规定根据社区矫正对象的需要或者需要评估结果开展帮困扶助,实在是一种遗憾。

(三)缺乏需要评估的工具

目前,我国既没有制定出针对缓刑犯的专门的需要评估量表,也不注重需要评估指标选取的规范化与科学化,严重制约了需要评估工作的开展及其制度完善。正如危险评估量表是开展危险评估工作的重要工具一样,需要评估的实施也应当主要依靠需要评估量表。然而,在我国社区矫正的理论和实践中,并未见到已经编制成型的需要评估量表,而国外却进行了一些编制需要评估量表的探索。不可否认,需要评估相较于危险评估更简单。因为需要评估对缓刑犯自身更有利,有助于帮助其更好地解决困难,缓刑犯也更愿意配合社区矫正工作人员进行需要评估。因此,在缺乏典型的需要评估量表情况下,通过使用较好的结构性问卷也能够获得较多的需要评估信息。[1] 但是,即便不编制需要评估量表,类似结构性问卷中需要评估的准确性也与需要评估的指标选取密切相关,而我国在进行需要评估时,选取的评估指标却并不相同。例如,有研究者认为需要评估的指标包括吃、穿、住、行四个方面的基本生活需要和心理健康、戒除瘾癖、就业就学、个人理财、生活管理其他五个方面的需要。[2] 也有研究者主张需要评估的指标应当包括个人社会技能、健康、情感的稳定性、教育水平和职业能力、智力状况和其他相关因素等。[3] 还有研究者认为需要评估的内容通常主要包括就业情况、有无谋生技能、经济状况、居住状况、家庭背景、人际关系、不良嗜好、身心健康状况等。[4] 可见,对需要评估的指标选取并没有形成统一认识。而指标的选取又影响需要评估的全面、准确,需要评估指标的不统一,不仅反映出对缓刑犯的需要评估工作的不重视,也将严重影响对缓刑犯需要评估工作的开展,进而导致对缓刑犯的帮困扶助工作效率不高、收效不好。

(四)不注重再次需要评估

对缓刑犯的再次需要评估意义重大,而理论和实践层面均未给予应有的重视。对缓刑犯的再次需要评估,是指对缓刑犯的个人需要进行的系统性重复评

〔1〕 吴宗宪主编:《社区矫正导论》,中国人民大学出版社2011年版,第195~196页。

〔2〕 吴宗宪主编:《社区矫正导论》,中国人民大学出版社2011年版,第192~193页。

〔3〕 刘强主编:《社区矫正制度研究》,法律出版社2007年版,第159页。

〔4〕 刘志伟等:《中国社区矫正立法专题研究》,中国人民公安大学出版社2017年版,第179页。

价。这里的“再次”并不仅仅是相较于第一次而言的,对于社区矫正时间较长的缓刑犯,其需要评估次数可能多于两次。所以,这里的“再次”除了具有第二次的意思外,还具有反复的意思。再次需要评估具有多方面意义:(1)有助于及时评估对缓刑犯已实施的帮困扶助效果。对缓刑犯的入矫需要评估,是对初入社区矫正机构的缓刑犯的需要进行的全面、准确了解,为制订出更加科学的、针对性帮困扶助方案提供依据,而对缓刑犯的再次需要评估,是对实施一段时间帮困扶助后缓刑犯的需要进行的重复评价。通过两次评价结果的差异性比较,可以十分客观地看到对缓刑犯已经开展的帮困扶助工作的效果。(2)有助于及时了解缓刑犯的需要变化情况。实际上,每名缓刑犯的需要均是不断变化的,并非一成不变,[1]不及时进行再次需要评估而一味按照入矫需要评估结果实施帮困扶助,可能导致帮困扶助内容与缓刑犯的需要之间的不匹配,帮困扶助内容的针对性不强,导致社会资源的浪费和帮困扶助效率的低下。(3)有助于适时调整对缓刑犯的帮困扶助方案。缓刑犯经过一段时间的帮困扶助,其入矫需要评估中的需要可能已经得到满足,但是可能会因为出现新情况而产生的新需要,这就要求应当根据再次需要评估的结果,适时了解缓刑犯的需要变化,进而调整对缓刑犯的帮困扶助内容,以避免提供的帮困扶助内容与缓刑犯的需要不匹配问题。可见,对缓刑犯的再次需要评估意义重大。而具体对缓刑犯的帮困扶助实践中,社区矫正工作人员并不注重再次需要评估,这势必会削弱针对缓刑的帮困扶助效能。

二、我国缓刑犯需要评估的完善与创新建言

缓刑犯的需要评估中存在的问题,一定程度上降低了对其帮困扶助的效能。而对缓刑犯的需要评估,又是对其开展个别化帮困扶助的前提和基础,有利于帮困扶助效率和质量的提升。因此,应当从多方面予以完善。

(一)正确看待需要评估的价值

对缓刑犯需要评估的理论研究和实践探索之所以相对较少,主要是因为没有充分认识其价值。因此,完善缓刑犯的需要评估,首先应当正确看待需要评估的价值。具体可以从以下几个方面着手:

---

[1] 吴宗宪主编:《社区矫正导论》,中国人民大学出版社 2011 年版,第 192 页。

1. 摆正帮困扶助工作在社区矫正制度中的地位

在对缓刑犯的社区矫正中,“重监督管理,轻帮困扶助”的理念盛行。据司法部社区矫正管理的统计,2012～2017 年对社区矫正对象组织社会适应性帮扶总人次和人均社会适应性帮扶次数呈逐年下降趋势,一定程度上反映出各地“重监管,轻帮扶”的现象。[1] 作为社区矫正三大任务之一的帮困扶助尚且被轻视,作为个别化帮困扶助基础和前提的需要评估自然更容易被忽视。因此,摆正帮困扶助工作在社区矫正中的地位,是正确看待需要评估价值的根本。事实上,监督管理与帮困扶助处于同等重要地位,缓刑犯社区矫正的有效开展,离不开二者的共同发力。因为对缓刑犯的监督管理为缓刑犯的帮困扶助创造良好的秩序环境,而作为对缓刑犯的教育矫正重要补充和辅助的帮困扶助,更是与教育矫正一起实现从根本上矫正缓刑犯的犯罪心理和行为恶习。可见,在缓刑犯的社区矫正工作中,帮困扶助与监督管理应当被同等重视,需要评估也应该被给予更多的关注,在未来修订《社区矫正法》或者《社区矫正法实施办法》时,应当明确社区矫正对象的需要是开展帮困扶助的基础,在开展帮困扶助前,应当对社区矫正对象实施需要评估,制订的帮困扶助方案应当以需要评估结果为依据。

2. 让社区矫正工作人员认识到需要评估的重要价值

上级社区矫正机构应当通过通知、培训或者业务指导等方式让社区矫正工作人员明确需要评估的重要价值,意识到需要评估并非增加其工作量、浪费时间的非必要工作,而是提高帮困扶助针对性和有效性的基础,一定程度上可以提高帮困扶助的效率和效果进而减轻社区矫正工作人员的工作压力。对缓刑犯的入矫需要评估,可以更加全面、准确地了解缓刑犯的现实需要,从而为制订针对性的帮困扶助方案提供依据;对缓刑犯的再次需要评估,更是评估帮困扶助效果、及时掌握缓刑犯的现实需要、改善帮困扶助内容等的重要参考。同时,需要评估也是提升缓刑犯社区矫正效果的根本途径之一。因为通常需要是导致犯罪发生的个体深层次原因,不健康的、低层次的需要促使个体产生不良的犯罪动机,进而引发犯罪。而犯罪人的需要层次相对低级、需要结构不平衡、需要内容具有反社会性、对需要满足挫折的反应具有非理智性,[2] 只有对缓刑犯

[1] 司法部社区矫正管理局编:《2012～2017 年全国社区矫正工作统计分析报告》,法律出版社 2018 年版,第 38～39 页。

[2] 张远煌主编:《犯罪学》(第 2 版),中国人民大学出版社 2011 年版,第 213～214 页。

的需要进行准确评估，才能提供更具针对性的个性化帮困扶助措施，进而从根本上提升缓刑犯社区矫正的效果。

3. 转变社会公众对缓刑犯的帮困扶助的认识

应当让社会公众认识到，缓刑犯是社会化不完全的一类人，一定程度上也属于受害者。对缓刑犯的帮困扶助，是社会在承担其未能完全教化缓刑犯的责任，有利于促进缓刑犯再社会化的顺利进行，从而预防其再次犯罪。根据社会学家迪尔凯姆（Emile Durkheim, 1858～1917年）的观点，社会不仅有调整其各个部分的经济互动的功能，也有调整个人如何认识自己需要的功能，而失范状态就是社会不能调整人们正确认识自己的需要并用恰当方式满足自己需要的状态，犯罪正是社会失范的产物。[1] 在迪尔凯姆看来，社会因为不能调整人们正确认识自己的需要并用恰当方式满足自己的需要，便导致了犯罪的发生。因此，社会应当承担部分责任，对缓刑犯进行需要评估进而提供针对性的需要，正是社会承担责任的具体方式。对缓刑犯进行需要评估，有助于及时、全面了解缓刑犯的需要，并引导其正确认识自身需要，同时根据需要评估结果实施针对性的帮困扶助，是预防缓刑犯再次犯罪进而保护社会的重要措施。

（二）明确需要评估的相关规定

在未来修订《社区矫正法》或者《社区矫正法实施办法》时，应当明确规定需要评估。现行的社区矫正正式的规范性文件，并未正式提出需要评估这一概念，即便是规定得较为明确的两院两部《实施办法》第18条，也仅是提到司法行政机关在对社区矫正对象进行帮困扶助时，应当根据其需要，并未规定应当对社区矫正对象进行需要评估。刚生效不久的《社区矫正法》《社区矫正法实施办法》也并未在帮困扶助中提及社区矫正对象的需要，这不仅导致对缓刑犯进行危险评估缺乏法律依据，而且也不利于需要评估的制度化和规范化开展和完善。因此，建议在未来修订《社区矫正法》或者《社区矫正法实施办法》时，应当更加详细规定需要及需要评估的有关内容，这些内容至少应当包括：（1）明确提出需要评估概念。即需要评估是指对缓刑犯的个人需要进行的系统性评价，需要评估至少应当包括入矫需要评估和再次需要评估两部分。（2）规定需要评估的目的。应当明确对缓刑犯的需要评估是为了全面、准确、及时地了解其现实需要，并结合该需要实施个别化帮困扶助，以提高帮困扶助的效率和效果。（3）原

---

〔1〕 吴宗宪：《西方犯罪学史（第一卷）》（第2版），中国人民公安大学出版社2010年版，第293～294页。

则性规定需要评估的评估指标。需要评估涉及缓刑犯的方方面面，一部法律中不可能详尽规定缓刑犯需要评估的所有指标，但是可以罗列需要评估应当选取指标的种类，并简要列举每类指标涉及的重点指标，同时以“需要评估可能涉及的其他指标”兜底。(4)明确规定再次需要评估的周期。可以规定社区矫正工作人员应当每3个月对缓刑犯的需要进行一次评估。这主要是考虑到缓刑犯的刑期一般不长，有的甚至不到半年，如果将需要评估的周期设定为6个月，则需要对刑期不到半年的缓刑犯的需要评估另行规定。同时，3个月的评估周期也更便于及时了解缓刑犯的即时需要。

(三)统一需要评估的指标体系

短时间内编制需要评估量表对缓刑犯的需要进行评估并不现实，目前较为可行的办法还是采取结构化问卷调查或者访谈的方式了解缓刑犯的需要。但是无论采取何种方式进行需要评估，应当统一需要评估的指标体系。需要评估的指标体系是指在对缓刑犯的个人需要进行系统性评价时应当参照因素的有机整体。需要评估的指标体系影响需要评估的全面性和准确性。目前，我国缓刑犯的需要评估指标体系尚未建立。虽然针对缓刑犯的需要评估采用简单的观察法、谈话法、调查法，甚至较为复杂的量表法〔1〕。但是，这些需要评估往往具有随机性，与进行需要评估的社区矫正工作人员或者量表制定者的社区矫正工作经验密切相关。由经验丰富者进行的需要评估，相对较为全面、准确；而由缺乏相关方面工作经验者实施的需要评估，则相对不全面、不准确。此种情况的出现，当然与我国缓刑犯的需要评估有关研究匮乏有关。因此，为了改善这种局面，不断完善缓刑犯的需要评估制度，有必要在未来修订《社区矫正法》或者《社区矫正法实施办法》时作原则性规定，〔2〕具体可以参照矫前调查评估的有关规定。〔3〕 即明确规定社区矫正工作人员在实施缓刑犯的需要评估时，应当

〔1〕 应当指出的是，这里虽然采取了量表法进行需要评估，但是该量表并非需要评估量表，而是通过危险评估量表中与缓刑犯的需要相关的指标，进行需要评估。

〔2〕 需要说明的是，之所以仅仅对需要评估的指标体系作原则性规定而不进行详尽规定，主要是因为每名缓刑犯的需要均不完全相同，可能涉及社会生活的方方面面，不可能穷尽与需要相关的所有内容。同时，法律也要保持一定的稳定性。因此，在未来修订《社区矫正法》或者《社区矫正法实施办法》时，原则性规定需要评估的指标体系。

〔3〕 两院两部《实施办法》第4条规定，“人民法院、人民检察院、公安机关、监狱对拟适用社区矫正的被告人、罪犯，需要调查其对所居住社区影响的，可以委托县级司法行政机关进行调查评估。受委托的司法行政机关应当根据委托机关的要求，对被告人或者罪犯的居所情况、家庭和社会关系、一贯表现、犯罪行为的后果和影响、居住地村(居)民委员会和被害人意见、拟禁止的事项等进行调查了解，形成评估意见，及时提交委托机关。”

重点考察缓刑犯的衣、食、住、行等方面的基本需要和心理健康、戒除瘾癖、就业就学、个人理财、生活管理等方面的特殊需要。这样规定具有多个方面重要意义:(1)构建了缓刑犯需要评估指标体系的基本框架。即缓刑犯需要评估的指标体系包括基本需要和特殊需要两个层次内容,以后指标体系的完善也不应突破该两个层面。(2)指明了缓刑犯需要评估指标体系的完善方向。虽然该规定并未穷尽需要评估指标体系的所有方面,法律规定也不可能如此详尽。但是,各地可以根据该规定列举的有关内容,进行需要评估相关方面的实践探索,尝试不断完善需要评估的指标体系。(3)为各地需要评估指标体系的灵活变动留出空间。我国幅员辽阔,各地经济发展水平、地理位置等方面存在的差异,决定了各地缓刑犯的需要并不相同。因此,必然应当选取不同的评估指标对其进行需要评估。而需要评估指标体系的原则性规定,恰恰有利于避免因忽视各地差异而导致的规定生硬、不适用情形。(4)有利于缓刑犯需要评估指标体系的制度化发展和需要评估工具的研制。各地在进行缓刑犯的需要评估实践探索中,逐渐鉴别影响需要评估结果的各种因素,并尽可能形成制度化规范加以固定,这有利于需要评估指标体系的制度化发展。同时,需要评估指标体系的不断健全也为研制出需要评估量表提供可能。

(四)加强需要评估的工具研制

应当不断加强需要评估的工具研制,从而提高需要评估的全面性和准确性。常见的需要评估方法包括观察法、谈话法、调查法及量表法,观察法和谈话法最为简单,也较为直接,但是采用这两种方法进行需要评估,难以避免主观随意性强、需要评估内容不全面的问题,因此,在以后的需要评估中应当予以摈弃。调查法通常通过结构性问卷等进行,量表法则是通过需要评估量表进行,[1]该两种方法虽然操作相对复杂,但是借由需要评估量表的需要评估结果具有较高的信度和效度。然而,我国缓刑犯的需要评估量表发展并不成熟。因此,在以后开展缓刑犯的帮困扶助工作时,应当更加注重需要评估量表的研制。具体策略又可以分为短期与长期。

短时间内,应当不断完善现有的需要评估量表。严格来讲,我国目前并不

---

〔1〕 应当说明的是,这里的需要评估量表还包括需要评估的结构性问卷。虽然人们通常认为需要评估的结构性问卷相对简单,并且也不如需要评估量表正式和科学,但是需要评估的结构性问卷和需要评估量表所应当涵盖的内容应该是一致的,二者并无本质区别。为了方便论述,本书统一使用需要评估量表。

存在需要评估量表,当前真正意义上的需要评估量表通常以需要评估的结构性问卷形式存在,而所谓的需要评估量表,只是危险评估量表中涉及缓刑犯的需要评估相关内容被冠以需要评估量表之名。完善现有的评估量表,应当重点做好以下两方面内容:一方面,不断丰富需要评估的指标。这是需要评估发展的整体趋势,也是对缓刑犯的需要进行全面评估的内在要求。目前我国的需要评估量表尚处于理论探讨层面,并且对需要评估的指标体系介绍也相对简单。例如,有研究者介绍的威斯康星州矫正局编制的当事人需要评估(Assessment of Client Needs)量表仅包含 14 项指标、宾夕法尼亚州缓刑和假释委员会编制的新当事人需要评估(Initial Client Assessment)工具只有 13 项指标。[1] 但是也有研究者介绍了加拿大的需要评估工具,该工具包括 9 项就业指标、7 项婚姻与家庭指标、6 项交往指标、2 项滥用毒品指标、6 项对社区的要求指标、12 项情感指标以及 4 项态度指标。[2] 该需要评估量表的评估指标较为全面,各地在具体制定需要评估量表时,可以结合本地情况选取适当的评估指标。另一方面,不断完善需要评估量表的形式。各地在尽早制定出需要评估量表的同时,也要重视需要评估量表形式的合理性,即制定的需要评估量表应当比较规范,并且也能够较为准确地评估缓刑犯的需要,最好还要能够与危险评估量表尽量保持一致。这就要求不仅要丰富需要评估的指标体系,而且要合理设置需要评估指标体系中的每一个指标。例如,可以在单个指标中设定高度、中度与低度需要选项,也可以为单个指标的不同程度需要选项赋值,以便之后与危险评估量表的合并。

从长远来看,应当研制出危险—需要评估量表。危险—需要评估量表是整合单独的危险评估量表和需要评估量表而形成的兼具危险评估和需要评估的新评估量表。将危险评估与需要评估置于同一张量表中进行是可行的,例如,典型的危险—需要评估量表是英格兰与威尔士的罪犯危险评估系统(Offender Assessment System, OASys)。[3] 使用危险—需要评估量表进行评估,具有多方面优势:(1)提高评估的效率。危险评估与需要评估的指标存在部分重合,例如,是否有固定居所这一因素不仅是缓刑犯危险评估的重要因素,也是需要评

〔1〕 吴宗宪:《社区矫正比较研究》(上),中国人民大学出版社 2011 年版,第 378 ~ 382 页。

〔2〕 翟中东:《中国社区矫正制度的建构与立法问题》,中国人民公安大学出版社 2017 年版,第 231 ~ 239 页。

〔3〕 翟中东:《社区性刑罚的崛起与社区矫正的新模式:国际的视角》,中国政法大学出版社 2013 年版,第 261 页。

估的重要方面。通过危险—需要评估量表,便可以避免重复评估问题。并且分别实施危险评估和需要评估,也显得过于烦琐。(2)提升评估的准度。在一些情况下,危险评估与需要评估往往考察对方的指标以提升评估的准确性,分别评估不能实现在保证评估效率前提下的准确评估。例如,缓刑犯的就业能力较差表明应当为其提供就业指导,而就业能力差也是危险评估的重要指标。在危险评估时考虑缓刑犯的就业能力影响,可以提高危险评估的准确度。(3)符合国际发展趋势。国际社会上通行的分类工具就经历了第一代、第二代及第三代的演进,〔1〕发展到第四代,指导和跟踪矫正项目全程的服务和监督,一些学者甚至提出了第五代工具"犯罪危险性智能化评估"。〔2〕目前较为著名的第四代危险需要评估系统是独创的、经典的威斯康星量表,现在被称为矫正评估和干预系统(Correctional Assessment and Intervention System,CAIS)和基于制裁替代的罪犯矫正管理分析(Correctional Offender Management Profiling for Alternative Sanctions,COMPAS)。〔3〕因此,我国缓刑犯的需要评估量表研制成熟后,应当整合危险评估与需要评估的指标体系,将二者放在同一张量表中进行,以提高评估的效率和精度。需要指出的是,虽然危险评估和需要评估同时进行,但是评估结果仍然应当包括需要评估结果和危险评估结果两部分,分别为分级监管和个别化帮困扶助提供依据。

第二节　缓刑犯个别化帮扶的完善与创新研究

在缓刑犯的社区矫正中,分类管理、个别教育、个案管理等概念十分常见,并且随着缓刑犯社区矫正工作不断精细化的推进,这些体现矫正个别化的制度受到越来越多的关注。然而,同样体现着矫正个别化思想的个别化帮扶却很少

〔1〕第一代正式分类工具利用伯吉斯量表,主要考虑静态因素并不能测量犯罪人的变化;第二代危险预测工具的典型代表是威斯康星州个案管理分类系统,增加对犯罪人的需要评估,但是将危险评估和需要评估分开进行;第三代分类工具的典型代表是服务水平量表(修订版),结合犯罪人的危险和需要进行评估和分类。参见吴宗宪:《社区矫正比较研究》(上),中国人民大学出版社2011年版,第342~343页。

〔2〕参见马皑、孙晓、宋业臻:《罪犯危险性智能化评估的理论与实践》,中国法制出版社2020年版,第91~118页。

〔3〕D. A. Andrews & James Bonta & J. Stephen Wormith, *The Recent Past and Near Future of Risk and - or Need Assessment*, Crime & Delinquency, 1(Jan, 2006):p. 7 - 27.

引起人们的重视,这实在是一种遗憾。对个别化帮扶的关注不够,反映了对社区矫正工作中帮困扶助工作的不重视,也反映出已经分析出的导致帮困扶助存在问题的原因并不全面。以往有关帮困扶助的研究中,主要涉及帮困扶助的内容,讨论帮困扶助的问题时也多限于社会力量参与程度不高。诚然,作为帮困扶助主体之一的社会力量不积极参与,必然会导致社会力量提供的帮困扶助总量较少。但是,我国在实行社区矫正的缓刑犯总数巨大,如果提供给他们的帮困扶助不符合其现实需要,则不仅将导致提供的有限社会资源的浪费,而且也不能达到很好的帮困扶助效果。实际上,每名缓刑犯的成长经历、文化水平、生活环境等方面并不相同,这决定了缓刑犯的需要存在千差万别。并且每名缓刑犯在社区矫正的不同阶段,其需要也可能会发生变化,因此,结合缓刑犯的需要评估结果,为其提供针对性的个别化帮困扶助内容,是解决缓刑犯的帮困扶助中问题的一个重要方面。

一、缓刑犯个别化帮扶概述

缓刑犯个别化帮扶是解决缓刑犯帮困扶助中问题的关键,以往的有关研究中却很少提及,也缺乏对该概念的准确界定。但是,缓刑犯个别化帮扶具有重要的意义,值得深入研究。

(一)缓刑犯个别化帮扶的概念

缓刑犯个别化帮扶是指社区矫正工作人员结合缓刑犯的需要评估结果而对其实施的反映其现实需要的针对性帮困扶助活动。在理解缓刑犯个别化帮扶时应当注意:第一,个别化帮扶体现了个别化原则。个别化帮扶是个别化原则的具体表现,个别化原则要求在为缓刑犯提供帮困扶助时,应当重视缓刑犯的个体差异,所提供的帮困扶助内容应当具有针对性。因为每名缓刑犯都是独一无二的,这就决定了对其帮扶内容上的差异。因此,在帮困扶助过程中,社区矫正工作者应该贯彻个别化原则,了解并掌握社区矫正对象的基本情况和特点,根据其迫切需要帮助的优先顺序,采取有针对性的帮扶措施。[1] 第二,个别化帮扶是建立在需要评估基础上的。对缓刑犯的帮困扶助涉及社会各个方面,例如,有研究者将帮困扶助分为生存型、支持型和发展型帮困扶助,生存型帮困扶助包括临时救助、社会保障和就业帮助,支持型帮困扶助包括法律帮助和心

---

〔1〕 姜祖桢主编:《社区矫正理论与实务》,法律出版社2010年版,第252页。

理帮助,发展型帮困扶助包括就学帮助和社会技能培训。[1] 也有研究者将帮困扶助的内容归纳为就业就学、基本生活保障、医疗和养老保障、法律援助及家庭关系修复等多方面。[2] 为每名缓刑犯提供所有方面的帮困扶助没必要、也不现实,而依据缓刑犯的需要评估结果提供对应的帮困扶助内容,是该项工作精细化发展的体现。第三,个别化帮扶应当包括基于入矫需要评估而制订的帮扶方案和基于再次需要评估而调整的帮扶方案。由于个别化帮扶建立在需要评估的基础上,而需要评估又有入矫需要评估与再次需要评估之分。所以,个别化帮扶就不应当仅指基于入矫需要评估而制订的帮扶方案,还应当涵盖基于再次需要评估而调整的帮扶方案。第四,个别化帮扶的对象并不仅限于缓刑犯本人,还可能涉及与其关系密切的人。个别化帮扶要求结合每名缓刑犯的帮扶需要,这些需要的满足有时依靠缓刑犯本人即可,但有时却不可避免地依赖与之生活密切的人。因为缓刑犯在社区矫正期间,仍然生活在与他人的互动中,家庭成员对其的影响尤为重大。如果其存在解决家庭问题的需要,那么对其的个别化帮扶必然将涉及其家庭成员。

(二)缓刑犯个别化帮扶的意义

缓刑犯个别化帮扶虽然是一个很少提及的概念,甚至以往的研究并未正式界定,但是这并不影响缓刑犯个别化帮扶的重要性。概括来讲,实施缓刑犯个别化帮扶具有以下方面重要意义:

1. 有助于节约社会资源,提高帮困扶助效率

不少社区矫正工作人员在了解缓刑犯的现实需要时,由于缺乏必要的经验和工具,往往流于形式,而缓刑犯的需要和帮困扶助工作涉及的内容和领域通常又较为广泛。这就导致对缓刑犯的现实需要掌握不全面或者不准确,从而致使为缓刑犯提供的帮困扶助内容并不符合其现实需要。提供的帮困扶助缺乏针对性,势必导致社会资源的浪费和帮困扶助效率的低下。而个别化帮扶以缓刑犯的现实需要为中心,在为缓刑犯提供帮困扶助前,首先对其进行需要评估,并根据需要评估结果制订针对性的帮困扶助方案。这样不仅避免了为缓刑犯提供非必要的帮困扶助,从而节约了有限的社会资源;而且能够及时为缓刑犯提供其需要的帮困扶助,进而提高帮困扶助效率。

---

〔1〕 吴宗宪主编:《社区矫正导论》,中国人民大学出版社 2011 年版,第 321 ~ 342 页。

〔2〕 高贞主编:《社区矫正执行体系研究》,法律出版社 2017 年版,第 205 ~ 208 页。

2. 有助于提高缓刑犯的帮困扶助质量

个别化帮扶建立在对缓刑犯的现实需要进行评估的基础上，从而保证提供的帮困扶助能够切实满足缓刑犯的现实需要，消除促使其产生犯罪动机进而实施犯罪行为的因素，保证了帮困扶助的效果。正如一些研究者所言，仅从就业措施来讲，为缓刑犯提供的帮困扶助就包括就业准备课程、职业教育、就业培训、工作安置以及就业监督等环节，但并非所有的缓刑犯都需要上述的各项服务。如果能够准确识别缓刑犯的个体需要，并提供针对性的帮困扶助，那么对其实施的帮困扶助将更加高效。[1] 此外，再次需要评估的实施，不仅是对入矫时制订的帮扶方案实效的考察和监督，而且也将促进帮扶方案的进一步调整与优化，进而为缓刑犯提供更具针对性的帮困扶助内容，从而提高对缓刑犯的帮困扶助效果。

3. 有助于深刻认识导致帮困扶助问题的原因

对缓刑犯的帮困扶助长期存在针对性不强、效果不佳、效率低下等问题，不少研究者将导致该问题的原因归结于帮困扶助的公众参与度不够。不可否认，公众参与帮困扶助的积极性不高是导致帮困扶助诸多问题的原因之一，但并非唯一原因，不注重个别化帮扶同样是导致帮困扶助问题的重要原因。其实，公众参与帮困扶助不积极与社区矫正工作人员不注重个别化帮扶二者之间存在类似于“开源节流”的关系。公众作为帮困扶助内容的提供主体，其参与度高将使得提供的帮困扶助总量增加，相当于“开源”；而个别化帮扶强调为缓刑犯提供针对性的帮扶，避免不必要的帮扶，相当于“节流”。只有做到“开源节流”，才能从根本上解决帮困扶助针对性差、效果不佳、效率低下问题。因此，缓刑犯个别化帮扶的提出，有助于更加深刻地认清导致缓刑犯帮困扶助诸多问题的原因。

二、缓刑犯个别化帮扶的当前问题

缓刑犯个别化帮扶具有重要意义，应当大力提倡并全面推广。然而，目前缓刑犯个别化帮扶中存在的一些问题制约了其发展。

（一）个别化帮扶理念缺失

个别化帮扶理念的缺失，是制约其发展的根本原因。个别化帮扶理念的缺

---

〔1〕 刘建宏主编：《犯罪矫治评估系统回归研究》，人民出版社 2016 年版，第 204 页。

失主要表现在:(1)国家层面不重视个别化帮扶。从现有的有关社区矫正的正式规范性文件来看,有关帮困扶助的规定所占篇幅肯定最短,每个规范性文件涉及帮困扶助的规定最多不超过两条,几乎不涉及个别化帮扶相关规定。《社区矫正法》第37、38条均涉及对缓刑犯社区矫正对象的帮困扶助,但是并未明确提出个别化帮扶理念。[1]《社区矫正法实施办法》第22条规定:"执行地县级社区矫正机构、受委托的司法所要根据社区矫正对象的性别、年龄、心理特点、健康状况、犯罪原因、悔罪表现等具体情况,制定矫正方案,有针对性地消除社区矫正对象可能重新犯罪的因素,帮助其成为守法公民。矫正方案应当包括社区矫正对象基本情况、对社区矫正对象的综合评估结果、对社区矫正对象的心理状态和其他特殊情况的分析、拟采取的监督管理、教育帮扶措施等内容。"第45条规定:"执行地县级社区矫正机构、受委托的司法所依法协调有关部门和单位,根据职责分工,对遇到暂时生活困难的社区矫正对象提供临时救助;对就业困难的社区矫正对象提供职业技能培训和就业指导;帮助符合条件的社区矫正对象落实社会保障措施;协助在就学、法律援助等方面遇到困难的社区矫正对象解决问题。"这里的拟采取的教育帮扶措施便是根据社区矫正对象具体情况确定的,体现了个别化帮扶理念。目前最能体现个别化帮扶思想的规定是两院两部《实施办法》第18条,该条规定司法行政机关应当根据社区矫正人员的需要,协调有关部门和单位开展职业培训和就业指导,帮助落实社会保障措施。但是,也没有明确提出个别化帮扶。这表明,代表国家层面立场的立法机关对个别化帮扶的重视不足。(2)有关研究也较少涉及个别化帮扶。目前有关社区矫正的研究十分繁荣,研究主体广泛、研究内容丰富、成果形式多样,而很少有研究者专门研究帮困扶助,更没有研究者专门研究个别化帮扶。通常情况下,个别化帮扶相关研究仅是伴随着帮困扶助研究出现,并且只是有关研究的很小一个方面。(3)社区矫正工作人员不重视个别化帮扶。社区矫正工作人员长期受"重监督管理,轻帮困扶助"思想主导,将大量司法资源和精力投入对缓刑犯的监督管理中,不注重帮困扶助工作的开展,对个别化帮扶的重要性认识不足,更不会研究如何提升帮困扶助的效率和效果,由此必然导致不重视个别

---

〔1〕《社区矫正法》第37条规定:"社区矫正机构可以协调有关部门和单位,依法对就业困难的社区矫正对象开展职业技能培训、就业指导,帮助社区矫正对象中的在校学生完成学业。"第38条规定:"居民委员会、村民委员会可以引导志愿者和社区群众,利用社区资源,采取多种形式,对有特殊困难的社区矫正对象进行必要的教育帮扶。"

化帮扶。(4)社会公众对帮困扶助存在误解。我国刑事领域长期受重刑理念影响,导致惩罚犯罪占据社会公众心理的重要地位,公众的这种犯罪必然导致惩罚的思想,短期内很难被克服。因此,社会公众短期内很难理解为何要对缓刑犯实施帮困扶助。同时,在整个就业形势不好的社会大背景下,不少普通公民同样因为种种原因面临就业、就学、医疗、养老等多方面的困难,并且能够及时获得的帮困扶助也比较有限,难免会让普通公民感到社会更加关心罪犯。社会公众不理解对缓刑犯的帮困扶助,必然也会对个别化帮扶产生误解。

(二)帮困扶助供需不匹配

为缓刑犯提供的帮困扶助不符合其现实需要,是目前缓刑犯的个别化帮扶中存在的较严重问题之一。我国现阶段有些地方对缓刑犯采取"漫灌式"的帮困扶助,[1]即不考虑缓刑犯的现实需要,只是根据地方政府的支持或者阶段性工作政策,为每名缓刑犯提供无差别的帮困扶助。这不仅浪费了大量的社会资源,因为不少缓刑犯并不需要社区矫正机构已经预设的帮困扶助内容;而且导致帮困扶助的效率不高、效果不好,为缓刑犯提供的帮困扶助并不能满足其现实需要,不能解决其存在的困难和问题。致使目前缓刑犯的帮困扶助工作陷入这种僵局的主要原因可能包括两个方面:一方面对缓刑犯的帮困扶助和缓刑犯的现实需要涉及社会生活的各个方面。帮困扶助工作涉及就业就学、基本生活保障、医疗和养老保障、家庭关系修复等各个领域,并且每个领域存在很多内容,导致每项内容的原因也不相同。虽然每名缓刑犯的现实需要并不涉及帮困扶助的所有内容,有的缓刑犯可能仅需要其中的一项帮扶,但是每名缓刑犯均是与众不同的个体,这决定了其现实需要往往也千差万别。缓刑犯的帮困扶助和现实需要涉及内容的广泛性,给其针对性帮扶带来一定困难。另一方面社区矫正工作人员在评估缓刑犯的现实需要时,缺乏必要的需要评估工具与机制。在评估缓刑犯的现实需要时缺乏必要的评估工具,使得需要评估工作往往依靠社区矫正工作人员的经验,主观随意性强,一些需要评估工作会流于形式。这将导致已经了解的缓刑犯的现实需要可能不全面、不准确,从而导致提供的帮困扶助可能并非其真正需要的。需要评估机制不完善将导致需要评估工作缺乏持续性,而缓刑犯在社区矫正的不同阶段具有不同的现实需要,缓刑犯在上次需要评估中显示出的现实需要,经过上一阶段的帮困扶助,可能已经不再是

[1] 戴艳玲:《社区矫正帮困扶助的基本实践及其发展》,载《中国司法》2015年第8期。

现实需要,在对其帮扶扶助的过程中,缓刑犯也可能会产生新的现实需要。如果不建立需要评估的长效机制,很容易使得提供的帮困扶助不匹配缓刑犯的现实需要。

(三)帮扶动态调整不及时

缓刑犯帮困扶助的动态调整不及时,是缓刑犯个别化帮扶的又一重要问题。目前,不少地方在为缓刑犯提供帮困扶助前,通常会对其现实需要进行基本的评估,即开展入矫需要评估,并根据入矫需要评估结果制订帮困扶助计划,之后便按照已经制订出的帮扶计划实施针对性帮困扶助。而对已经实施的帮困扶助效果缺乏及时的了解,也不会随着缓刑犯变化了的现实需要修正帮困扶助计划。这将导致为缓刑犯提供的后续帮困扶助的针对性不强,进而使得帮困扶助的内容与缓刑犯的现实需要可能存在不够吻合之处,从而影响帮困扶助的整体效率和效果,不符合帮困扶助的精细化发展趋势。实际上,由于缓刑犯获取帮助的能力不同,即便量身定做出针对性的帮困扶助计划并严格落实,其帮困扶助的实效也不能保证。况且,缓刑犯在解决原有现实需要的过程中,可能会产生新的现实需要,这些都会影响原帮扶计划的实施。例如,对于获取帮助能力差的缓刑犯,应当重复实施已提供的原帮扶计划中的有关环节,以加强帮困扶助的实效;对于产生新的现实需要的缓刑犯,应当及时增加针对新现实需要的帮困扶助项目。只有建立现实需要与帮扶计划间的联动机制,及时结合缓刑犯的现实需要动态调整帮扶计划,才能保证帮扶具有较好的实效。[1]

三、缓刑犯个别化帮扶的完善与创新建言

缓刑犯帮困扶助效率和效果的提升,必须建立在破解缓刑犯个别化帮扶中现存诸多问题的基础上。针对缓刑犯个别化帮扶中的问题,可以考虑大致从以下方面完善该制度。

(一)确立并且贯彻个别化帮扶理念

理念更新是推动缓刑犯帮困扶助工作的先导,帮困扶助工作的进一步推进离不开帮扶个别化理念的确立和贯彻。[2] 缓刑犯帮困扶助存在的针对性差、效果不佳、效率低下等问题,主要由于个别化帮扶理念的缺失所致。因此,彻底根

---

〔1〕 戴艳玲:《社区矫正帮困扶助的基本实践及其发展》,载《中国司法》2015 年第 8 期。

〔2〕 张凯:《困境与出路:我国社区矫正对象帮困扶助工作实证研究》,载《中国政法大学学报》2017 年第 6 期。

除缓刑犯帮困扶助中的问题，首先应当确立并贯彻个别化帮扶理念。具体可以从以下方面着手：(1)繁荣相关理论研究，引导个别化帮扶理念的确定，使有关立法和实务部门认识到个别化帮扶的重要性。个别化帮扶理念是社区矫正精细化发展的体现，是创新原有帮困扶助机制的一项新思想，国内相关研究较为匮乏，由此导致对个别化帮扶的关注不足。为了改善这种局面，我国社区矫正领域的专家、学者可以集中介绍国外该方面的成功经验，同时总结我国缓刑犯帮困扶助的实践，引领我国社区矫正方面的研究者加强对个别化帮扶的研究，在理论界确定个别化帮扶理念。(2)司法部社区矫正管理局应当组织有关专家、学者进一步论证，在法律上确立个别化帮扶理念。个别化帮扶理论研究的持续升温，不难引起社区矫正主管部门的关注，个别化帮困扶助是否具有意义、是否具有实操性以及如何实施等问题，需要被反复论证。司法部社区矫正管理局应当发挥好引导作用，及时组织有关专家、学者论证相关问题，以便个别化帮扶理念的法律确立。(3)各地社区矫正机构不断探索个别化帮扶模式，重视个别化帮扶的制度发展。个别化帮扶理念的法律确立只是为其提供了法律依据，并且法律规定一般较为原则。因此，各地在法律上确立个别化帮扶后，应当结合本地实际情况和地区特色，不断进行个别化帮扶的实践探索，最大限度地贯彻个别化帮扶理念。同时，各地也应当注重个别化帮扶的制度建设，在不与法律规定相冲突的情况下，将法律中体现个别化帮扶的原则性规定更加具体化。

(二)制订基于需要评估的帮扶方案

应当制订基于需要评估的帮扶方案。这方面的内容主要包括在入矫阶段制订帮扶方案和在矫正过程中调整帮扶方案两个方面。帮扶方案是指在为缓刑犯提供帮困扶助前，结合其现实需要对帮困扶助内容和顺序的事先安排。制订帮扶方案应当基于对缓刑犯的需要评估，而需要评估又有入矫需要评估与再次需要评估之分。因此，制订基于需要评估的帮扶方案时，应当从两方面着手：一方面，根据入矫需要评估制订帮扶方案。每名缓刑犯的个人成长经历、犯罪基本情况、身心状况、家庭环境及从业就业等诸多方面存在显著差异，这决定了他们需要获得的帮困扶助内容千差万别，并且即便需要获得的帮困扶助内容相同，需要帮扶的程度也存在差别。因此，在缓刑犯社区矫正的前期，应当对每名缓刑犯在社区矫正期间需要获得的帮困扶助内容及程度进行全面、准确的评估，并结合入矫需要评估结果为每名缓刑犯制订针对性的帮困扶助方案。这是提高帮困扶助工作针对性和实效性的基本前提之一，也可以保证为每名缓刑犯提供的帮困扶助是适当、适度并具体、有效的。[1] 另一方面，根据再次需要评估调整帮扶方案。每名缓刑犯获取帮扶的能力、已经接受的帮扶及后续需要的帮扶等方面的差异，决定了在为缓刑犯提供了一段时间的帮困扶助后，应当再次评估其现实需要，并根据再次评估需要调整帮扶方案。在调整帮扶方案时，具体又分为产生新的现实需要和未产生新的现实需要两种情况。在未产生新的现实需要时，对于获取帮助能力差且对其实施的帮扶效果不佳的缓刑犯，应当重复实施已提供的原帮扶方案中的有关环节内容，以加强帮困扶助的实效；对于产生新的现实需要的缓刑犯，应当及时增加针对新现实需要的帮困扶助内容。可见，无论是入矫初期帮扶方案的制订，还是矫正过程中帮扶方案的调整，均以对缓刑犯的现实需要评估结果为依据。应当说，以需要评估结果确定帮扶方案的原则贯穿缓刑犯帮困扶助的全过程。

（三）完善个别化帮扶动态调整机制

在完善个别化帮扶的动态调整机制时，除了应当基于再次需要评估结果及时调整帮扶方案，还需要健全个别化帮困扶助动态调整的法律依据，并且明确动态调整的周期。

1. 未来修订《社区矫正法》或者《社区矫正法实施办法》时，应当明确规定个别化帮扶的动态调整。社区矫正中动态调整的规定多存在于教育矫正中。例如，司法部《暂行办法》第 23 条便是对教育矫正动态调整的规定。[2] 而有关个别化帮扶动态调整的规定则比较少，仅见于两院两部《实施办法》第 9 条，[3] 该条规定了司法所应当为社区矫正人员制订针对性的帮助措施并适时予以调整。但是，纯粹的帮困扶助内容却规定在第 18 条，并未规定适时调整帮困扶助方案。[4] 《社区矫正法》也是在第 24 条规定，矫正方案应当根据社区矫正对象的表现等情况相应调整。但是，在专门对帮困扶助进行规定的第 38、39 条，却

---

〔1〕 高贞主编：《社区矫正执行体系研究》，法律出版社 2017 年版，第 223 ~ 224 页。

〔2〕 司法部《暂行办法》第 23 条规定："司法所应当全面掌握社区矫正对象的犯罪原因、犯罪类型、危害程度、悔罪表现、家庭及社会关系等情况，进行综合分析，根据社区矫正对象被判处管制、宣告缓刑、暂予监外执行、裁定假释和剥夺政治权利等五种类别和不同特点，制定有针对性的教育改造计划和措施，并根据矫正效果和需要，适时作出调整。"

〔3〕 两院两部《实施办法》第 9 条规定："司法所应当为社区矫正人员制定矫正方案，在对社区矫正人员被判处的刑罚种类、犯罪情况、悔罪表现、个性特征和生活环境等情况进行综合评估的基础上，制定有针对性的监管、教育和帮助措施。根据矫正方案的实施效果，适时予以调整。"

〔4〕 两院两部《实施办法》第 18 条规定："司法行政机关应当根据社区矫正人员的需要，协调有关部门和单位开展职业培训和就业指导，帮助落实社会保障措施。"

未规定适时调整帮困扶助方案。这不仅会给查阅有关规定带来不便,也不利于全面把握帮困扶助的有关工作要求。为了改善这种状况,建议在未来修订《社区矫正法》或者《社区矫正法实施办法》时,明确规定:“社区矫正机构应当在对社区矫正对象的就业就学、基本生活保障、医疗和养老保障、法律援助及家庭关系修复等方面情况进行综合评估的基础上,为其制订针对性的帮困扶助方案,并根据帮困扶助措施的实施效果,适时予以调整。”

2. 未来修订《社区矫正法》或者《社区矫正法实施办法》时,应当明确帮困扶助方案的动态调整周期。及时调整帮困扶助的工作内容及其顺序是个别化帮扶的重要体现,为了规范全国缓刑犯的个别化帮扶,未来修订《社区矫正法》或者《社区矫正法实施办法》时应当明确帮扶方案的动态调整周期。在确定动态调整周期范围时,应当兼顾以下方面:(1)应当尽可能与缓刑犯分级监管动态调整周期一致。本书确定的缓刑犯分级监管动态调整周期和再次需要评估周期均为 3 个月,而分级监管的监管等级调整依据是缓刑犯的危险评估结果,帮扶方案动态调整依据是缓刑犯的需要评估结果,并且需要评估与危险评估应当一起实施。因此,帮扶方案动态调整周期也应当为 3 个月。(2)使有关立法规定更为简洁。缓刑犯的刑期一般不长,有的甚至不到半年,如果规定的帮扶方案动态调整周期长于 3 个月,如 6 个月,则需要对刑期不到半年的缓刑犯的帮扶方案调整频次另行规定,这将使有关规定过于繁杂。(3)兼顾及时调整帮扶方案和社区矫正工作人员的实际工作状况。将帮扶方案动态调整周期规定为 3 个月,便于及时调整帮扶方案,为缓刑犯提供更加符合其现实需要的帮困扶助内容。理论上讲,帮扶计划调整周期越短越好,但是考虑到社区矫正工作人员数量少、工作压力大和帮扶效率等因素,法律上确定的帮扶计划动态调整周期应当不少于 3 个月。

第三节 社会力量参与缓刑犯帮扶的完善与创新研究

社会力量参与缓刑犯帮扶是行刑社会化的客观要求。行刑社会化是当前世界各国刑罚改革的重要趋势之一,它以促进罪犯顺利复归社会为最终目标,通过适度弱化行刑空间的封闭性以实现行刑场所的社会化,扩大行刑的社会参与性以突出行刑主体的社会化,加强罪犯与社会的联系,从而达到控制罪犯和便于罪犯顺利复归社会的目的。[1] 而缓刑犯社区矫正场所的开放性为社会力量参与缓刑犯的帮困扶助提供了环境条件,社会力量参与缓刑犯帮扶也实现了行刑主体的社会化。可见,社会力量参与缓刑犯帮扶是行刑社会化的客观要求。其实,社会力量参与缓刑犯帮扶还具有其他方面的合理性。首先,社会本身应当为犯罪行为的发生承担一定的责任。按照唯物主义的观点,犯罪正如其他社会现象一样,都根源于现实社会的物质生活条件,引起犯罪的各种主观因素都是在一定的社会生活条件下形成的,受社会因素的影响和制约。[2] 因此,社会本身也应当为犯罪行为负责。其次,可以更好地控制缓刑犯。根据犯罪学家特拉维斯·赫希(Travis Hirschi)的社会控制理论,任何人都是潜在的犯罪人,个人与社会的联系可以阻止个人实施犯罪行为。[3] 社会力量参与缓刑犯帮扶的过程,也伴随着缓刑犯与社会公众之间的联系更加紧密,间接发挥了增强对缓刑犯的控制作用。最后,有利于缓刑犯顺利复归社会。社会力量参与缓刑犯帮扶无形中增加了缓刑犯与社会联系,有利于实现缓刑犯的再社会化,从而有助于其顺利复归社会。然而,虽然社会力量参与缓刑犯帮扶具有重要意义,但是在具体的理论和实践中,还存在不少问题值得进一步研究。

一、社会力量参与缓刑犯帮扶概述

虽然社会力量参与社区矫正经常被提及,但是对究竟何为社会力量、社会力量参与社区矫正的哪些工作等缺乏统一的认识和准确的了解,有必要进一步阐明。

(一)对社区矫正中社会力量的理解

社区矫正的社会力量应当是指除社区矫正机构及其工作者以外的参与到社区矫正工作中的社会资源的总称。两院两部《全国试行意见》进一步明确规定社会力量包括民政、人力资源和社会保障等有关部门,[4] 司法部《暂行办法》

[1] 周国强:《社区矫正公民参与机制研究》,江苏大学出版社 2016 年版,第 17 页。

[2] 王牧主编:《新犯罪学》(第 3 版),高等教育出版社 2016 年版,第 123 页。

[3] 吴宗宪:《西方犯罪学》(第 2 版),法律出版社 2006 年版,第 386 页。

[4] 两院两部《全国试行意见》中全面试行社区矫正工作的主要任务提及,“进一步加强对社区矫正对象的帮困扶助。积极协调民政、人力资源和社会保障等有关部门,将符合最低生活保障条件的社区矫正对象纳入最低生活保障范围,为符合条件的农村籍社区矫正对象落实责任田。整合社会资源和力量,为社区矫正对象提供免费技能培训和就业指导,提高就业谋生能力,帮助其解决基本生活保障等方面的困难和问题。”

第31条规定社区矫正中的社会力量包括社会团体、社会志愿者、缓刑犯的亲属，[1]第33条又规定社区矫正的社会力量包括有关部门和单位，[2]司法部、中央综治办、教育部、民政部、财政部、人力资源社会保障部于2014年9月26日发布的《关于组织社会力量参与社区矫正工作的意见》（以下简称五部一办《意见》）明确规定社区矫正的工作力量概括为专职执法队伍和社会工作者、志愿者以及社会组织、所在学校、家庭成员等各种社会力量。《社区矫正法》第13条规定，国家鼓励、支持企业事业单位、社会组织、志愿者等社会力量依法参与社区矫正工作。[3] 可见，参与社区矫正的社会力量极为广泛。因此，可以将社区矫正中的社会力量理解为"社会资源"，是指在社区矫正工作中可以利用的社会人力和社会组织以及他们所提供的设施、技术、资金等的总称。社会人力居于社会力量的核心地位，具体指参与社区矫正工作但不具有执法者身份和公务员地位的社区矫正工作人员，包括合同制矫正工作者、社会工作者、社区矫正志愿者等。[4]

（二）社会力量参与社区矫正的内容

社会力量参与社区矫正的内容主要是帮困扶助，虽然也参与监督管理和教育矫正工作，但其在监督管理和教育矫正工作中居于辅助地位。对缓刑犯的帮困扶助涉及社会生活的方方面面，因此在对其开展帮困扶助工作过程中，充分发动社会力量是帮困扶助工作的必然要求。正是基于对此的认识，司法部《暂行办法》第33条、两院两部《实施办法》第18条[5]、两部两院《全国试行办法》，以及《社区矫正法》第40、41、43条等规定均将帮困扶助作为社会力量参与

---

〔1〕 司法部《暂行办法》第31条规定："司法所应当组织社会团体和社会志愿者对社区矫正对象开展经常性的帮教活动，并通过社区矫正对象的亲属加强对社区矫正对象的教育。"

〔2〕 司法部《暂行办法》第33条规定："司法行政机关应当协调有关部门和单位，为社区矫正对象提供职业培训和就业指导，为符合条件的社区矫正对象提供最低生活保障，为社区矫正对象遇到的其他问题提供指导和帮助。"

〔3〕 五部一办《意见》在充分认识社会力量参与社区矫正工作的重要性中规定，"社区矫正把符合法定条件的罪犯放在社会上监督管理和教育改造，社会力量广泛参与是其显著特征。在工作力量上，既要有专职执法队伍，也要广泛动员社会工作者、志愿者以及社会组织、所在单位学校、家庭成员等各种社会力量，共同做好社区矫正工作。"

〔4〕 吴宗宪：《社会力量参与社区矫正的若干理论问题探讨》，载《法学评论》2008年第3期。

〔5〕 两院两部《实施办法》第18条规定："司法行政机关应当根据社区矫正人员的需要，协调有关部门和单位开展职业培训和就业指导，帮助落实社会保障措施。"

社区矫正的主要内容。[1] 其实，社会力量也并非没有参与社区矫正的监督管理和教育矫正，只是具有辅助地位。对缓刑犯的监督管理，通常涉及对其权利和人身自由的限制、对其的奖惩以及执行方式、场所变更等方面事务，这些是国家赋予社区矫正机构、社区矫正工作人员的法定职责，必须由其亲自履行。至于监督管理中的一些辅助性、事务性的工作，例如，协助走访、核实有关信息、整理有关资料等，社会力量也是可以参与的。至于对缓刑犯的教育矫正，通常由社区矫正工作人员进行认罪悔罪、权利义务及服刑意识等教育，虽然有时也会聘请有关专家、学者举办讲座或者座谈会、面谈会等，但是由社区矫正工作人员开展的教育才是最主要的。[2] 有研究者对社会力量参与社区矫正的主张与此类似，例如，将社区矫正中的社会力量参与定义为公民个人或社会组织，基于公民责任和公共利益，与社区矫正机构分享犯罪治理和罪犯矫正的公共权力，为社区矫正对象顺利回归社会提供帮教服务的行动和过程。[3] 这里就将社会力量参与的主体限定为社区矫正对象帮教。

（三）何为社会力量参与缓刑犯帮扶

社会力量参与缓刑犯帮扶，是指有关社会人力和社会组织积极参与到对缓刑犯的帮困扶助工作中并不断提供设施、技术、资金等的活动。社会力量参与缓刑犯帮扶的主体是社会力量，即有关社会人力和社会组织，内容是具体的对缓刑犯的帮困扶助，方式是提供设施、资金等。《社区矫正法》第 40 条规定，社区矫正机构可以通过公开择优购买社区矫正社会工作服务或者其他社会服务，为社区矫正对象在教育、心理辅导、职业技能培训、社会关系改善等方面提供必要的帮扶。第 41 条也规定，国家鼓励企业事业单位、社会组织为社区矫正对象提供就业岗位和职业技能培训。第 43 条还规定，社区矫正对象可以按照国家有关规定申请社会救助、参加社会保险、获得法律援助。以上这些，均是社会力量参与缓刑犯帮困扶助的具体形式。

---

〔1〕《社区矫正法》第 40 条规定："社区矫正机构可以通过公开择优购买社区矫正社会工作服务或者其他社会服务，为社区矫正对象在教育、心理辅导、职业技能培训、社会关系改善等方面提供必要的帮扶。社区矫正机构也可以通过项目委托社会组织等方式开展上述帮扶活动。国家鼓励有经验和资源的社会组织跨地区开展帮扶交流和示范活动。"第 41 条规定："国家鼓励企业事业单位、社会组织为社区矫正对象提供就业岗位和职业技能培训。招用符合条件的社区矫正对象的企业，按照规定享受国家优惠政策。"第 43 条规定："社区矫正对象可以按照国家有关规定申请社会救助、参加社会保险、获得法律援助，社区矫正机构应当给予必要的协助。"

〔2〕高贞主编：《社区矫正执行体系研究》，法律出版社 2017 年版，第 236 页。

〔3〕周国强：《社区矫正公民参与机制研究》，江苏大学出版社 2016 年版，第 15～17 页。

二、社会力量参与缓刑犯帮扶存在的问题

通过考察国外社会力量参与社区矫正工作，并结合我国社区矫正的实践与模式，可以发现，现阶段我国社会力量参与缓刑犯帮扶中仍然存在一些问题。

（一）社会力量参与帮扶的积极性不高

社会力量参与缓刑犯帮扶问题的表现之一便是社会力量参与缓刑犯帮扶的积极性不高。表现为政府（包括村民委员会、居民委员会）动员仍然是社会力量参与的主要动因，以政府为绝对主导，主要依靠司法行政机关及其工作人员的组织和领导，帮困扶助效果不佳。从缓刑犯社区矫正中帮困扶助的现状看，虽然社会组织有不同程度的参与，但是大多数社会工作者对缓刑犯帮扶工作持抵触情绪，社会公众对司法行政机关开展的社会力量参与缓刑犯帮扶帮困扶助认同度不高。[1] 大致表现为，帮困扶助的主要力量依然是公安司法机关、民政部门、人力资源和社会保障部门的工作人员。有的地方虽然有志愿者的参与，但其志愿者的来源略显单一，多以离退休干部和教师为主。该类人员虽然具有参与缓刑犯社区矫正的积极性，但是因为缺乏社会学、心理学、法律等方面的专业知识，导致帮扶工作大多流于形式，不能产生明显的实际效果。或者即便产生一定的实际效果，但是因为离退休人员专业背景、体力、精力等方面原因，致使帮困扶助工作不能持续、深入。[2] 从社会力量与缓刑犯的关系来看，虽然不少帮扶工作取得了显著成效，但是仔细考察后便发现，提供帮扶服务的社会力量往往是被矫正罪犯的亲属、朋友，参与社区矫正帮困扶助的社会力量与缓刑犯之间通常具有血缘、亲缘关系，这从侧面也反映出我国社会力量参与缓刑犯帮扶的缺陷与不足。

（二）社会力量参与帮扶的参与度不够

社会力量参与帮扶的深度与广度不足，是我国现阶段社会力量参与缓刑犯帮扶问题的又一重要表现。我国现阶段的社会力量参与缓刑犯帮扶已经超越了无社会力量参与或者无效社会力量参与阶段，但尚未进入社会力量全面参与或者全程参与阶段。随着行刑社会化、非刑罚化、人道主义等观念的普及与深入人心，司法行政机关对行刑社会化的支持力度不断加大，社区矫正工作公众

---

〔1〕 张凯：《我国社区矫正对象帮困扶助工作实证研究》，载《中国政法大学学报》2017 年第 6 期。

〔2〕 冯卫国：《我国社区矫正发展的制约因素及其破解路径》，载《河南警察学院学报》2018 年第 3 期。

参与基本上已经跨越了无参与的阶段,也基本克服了参与完全流于表面的阶段,这无疑可喜可贺。但从社会力量参与缓刑犯帮扶的现状看,我国当下的社会力量还处于有限参与阶段。[1] 具体表现为:一方面,社会力量参与缓刑犯帮困扶助的范围较为有限,社会力量主要参与到人身危险性较低、犯罪行为造成的危害结果较轻的缓刑犯的帮困扶助,并不能参与到对所有缓刑犯的帮困扶助工作中;另一方面,社会力量不能参与缓刑犯帮扶的所有环节,社会力量只能参与到缓刑犯社区矫正帮困扶助的部分环节,不能实现真正的"全程参与"。多数情况下,社会力量只能参与到执行环节,仅仅从事协助社区矫正机构从事一些相对具体、简单的帮教工作,或者仅是应社区矫正机构或者社区矫正工作人员的请求,针对法律问题、心理咨询、心理疏导等,提供法律、心理等方面的有偿或者公益性质服务。[2] 而对于社区矫正帮扶方案的制定、帮扶方案的优化调整等方面则参与较少,甚至没有社会力量参与。此外,社会力量参与缓刑犯帮扶的效果也呈现出一定不足,表现为社区矫正志愿者解决实际问题的能力有限等。

(三)社会力量参与帮扶发展程度偏低

我国社会力量参与缓刑犯帮扶工作尚处于初级阶段,这是我国社会力量参与缓刑犯帮扶问题的又一表现。在社会力量参与缓刑犯帮扶中,参与主体、参与内容、参与形式、参与意愿等方面均存在一定不足。社会力量参与帮扶大致包括动员期、自觉发展期与规范发展期三个阶段。动员期以司法行政机关等为代表的社区矫正机构及其工作人员的动员为社会力量参与社区矫正工作的主要动因;自觉发展期是社会力量自觉、自愿参与到社区矫正工作的一个阶段;规范发展期则是社会力量自愿规范性地参与到社区矫正工作中的阶段。目前,我国不少省市虽然对社会力量参与帮扶进行了实践探索,例如,浙江省台州市的"天宜社会工作服务社"是非官方非营利性的专业社会工作服务社,致力于结合缓刑犯的个人情况、犯罪原因、行为心理及行为人的现实表现等,综合性进行危险和心理评估、心理辅导、专业化个性矫正等,进而从思想教育、心理辅导、行为陋习矫正与纠偏、就业培训与辅导、就业资讯提供等方面,纠正行为人的犯罪心理与行为陋习,修正其行为模式,从社会自我融入、自我能力培训与提升等方面,开展帮困扶助工作。[3] 此外,上海市的"新航"、北京市的"惠泽人机构"在

---

〔1〕 周国强:《社区矫正公民参与机制研究》,江苏大学出版社 2016 年版,第 112 ~ 114 页。

〔2〕 魏姝:《治理视角下的社区矫正政策》,载《江苏行政学院学报》2008 年第 1 期。

〔3〕 该部分资料来源于 2018 年 3 月对浙江省台州市社区矫正的调研。

充分利用社区资源、充分发挥其他行政机关与社会团体的优势、借助社会力量实行社区矫正方面也具有代表性。但是总体而言，我国现阶段缓刑犯的社区矫正工作尚处于动员期的阶段，表现为参与的人员数量偏少、积极性不高、人员结构单一、整体素质不高；参与缓刑犯社区矫正的社会组织尚处于发展阶段，表现为对社区志愿者服务的保障与保护、激励机制尚不健全等。[1]

三、社会力量参与缓刑犯帮扶的完善与创新建言

针对我国社会力量参与缓刑犯帮扶中存在的问题，借鉴其他国家和地区有关方面的典型经验，并结合我国社区矫正帮困扶助理论与实践的现实具体情况，建议从以下方面完善我国社会力量参与缓刑犯帮扶：

（一）转变社会公众对缓刑犯帮扶的认识

应当促进行刑社会化理念的普及与推广，以转变社会公众对缓刑犯帮扶的认识。理念更新是制度发展的先导，只有先进的理念逐步得到社会公众的认同，相应的制度才能得到落实。针对社会公众不理解对缓刑犯开展帮困扶助这一现象，具体可以通过以下方式改善：（1）社区矫正机构及其工作人员本身要树立并宣传正确的犯罪原因观和刑罚观。社区矫正机构及其工作人员是缓刑犯社区矫正活动的具体实施者和主导者，其自身观念是否正确直接影响到对缓刑犯帮扶的工作方向和效果。此外，社区矫正机构及其工作人员也应当注意向社会公众宣传正确的犯罪原因观和刑罚观，这里的社会公众包括已经参与到社区矫正工作中的社会力量和其他普通公民。（2）已经参与社区矫正的社会力量应当树立并向普通公民宣传正确的犯罪原因观和刑罚观。应当认识到，犯罪是个人因素和环境因素共同作用的产物，缓刑犯的违法犯罪行为，是多重因素综合作用的结果。根据菲利的犯罪原因三元论的观点，社会因素是影响犯罪发生的最主要因素，有效预防犯罪，应当从社会政策、社会制度、文化因素、个人因素等方面综合施策，从犯罪原因、犯罪情境等方面综合发力。根据以上观点，社会本身对缓刑犯的犯罪行为应当承担一定的责任，社会在惩罚缓刑犯以满足公民报应情感的同时，也有义务促使已经触法的缓刑犯重返社会，而单纯强调惩罚缓刑犯，试图以“杀鸡儆猴”的方式预防犯罪，虽然能够发挥一定的特殊预防功能，但是一般预防的作用微乎其微，在犯罪治理中所起的作用非常有限。

---

〔1〕 周国强：《社区矫正公民参与机制研究》，江苏大学出版社 2016 年版，第 162～163 页。

（二）提升社会力量参与帮扶的广度深度

应当不断提升社会力量参与缓刑犯帮扶的广度和深度，具体可以从以下方面着手：(1)不断增加参与帮困扶助的社会力量类型。例如，英国社区矫正中的社会力量参与主要是通过各种非政府组织等社会力量的参与，同时为了降低社区矫正的成本、减少司法行政人员的编制，英国政府也积极推行向社会组织购买社会工作服务。据统计，自2014年以来，该国法务部罪犯管理局在全国成立了21家民营性质的社区公司，并通过招标的形式，允许民间力量以竞争的方式获得这些社区公司的管理权。[1] (2)不断提升参与缓刑犯社区矫正帮困扶助社会力量的解决实际问题能力。例如，可以尽力改变目前以离退休公务员、教师等为主体的人员结构，促进具备心理学、法学、社会学、政治学、政策学及其他相关专业知识的志愿者参与到社区矫正工作中，通过志愿者所掌握的专业知识和技能，帮助矫正缓刑犯的犯罪心理与行为恶习。(3)延伸社会力量参与帮扶的环节。我国社会力量参与缓刑犯帮扶主要存在于帮困扶助的具体措施落实阶段，可以适当将社会力量参与的帮扶环节延伸至帮困扶助效果评估阶段，通过让社会力量亲自参与到缓刑犯的需要估，参与具体帮困扶助工作的社会力量不仅可以更深入地了解缓刑犯的现实需要从而更加有针对性地开展帮困扶助，而且可以更加直观地感受到帮困扶助的实际效果以激发社会力量参与社区矫正帮困扶助工作的热情，同时还可以改善社会力量对帮困扶助工作的理解和认识。

（三）丰富社会力量参与帮扶的具体形式

未来社会力量参与缓刑犯帮扶应该采取司法行政机关等公权力部门与社会力量合作，甚至社会力量主导的方式，社会力量也应当不断丰富参与帮困扶助的具体形式。丰富社会力量参与帮扶的具体形式可以从以下方面着手：一方面，将现阶段司法行政机关等公权力主导社会力量参与缓刑犯帮扶，转变为政府与社会力量合作或者社会力量主导缓刑犯帮扶工作。目前，缓刑犯社区矫正中的帮困扶助属于司法行政机关等公权力主导型，社会志愿者、社会组织等在社区矫正帮困扶助中仅发挥辅助作用，但是社区矫正中缓刑犯帮扶的目的在于帮助缓刑犯重返社会，缓刑犯只有得到社会力量的认可和帮助，才能更好地回归社会。因此，社区矫正帮困扶助的主体应当定位为社会力量。在未来的缓刑

---

〔1〕 周国强：《社区矫正公民参与机制研究》，江苏大学出版社2016年版，第71～73页。

犯帮扶工作中,应当积极促进现行的公权力主导向社会力量主导、政府监督和管理的大方向转变。美国自20世纪80年代起,非政府组织开始在执行社区矫正的具体项目与措施中发挥越来越重要的作用,同时各州也大胆探索"中途之家""矫正训练营"等,经营者多为社会组织或具体的个人,政府组织对经营者的考评是其能否持续发展的关键。[1] 另一方面,社会力量应当不断丰富缓刑犯帮困扶助的具体形式。例如,在加拿大社区矫正工作中,非政府组织这一类非官方组织及其成员,发挥的作用和具体承担的职责已经远远超出了单纯的罪犯矫正工作,其实际发挥的作用除了罪犯矫正外,还包括被害人救助、罪犯的权利维护、对罪犯义务履行的监督和帮助、对被破坏社会关系修复的帮助、对其他公民乃至整个社会的保护等。这种社会组织及其成员参与范围广泛、参与作用具体而多样的非政府组织,对社区矫正中帮困扶助作用的充分发挥意义重大。[2] 因此,未来我国在完善缓刑犯社区矫正帮困扶助机制时,应当借鉴国外一些国家的典型做法,积极发挥非政府组织在缓刑犯社区矫正帮困扶助中的主导作用,同时鼓励社会力量不断创新缓刑犯社区矫正帮困扶助的具体形式。

---

〔1〕 梅义征:《社区矫正制度的移植、嵌入与重构:中国特色社区矫正制度研究》,中国民主法制出版社2015年版,第48~49页。

〔2〕 刘强主编:《各国(地区)社区矫正法规选编及评价》,中国人民公安大学出版社2004年版,第270页。

第六章

缓刑犯社区矫正效果评估的完善与创新研究

我国社区矫正的演进过程及运作模式与西方国家有所不同。西方国家社区矫正经历了一个自下而上的过程,即经由基层司法实践不断探索和经验积累,在开展一定评估并获得社会公众认可的前提下,以法律形式加以确立并推广。而我国社区矫正主要采取政府主导的自上而下方式,旨在通过行政手段加快社区矫正制度的落地,以使我国的刑罚改革与完善更加符合国际趋势及我国时代发展。虽然我国自2003年全国层面开展社区矫正试点已近20年,《社区矫正法》《社区矫正法实施办法》相继发布并同时施行,但是学界和理论界围绕社区矫正有关问题一直争议不断。例如,在通过社区矫正改变犯罪心理和行为恶习的主观愿景能否实现、介绍的国外社区矫正成功经验是否符合我国实际情况、实施的社区矫正措施是否科学、是否达到了预期效果等方面,学界观点不一。[1] 对这些问题的全面、客观把握,很大程度上依赖于能否对社区矫正工作的实际效果作出科学、准确的评价。可以说,对社区矫正实施科学有效的评估,不仅有助于促进社区矫正对象自主调节社区矫正期间的行为,而且有助于社区矫正工作人员检视社区矫正效果,调整优化个案项目矫正方案,甚至关乎某一地区或者国家刑事政策的制定。因此,社区矫正效果评估是社区矫正工作中不可或缺的环节,完善社区矫正效果评估应当是近期我国社区矫正理论和实践层面需要重点关注的重要内容之一。[2] 本部分便以缓刑犯的社区矫正为切入点,探讨我国社区矫正效果评估的完善。

---

〔1〕 参见刘强主编:《社区矫正制度研究》,法律出版社2007年版,第439~442页。

〔2〕 参见陈伟、谢可君:《社区矫正中人身危险性理论适用探究》,载《山东警察学院学报》2016年第2期。

一、缓刑犯社区矫正效果评估相关概念梳理

目前,我国部分学者已经认识到缓刑犯社区矫正效果评估的重要意义,并且对社区矫正效果评估相关问题开展了系列针对性研究,这在一定程度上有助于社区矫正工作的顺利推进。然而,已有研究也存在概念界定不清楚、不统一,甚至概念混淆的情况,如不区分社区矫正效果评估、社区矫正评估、社区矫正质量评估等概念,会影响社区矫正效果评估的深入研究。因此,研究缓刑犯社区矫正效果评估首先应当准确厘清本概念的内涵和外延。

(一)社区矫正效果评估的概念及理解

理论研究中,对缓刑犯社区矫正效果评估这一概念的界定存在较大差别。例如,有研究者认为缓刑犯社区矫正效果评估本质上是评价缓刑犯社区矫正工作实际效果的活动。该活动由有关人员,通过科学的评估方法实施。这里的缓刑犯社区矫正工作包括在缓刑犯社区矫正中的社区矫正个案措施及个案效果的评估和在社区矫正后对某区域范围内缓刑犯社区矫正整体工作效果的评估。[1] 也有研究者认为,缓刑犯社区矫正效果评估即社区矫正质量评估,是指根据对社区矫正需要评估,对缓刑犯采取的管理、矫正措施产生的实际效果所作的评价。[2] 该观点同时主张,矫正效果评估既包括阶段性效果评估,也包括矫正期限届满前整体社区矫正工作效果的评估。[3] 从以上概念界定的对比中不难看出,在理解缓刑犯社区矫正效果评估时存在以下争议:(1)社区矫正效果评估是否等同于社区矫正质量评估;(2)对社区矫正效果评估内容的范围理解不同,即应包含对哪些工作的实际效果进行评估,是否应该涵盖对社区矫正对象帮困扶助效果的评价;(3)社区矫正效果评估的外延是否仅限于针对社区矫正阶段性工作的矫中效果评估和针对社区矫正对象矫正期届满前对具体社区矫正工作效果的解矫评估。

对上述三个问题的精准把握,有助于准确理解缓刑犯社区矫正效果评估这一概念。综合分析现有研究的各种主张,本书认为:(1)社区矫正效果评估不同于社区矫正质量评估。效果是某种行为产生的结果,而质量则是行为的优劣程度;效果侧重于对行为对象产生的影响,而质量则重在对行为本身的评价。理

---

〔1〕 参见吴宗宪主编:《社区矫正导论》(第2版),中国人民大学出版社2020年版,第302页。

〔2〕 参见狄小华:《社区矫正评估研究》,载《政法学刊》2007年第6期。

〔3〕 参见连春亮主编:《社区矫正理论与实务》,法律出版社2015年版,第342页。

论界和实务界可以评价已开展的社区矫正工作产生了良好的社会效果，但不能据此认为已开展的社区矫正工作产生了良好的社会质量，而只能说已开展的社区矫正工作质量很高。因此，社区矫正质量评估不等同于社区矫正效果评估，针对已开展的社区矫正产生的积极作用的评估属于对社区矫正对象的影响范畴，因此称为效果评估更为准确。(2)社区矫正效果评估内容并非仅限于社区矫正工作管理、教育措施产生的实际效果，而应当包含社区矫正中所采取的所有工作的实际效果。目前我国社区矫正工作的主要任务包括监督管理、教育矫正和帮困扶助三大方面，[1]在开展任何一个方面工作时，又可以采取多种具体措施。因此，社区矫正效果评估应当针对社区矫正所有工作的实际效果，除了评估管理、矫正措施产生的实际效果外，还应当包括评估帮扶措施产生的实际效果。(3)社区矫正效果评估的外延应当涵盖社区矫正个案措施效果评估、社区矫正个案效果评估、社区矫正对象解矫后对其社区矫正效果的跟踪评估、某行政区域的社区矫正工作效果评估、全国范围内社区矫正工作效果评估等多个维度。[2] 而目前理论界将社区矫正阶段性效果评估仅仅停留在社区矫正个案体措施层面，或将矫正期满的总体矫正效果评估只局限于社区矫正个案效果层面的评估等观点显然不够全面。

结合社区矫正工作实际，基于以上学界观点及理论分析，本书认为，缓刑犯社区矫正效果评估是指由社区矫正工作人员或者中立第三方专业评估机构按照一定的程序、方法，采用专门评估工具评价缓刑犯社区矫正工作实际效果的一切活动。这一定义有以下几个层面的含义：第一，缓刑犯社区矫正效果评估包括对缓刑犯监督管理、教育矫正和帮困扶助三方面工作效果的评估。第二，该层面的社区矫正既表明了其与质量评估有别，同时确定了其外延的全面性及宽泛性，符合社区矫正理论研究及工作实际。第三，依据缓刑犯矫正效果评估的内容不同，可以将缓刑犯社区矫正效果评估分为缓刑犯社区矫正的个案措施效果评估、缓刑犯社区矫正个案效果评估，以及缓刑犯社区矫正总体效果评估（包括对某行政区域的社区矫正工作效果评估和全国社区矫正工作效果评估）；

---

[1] 虽然《社区矫正法》将社区矫正工作内容分为监督管理和教育帮扶，但教育矫正和帮困扶助分别主要以危险评估和需要评估为基础，而两种评估的指标不同。因此，本书仍然将社区矫正工作内容分为监督管理、教育矫正和帮困扶助。

[2] 个案措施效果是指社区矫正工作者在具体的社区矫正案例中采用的矫正措施对社区矫正对象产生的影响和作用。参见吴宗宪主编：《社区矫正导论》（第2版），中国人民大学出版社2020年版，第316页。

按照缓刑犯社区矫正效果评估的阶段不同，可以将缓刑犯社区矫正效果评估分为矫中效果评估、解矫效果评估和矫后效果评估。

(二)社区矫正效果评估的相关概念辨析

在界定缓刑犯社区矫正效果评估这一概念时，存在形式相似而实质不同的两组概念。部分研究者并未注意这些概念的区别，以致出现概念混淆现象，一定程度上影响了相关研究的质量和受众的理解。因此，为了更好地开展缓刑犯社区矫正效果评估理论研究和实践探索，首先应当明确辨析这两组密切相关的概念。

1. 矫正效果评估与社区矫正评估

缓刑犯社区矫正效果评估与社区矫正评估是两个不同的概念。有研究者认为，社区矫正评估是指在社区矫正机构的统一组织和管理下，根据既定的指标体系，对社区矫正的危险、需要、能力和效果等进行测量和评价，并将测评结果用于指导社区矫正实践的专门活动。根据评估目的的不同，社区矫正评估可以分为危险评估、需要评估、能力评估和效果评估。[1] 虽然该定义相对冗杂，并且社区矫正评估是否包括社区矫正能力评估有待商榷，但是其比较全面地界定了社区矫正评估。应当说，其将社区矫正效果评估定位为社区矫正评估的下位概念是较为准确的。事实上，社区矫正评估包含的内容十分丰富，甚至还应当涵盖矫前调查评估，[2] 而社区矫正效果评估只是社区矫正评估的重要内容之一。

2. 矫正效果评估与危险—需要评估

缓刑犯社区矫正对象的危险—需要评估，是指按照一定的指标体系，对缓刑犯这类社区矫正对象再次实施危害社会行为的可能性或者个人需要进行的系统性评价。缓刑犯社区矫正效果评估与危险—需要评估的关系较为复杂。一方面，社区矫正效果评估通过不同的危险—需要评估结果比对得出。通过不同的危险—需要评估结果比对[3]，可以实现缓刑犯社区矫正个案措施和社区

---

〔1〕 社区矫正能力评估是指对社区矫正机构及其工作人员，利用自身资源，以及组织、动员社会资源，对矫正对象进行管理、矫正，以控制、降低矫正对象人身风险，并促进矫正对象适应正常社会生活能力进行的评价。社区矫正能力关系到对矫正对象人身危险的控制能力，因此也构成风险评估的因素。参见连春亮主编：《社区矫正理论与实务》，法律出版社 2015 年版，第 339 ~ 342 页。

〔2〕 矫前调查评估是指为了帮助法院和有关机关作出恰当的社区矫正裁决，而由社区矫正机构或者有关社会组织对被告人或者罪犯的社会危险性和对所居住社区的影响进行的调查评估工作。

〔3〕 不同的危险—需要评估既可以是入矫危险—需要评估与任一次矫中危险—需要评估，也可以是不同的矫中危险—需要评估，但是不包括矫前调查评估中的危险—需要评估。

矫正个案的效果评估。另一方面,缓刑犯社区矫正效果评估又不仅仅是通过不同的危险—需要评估结果比对实现。不容否认,社区矫正个案措施或者个案效果评估是某行政区域或全国社区矫正工作效果评估的参照内容之一。换言之,某行政区域或全国在进行缓刑犯社区矫正工作效果评估时,也会考察缓刑犯不同的危险—需要评估结果。但是,除此以外,其考察内容还涵盖对缓刑犯实施社区矫正前后某行政区域或全国的重新犯罪率、刑罚执行成本、社会公众态度等内容的变化情况,而且将后者作为主要的考察内容。需要说明的是,缓刑犯矫正效果评估与危险—需要评估同属于缓刑犯社区矫正评估的下位概念,但二者并非等同,单次的危险—需要评估并不能反映社区矫正效果。

二、缓刑犯社区矫正效果评估的价值分析

一般而言,价值是客体在与主体需要的互动关系中产生的有用性。缓刑犯社区矫正效果评估的价值,是指有关主体对缓刑犯社区矫正工作的实际效果进行评估所产生的积极意义,包括社区矫正工作人员对缓刑犯社区矫正个案措施效果、个案效果以及中立的第三方专业评估机构对某区域范围内缓刑犯社区矫正效果的评估。缓刑犯社区矫正效果评估具有多方面意义,具体体现在个人、社会和国家三个层面。

(一)缓刑犯社区矫正效果评估的个人层面价值

缓刑犯社区矫正效果评估的个人层面价值,是指缓刑犯社区矫正效果评估对社区矫正工作中的个人产生的积极意义。缓刑犯社区矫正涉及社区矫正工作人员和社区矫正对象缓刑犯本人,因此缓刑犯矫正效果评估的个人层面价值主要体现在对缓刑犯社区矫正对象本人和社区矫正工作人员的积极意义。对于缓刑犯社区矫正对象本人而言,客观、公正的矫正效果评估不仅有助于实现对矫正效果良好的缓刑犯社区矫正对象的有效鼓励,而且也有助于指导其社区矫正期间的心理和行为,即通过矫正效果评估,缓刑犯社区矫正对象能够更加明确自身行为是否有助于实现社区矫正预期目的,从而提升社区矫正的主动性。对于社区矫正工作人员而言,客观、公正的矫正效果评估结果既是对社区矫正工作人员已经开展工作的肯定,让社区矫正工作人员充分认识到其已经开展的工作具有重要价值,提升自身的职业认同感、责任感和荣誉感;也是对社区矫正工作人员以后工作的要求,即应当根据矫正效果评估结果,及时调整矫正效果不佳的矫正方案,重新制订矫正方案,进而提高社区矫正的针对性,从而提

升社区矫正工作的效率和效果。加拿大便在风险评估结果的基础上,为每个社区矫正对象都量身订制了矫正方案。例如,针对易怒者、滥用药物者、酗酒者、异常性行为者、家庭暴力者等制订了不同的矫正方案,矫正方案具体包括针对社区矫正对象特点开设的各种教育课程,矫正期间违规的惩戒程序、提高他们面对问题、准确决策的能力、就业培训增强就业竞争力、应对突发危机的方法等,目的在于满足社区矫正对象复归社会的需求和改造社区矫正对象的不良行为。[1]

(二)缓刑犯社区矫正效果评估的社会层面价值

缓刑犯社区矫正效果评估的社会层面价值,是指缓刑犯社区矫正效果评估产生的积极社会影响。缓刑犯社区矫正效果评估不仅对参与社区矫正的个人产生积极意义,而且对与社区矫正紧密联系的社会也将带来正面影响,这主要体现在:(1)有助于预防社区缓刑犯矫正对象重新犯罪从而保护社会。对已实行的监督管理、教育矫正和帮困扶助等是否具有良好的实际效果,均需要通过社区矫正个案措施效果评估实现。如果对缓刑犯社区矫正对象的监督管理效果不佳,则应当及时加大对其的监管力度;如果对缓刑犯社区矫正对象的教育矫正和帮困扶助收效甚微,则应当及时调整教育帮扶计划。这些措施均有助于预防缓刑犯重新犯罪,从而实现对社会的更好保护。此外,准确的个案效果评估也为保障社会安全提供重要支撑。例如,如果对缓刑犯社区矫正对象的个案效果评估显示其尚未达到预期矫正目标,则可以在解矫前强化对其的社区矫正监督管理。(2)有助于及时调低监管等级从而节约行刑成本。经过社区矫正个案措施效果评估,如果缓刑犯社区矫正对象的人身危险性、再犯可能性具有一定程度的降低,则可以适当调低其监管等级,这样不仅有助于鼓励社区矫正对象更好表现,也在一定程度上节约了行刑成本。(3)有助于引导社会公众正确评价社区矫正工作。目前社区矫正工作面临的重要问题之一,便是社会公众对其缺乏应有的认同和支持。通过缓刑犯社区矫正效果评估,可以考察社区矫正在重新犯罪、节约国家司法资源以及维护社会稳定等方面的效果。及时向社会公布这些评估信息,引导社会公众正确认识和评价缓刑犯社区矫正工作,以获得社会的广泛认同和支持。(4)有助于各地社区矫正的实践完善和制度建设。通过对某区域范围内缓刑犯社区矫正工作的效果评估,地方各级社区矫正机构

---

〔1〕 Robert P. Schwartz, Mary M. Mitchell, Kevin E. O' Grady, *Pharmacotherapy for Opioid Addiction in Community Corrections*, International Review of Psychiatry, 2018(9), p. 117 - 135.

能够及时把握已开展社区矫正工作中的经验与不足。及时总结社区矫正工作中的典型经验、做法，并重视、强化其制度化建设，以便在整个区域范围内推广且为社区矫正的理论研究和实践探索提供借鉴；而对于工作中的不足，则应当全面剖析导致问题的原因，并适当调整该区域范围内社区矫正工作的基本方向，以便更有效指导社区矫正的司法实践。

（三）缓刑犯社区矫正效果评估的国家层面价值

缓刑犯社区矫正效果评估的国家层面价值，是指缓刑犯社区矫正效果评估对社区矫正国家层面政策和制度产生的积极影响。缓刑犯社区矫正效果评估的国家层面价值主要体现在：(1)有助于完善社区矫正的司法实践和法律制度。通过对全国范围内社区矫正工作的全面、总体评估，社区矫正主管部门既能够及时发现工作中的不足，全面分析并指明社区矫正以后的工作重点和方向；也能够总结典型经验、做法并在法律上予以确立，继而在全国推广。(2)有助于确立缓刑犯社区矫正制度在我国刑罚改革中的地位。社区矫正是行刑社会化的具体表现，可以说是未来刑罚改革的趋势，但是也有个别研究者认为社区矫正的实际效果并不确定，据此便不看好社区矫正的未来发展。而客观、准确的缓刑犯社区矫正效果评估恰好能够在一定程度上消除对社区矫正工作实际效果的质疑。事实上，社区矫正效果评估结果与社区矫正在刑罚体系中的地位密切相关。例如，历史上美国学者马丁森对监狱矫正无效的研究，[1]直接使美国的矫正项目及其实施达到历史最低点之一。[2] (3)有助于进一步彰显我国刑罚的人道主义。缓刑犯社区矫正制度是指将符合条件的缓刑犯社区矫正对象置于社会中行刑的一项做法，避免了缓刑犯社区矫正对象在监狱中行刑存在的交叉感染、社会适应能力下降等问题，使得缓刑犯社区矫正对象与社会保持密切联系，有助于促进其顺利复归社会，体现了刑罚对缓刑犯社区矫正对象的人性关怀。同时，缓刑犯社区矫正制度的进一步贯彻实施，也有助于我国实现轻刑化，从而彰显刑罚的人道主义。

---

〔1〕 美国学者马丁森通过对 1945 年至 1967 年实施的 231 件改造案件的详细调查后得出如下结论：除极少数罕见的情况外，迄今为止有关致力于重返社会的报告，对预防再犯没有任何积极影响。马丁森的调查促使西方国家认为在矫正领域应当强调对罪犯的惩罚，使刑罚很多方面进行了重大改革。参见周国强：《国外社区矫正的理论基础及其发展评价》，载《江苏大学学报（社会科学版）》2005 年第 3 期。

〔2〕 参见刘强编著：《美国社区矫正的理论与实务》，中国人民公安大学出版社 2003 年版，第 214 ~ 215 页。

三、缓刑犯社区矫正效果评估的现状与问题

系统、准确地实施缓刑犯社区矫正效果评估,是实现其各层面价值的前提。近年来,我国缓刑犯社区矫正效果评估在理论研究与实践探索中取得了一定进展,但仍存在诸多薄弱之处,尚未步入系统化、规范化运行轨道。因此,为了保证缓刑犯社区矫正效果评估各层面价值的实现,应当全面厘清这些问题。

(一)社区矫正效果评估的现状分析

缓刑犯社区矫正效果评估在个人、社会与国家层面上都具有十分重要的理论和实践意义。然而,与英美发达国家相比,我国缓刑犯社区矫正效果评估虽已开展,但尚未受到应有重视,主要体现在法律规定、司法实践与学理探讨等方面。

1. 缓刑犯社区矫正效果评估有关法律规定不完备

在《社区矫正法》通过前,两院两部《实施办法》一直是指导各地社区矫正工作的权威规范性文件,但是该办法并未明确提出缓刑犯社区矫正效果评估概念。两院两部《实施办法》仅是在第 9 条提出,[1] 司法所应当在综合评估的基础上为社区矫正对象制订有针对性的矫正方案,并根据矫正方案的实施效果,适时予以调整。这里虽然并未正式提出社区矫正效果评估的概念,但是已经要求司法所根据矫正方案的实施效果适时调整矫正方案,将矫正方案的实施效果作为调整矫正方案的依据,暗含着应当对矫正方案的实施效果进行考察,这里对矫正方案实施效果的考察对应社区矫正个案效果评估。

《社区矫正法》虽然并未正式提出缓刑犯社区矫正效果评估这一概念,但是在多个条文涉及社区矫正评估和效果评估的内容,如本法第 18、24、28、29、36 条分别涉及缓刑犯社区矫正决定前的矫前调查评估、制订针对性矫正方案时对缓刑犯的危险—需要评估、缓刑犯社区矫正对象考核奖惩的依据评估、使用电

---

[1] 两院两部《实施办法》第 9 条规定:"司法所应当为社区矫正人员制定矫正方案,在对社区矫正人员被判处的刑罚种类、犯罪情况、悔罪表现、个性特征和生活环境等情况进行综合评估的基础上,制定有针对性的监管、教育和帮助措施。根据矫正方案的实施效果,适时予以调整。"

子定位装置期限延长的评估、教育矫正中对缓刑犯的需要评估等。[1] 这些评估涉及社区矫正决定前的矫前调查评估、危险评估、需要评估、缓刑犯社区矫正效果评估等内容。由此可见,缓刑犯社区矫正评估和效果评估贯穿《社区矫正法》始末和社区矫正工作全过程,是缓刑犯社区矫正中非常重要的内容。但是,《社区矫正法》并未明确界定缓刑犯社区矫正评估或者效果评估。

《社区矫正法实施办法》也并未准确提出缓刑犯社区矫正效果评估概念。为了更好贯彻实施《社区矫正法》,最高人民法院、最高人民检察院、公安部、司法部于2020年6月18日制定了《社区矫正法实施办法》,该办法也未正式提出缓刑犯社区矫正效果评估概念,仅是在第22条中指出,[2] 执行地县级社区矫正机构、受委托的司法所应当制订针对性的矫正方案,并根据分类管理的要求、实施效果以及社区矫正对象的表现等情况相应调整。不难看出,该规定已经蕴含了缓刑犯社区矫正效果评估的目的,即根据矫正方案的实施效果,相应调整矫正方案,该项规定类似于两院两部《实施办法》第9条。但是,经过细致对比

---

[1] 《社区矫正法》第18条规定:"社区矫正决定机关根据需要,可以委托社区矫正机构或者有关社会组织对被告人或者罪犯的社会危险性和对所居住社区的影响,进行调查评估,提出意见,供决定社区矫正时参考。居民委员会、村民委员会等组织应当提供必要的协助。"本条内容涉及决定前的调查评估。第24条规定:"社区矫正机构应当根据裁判内容和社区矫正对象的性别、年龄、心理特点、健康状况、犯罪原因、犯罪类型、犯罪情节、悔罪表现等情况,制定有针对性的矫正方案,实现分类管理、个别化矫正。矫正方案应当根据社区矫正对象的表现等情况相应调整。"本条要求的矫正方案应当根据社区矫正对象的表现等情况相应调整,也是建立在对社区矫正个案措施效果评估的基础上。第28条规定:"社区矫正机构根据社区矫正对象的表现,依照有关规定对其实施考核奖惩。社区矫正对象认罪悔罪、遵守法律法规、服从监督管理、接受教育表现突出的,应当给予表扬。社区矫正对象违反法律法规或者监督管理规定的,应当视情节依法给予训诫、警告、提请公安机关予以治安管理处罚,或者依法提请撤销缓刑、撤销假释、对暂予监外执行的收监执行。对社区矫正对象的考核结果,可以作为认定其是否确有悔改表现或者是否严重违反监督管理规定的依据。"本条所指的社区矫正对象的表现,是通过对已制订的社区矫正方案实施的效果评估反映出来的。第29条规定:"对具有一定情形的社区矫正对象,经县级司法行政机关负责人批准,可以适用电子定位装置,加强监督管理。对于期限届满后,经评估仍有必要继续使用的,经过批准,期限可以延长,每次不得超过三个月。"本条对使用电子定位装置期限延长的评估,实质上是社区矫正个案措施的效果评估。第36条规定:"社区矫正机构根据需要,对社区矫正对象进行法治、道德等教育,增强其法治观念,提高其道德素质和悔罪意识。对社区矫正对象的教育应当根据其个体特征、日常表现等实际情况,充分考虑其工作和生活情况,因人施教。"本条涉及制订教育矫正方案时的需要评估。

[2] 《社区矫正法实施办法》第22条规定:"执行地县级社区矫正机构、受委托的司法所要根据社区矫正对象的性别、年龄、心理特点、健康状况、犯罪原因、悔罪表现等具体情况,制定矫正方案,有针对性地消除社区矫正对象可能重新犯罪的因素,帮助其成为守法公民。矫正方案应当包括社区矫正对象基本情况、对社区矫正对象的综合评估结果、对社区矫正对象的心理状态和其他特殊情况的分析、拟采取的监督管理、教育帮扶措施等内容。矫正方案应当根据分类管理的要求、实施效果以及社区矫正对象的表现等情况,相应调整。"

可以得出，缓刑犯社区矫正效果评估虽然已历八余年的探索，但是有关立法并未取得实质性进展，甚至尚未正式提出缓刑犯社区矫正效果评估这一概念。

地方社区矫正机构也制定社区矫正效果评估有关规范，但是均未正式提出缓刑犯社区矫正效果评估概念。例如，江苏省制定的《江苏省社区矫正对象计分考核规定（试行）》（苏司规〔2004〕9 号）是一部“既有加分又有扣分”的计分考核评估文件，虽然该规范性文件的法律位阶较低，且其中关于教育帮扶效果评估的条文对我国社区矫正教育帮扶评估的立法具有一定的参考价值。〔1〕 湖北省社区矫正工作办公室于 2010 年 8 月 19 日发布了《湖北省社区矫正对象风险评估办法（试行）》，山东省司法厅于 2012 年 11 月 22 日发布了《社区矫正风险评估暂行办法》。〔2〕 2012 年湖南省社矫办出台《社区矫正对象教育矫正效果评估操作办法（试行）》，该办法将对社区矫正对象教育矫正效果评估分为社区矫正对象自评和社区矫正主体考评两部分，要求具体评估工作在各级社区矫正工作机构的指导下，由司法所具体负责实施，司法所应在社区矫正对象矫正期满前得出评估结果。〔3〕 再如，广东省《关于社区矫正人员考核及分类管理的暂行规定》《云南省社区矫正对象计分考核规定》《安徽省社区矫正对象考核奖惩办法》。〔4〕 虽然这些地方性规定内容均涉及若干关于社区矫正对象教育帮扶效果的条文，但是并未正式提出社区矫正效果评估概念，导致有关社区矫正效果评估的规定、对社区矫正效果评估的理解等不一致。

〔1〕 例如，第 15 条规定：“矫正对象有下列情形之一的，加 2～6 分：……（四）积极参加政治、法制、道德教育，完成规定的教育课时，考核成绩合格的……”第 20 条规定：“矫正对象有下列情形之一的，口 3 分……（三）参加公益劳动不服从分工的。”参见周健宇：《社区矫正人员教育帮扶体系比较研究》，法律出版社 2020 年版，第 52～53 页。

〔2〕 参见吴宗宪：《中国社区矫正规范化研究》，北京师范大学出版社 2021 年版，第 290 页。

〔3〕 社区矫正对象教育矫正效果自评，主要反映社区矫正对象临近解矫时，在法纪观念、道德观念、行为特征、心理特征、素质特征与认知水平等方面的状态；社区矫正工作人员考评包括教育矫正六要素（认罪悔罪、服从监管、行为规范、教育学习、公益劳动和心理健康）评估、矫正阶段考核结果量化分析与社区矫正工作人员考评得分。然后按自评权重 20%、社区矫正工作人员评议权重 80% 计算标准分，将标准分相加即得教育矫正效果评估总得分；最后根据评估得出的量化结果，按照 A 等：80 分及以上（教育矫正效果明显，再犯罪可能性低）、B 等：60～79 分（教育矫正效果一般，再犯罪可能较低）、C 等：60 分以下（教育矫正效果较差，有再犯罪可能）的标准划分出教育矫正效果评估等级。

〔4〕 参见周健宇：《社区矫正人员教育帮扶体系比较研究》，法律出版社 2020 年版，第 53～54 页。

2. 缓刑犯社区矫正效果评估的实践有限

自2003年开展社区矫正试点工作以来，我国部分省市便重视缓刑犯社区矫正效果评估的研究与探索，一些地方进行了危险评估和需要评估方面的实践探索。其中，较早进行危险评估量表编制的是北京市司法局等单位，北京市司法局曾经与首都师范大学政法学院社会工作系合作研制了《北京市社区矫正对象综合状态评估指标体系》。[1] 此后，其他一些地区也进行了危险评估方面的探索。例如，上海市的卢湾区和徐汇区两区，在2006年年初就开展"矫正质量评估指标的设计和运用"课题研究，并设计两套量表——社区矫正质量效果（初期）和（阶段）评估表，分别对部分在初期和阶段的社区矫正对象进行测试，表明接受矫正取得了一定成效。[2] 上海市徐汇区司法局委托上海政法学院社区矫正研究中心编制了《社区矫正服刑人员风险测评表》，[3]江苏省也从2006年开始专门成立社区矫正风险评估研究课题组，2009年在全国范围内推广使用《社区矫正风险评估网络系统软件》，截至2009年8月底，开展了21,600余例社区矫正对象的风险评估。[4] 并在分析3000余例真实案件基础上开发了江苏省矫正风险评估工具，[5]浙江警官职业学院与余杭区司法局共同研发了社区矫正人员再犯风险评估软件系统（CIRAI），[6]湖南省娄底市娄星区司法局2009年设计了社区矫正对象风险测评表，[7]以及新近提出的、自称为罪犯风险评估第五代工具的"犯罪危险性智能化评估"。[8] 此外，早在2005年北京市司法局委托独立的专业调查机构零点市场调查与分析公司，对北京市20名不同行业人士进行了访谈调查和12个区县的1025名居民对社区矫正的认可度、对社区矫正对象的信任度等调查，以及对18个区县的107名社区矫正对象的社会危险性进行了定量调查，取得了比较肯定的结果。[9] 以上省市在社区矫正效果评估方面进行了有益探索，但社区矫正效果评估作为一项极具价值的工作远未在全国

---

〔1〕 参见王友江、马捷、林仲书：《社区矫正对象分类管理分阶段教育模式的探索与实践》，载《中国司法》2006年第5期。

〔2〕 参见张学超主编：《社区矫正实务教程》，中国人民公安大学出版社2013年版，第250页。

〔3〕 参见刘强主编：《社区矫正制度研究》，法律出版社2007年版，第151～156页。

〔4〕 参见张学超主编：《社区矫正实务教程》，中国人民公安大学出版社2013年版，第250页。

〔5〕 参见张新民主编：《社区矫正风险评估研究》，南京大学出版社2009年版。

〔6〕 参见吴宗宪：《中国社区矫正规范化研究》，北京师范大学出版社2021年版，第289页。

〔7〕 参见司法部社区矫正管理局编：《社区矫正研究论文集（2013）》，法律出版社2013年版，第266页。

〔8〕 参见马皑、孙晓、宋业臻：《罪犯危险性智能化评估的理论与实践》，中国法制出版社2020年版，第91～118页。

〔9〕 参见吴宗宪：《社区矫正比较研究》（下），中国人民大学出版社2011年版，第781～782页。

统一并推开。

3. 我国学界对缓刑犯社区矫正效果评估的探讨不足

目前,我国缓刑犯社区矫正效果评估的学理探讨不充分,这主要表现在如下方面:首先,对缓刑犯社区矫正效果评估的研究成果数量不多。以在中国知网上的检索结果为例,截至2022年6月20日,以社区矫正并含评估为篇名的文献多达135份。但是,以社区矫正并含效果评估或者效果评价为篇名的文献仅有10份,包含4篇硕士学位论文、6篇期刊论文;以社区矫正并含质量评估或者质量评价为篇名的文献仅有3份,全部为期刊论文,其中2篇还是同一作者发表的类似文章。整体来看,对人身危险性评估、矫前调查评估的研究较多,而针对缓刑犯社区矫正效果评估研究不足。其次,对缓刑犯社区矫正效果评估的研究成果形式单一。目前,缓刑犯社区矫正效果评估的研究成果主要以期刊论文形式出现,也有为数不多的著作以相对简短的篇幅简要介绍社区矫正效果评估。而缓刑犯社区矫正的其他方面评估,如矫前调查评估和对缓刑犯社区矫正对象的危险评估的研究成果形式则相对多样,不仅有较为专业的学术期刊论文,而且也有专门的著作,甚至还制订了较为专业的评估量表。最后,对缓刑犯社区矫正效果评估的研究深度不够。目前,有关缓刑犯社区矫正效果评估的研究多为泛泛而谈,缺乏深入而切中要害的研究。这些研究或者名为缓刑犯社区矫正效果评估但实际研究的并不是缓刑犯社区矫正效果评估方面内容,或者仅仅简单介绍缓刑犯社区矫正效果评估的概念、方法及程序等内容而不解释相关学理。而作为一项完整制度的缓刑犯社区矫正效果评估,其有效实施受诸多因素影响,必须深入全面系统研究缓刑犯社区矫正效果评估,包括缓刑犯社区矫正效果评估的概念、内容、意义、主体、方法、工具及程序等内容。

(二)社区矫正效果评估存在的主要问题

由于缺少缓刑犯社区矫正效果评估的明确法律规定,各社区矫正机构在开展缓刑犯社区矫正效果评估时,往往容易陷入无章可循、各行其是的尴尬境地,严重阻碍了缓刑犯社区矫正效果评估的发展,也难以保障缓刑犯社区矫正效果评估的系统化、科学化和规范化。

1. 效果评估主体不全面

我国缓刑犯社区矫正效果评估的评估主体不全面。缓刑犯社区矫正效果评估主体是指具体实施缓刑犯社区矫正效果评估的人员或机构。实际上,缓刑犯社区矫正效果评估主体是指具体开展缓刑犯社区矫正效果评估工作的人员,因为即便由中立的第三方专业评估机构进行缓刑犯矫正效果评估，最终的具体评估工作仍然是由第三方专业评估机构的工作人员实施。而只要由人实施的活动，就难以避免个体化差异和主观价值判断。因此，缓刑犯社区矫正效果评估主体的专业素养、工作态度、利益相关等因素均会在一定程度上影响效果评估结果。可以说，缓刑犯效果评估主体在效果评估中发挥重要作用。但是，目前有关效果评估的研究很少提及效果评估主体，或者因为对缓刑犯社区矫正效果评估内容的认识不准确，即将缓刑犯社区矫正的效果评估内容多理解为对缓刑犯社区矫正工作的整体评估而不包括对具体缓刑犯社区矫正对象开展的社区矫正及其措施的效果评估，所以理论和实践中也常将缓刑犯社区矫正效果评估主体仅仅理解为专业评估队伍和中立的第三方专业评估机构，并不涉及缓刑犯社区矫正工作人员这一最主要的社区矫正效果评估主体，这主要是由于缓刑犯社区矫正效果评估内容不明确导致的。矫正效果评估主体的不全面，不仅会损害缓刑犯矫正效果评估体系的完整，而且会影响矫正效果评估的实施。

2. 效果评估内容不统一

缓刑犯社区矫正效果评估内容不统一，是缓刑犯社区矫正效果评估中的突出问题之一。缓刑犯社区矫正效果评估内容即指缓刑犯矫正效果评估所应当涵盖的各个方面。以往的相关研究在矫正效果评估内容方面主要存在以下问题：

一是对矫正效果评估内容的外延把握不统一。目前开展的效果评估主要针对社区矫正个案措施目标的实现，欠缺对整个矫正工作效果的评估。[1] 同时，不少研究常常将矫正效果评估内容理解为仅是对缓刑犯社区矫正个案措施的效果评估，却忽略了缓刑犯社区矫正个案效果评估和总体效果评估的重要意义。事实上，缓刑犯社区矫正个案及其措施效果评估和总体效果评估是效果评估不可分割的部分。个案效果评估是对具体的社区矫正实施效果的整体性评估，有利于整体把握缓刑犯社区矫正对象的人身危险性降低程度和再社会化效果，是对缓刑犯复归社会的最后一次把关，对于保护社会意义重大。总体效果评估是对社区矫正制度和已开展工作的宏观性评估，有利于地方或者全国社区矫正整体工作和制度的进一步完善。

二是对矫正效果评估内容的称谓不一致。例如，有研究者主张效果评估内

---

〔1〕 参见武玉红：《社区矫正管理模式研究》，中国法制出版社 2011 年版，第 131 页。

容包括对缓刑犯社区矫正项目本身的评估和对缓刑犯社区矫正项目运作的评估。[1] 但是并未指出何为对缓刑犯社区矫正项目运作的评估、何为对缓刑犯社区矫正项目本身的评估。并且这样的称谓较为晦涩,不便于受众理解。按照该研究者的相关论述,对缓刑犯社区矫正项目本身的评估应该是指对缓刑犯社区矫正制度和整体缓刑犯社区矫正工作效果的评估,而对缓刑犯社区矫正项目运作的评估应该是指对缓刑犯社区矫正个案措施效果的评估,并未涉及对缓刑犯社区矫正个案效果的评估。也有研究者主张效果评估内容包括缓刑犯社区矫正对象矫正效果评估和缓刑犯社区矫正工作实施效果评估。缓刑犯社区矫正对象矫正效果评估既可以是矫正过程中的阶段性评估,也可以是矫正结束前的总结性评估。[2] 但是,这里的缓刑犯社区矫正对象矫正效果评估仅仅强调对缓刑犯社区矫正对象一方的矫正效果评估,扩大为包括对缓刑犯社区矫正工作人员的工作成效和缓刑犯社区矫正个案效果的评估,则有名不副实之虞。此外,具体、个案的缓刑犯社区矫正工作即是缓刑犯社区矫正个案,缓刑犯社区矫正个案效果评估理应为缓刑犯社区矫正工作实施效果评估的范畴,因为缓刑犯社区矫正工作包括个案层面上的缓刑犯社区矫正个案具体工作和制度层面上的缓刑犯社区矫正制度实施,这里却归入缓刑犯社区矫正对象矫正效果评估,一定程度上并不合理。这种缓刑犯社区矫正对象矫正效果评估、缓刑犯社区矫正工作实施效果评估、缓刑犯社区矫正项目本身的评估、缓刑犯社区矫正项目运作的评估等称谓的差别,不利于后续理论层面的对话和实践层面的交流。

3. 效果评估指标不规范

缓刑犯社区矫正效果评估的指标不规范是社区矫正效果评估中的又一突出问题,主要表现为部分指标不准确、不全面、体系性不强等问题。缓刑犯社区矫正效果评估指标,是指社区矫正工作人员或者第三方专业评估机构在开展缓刑犯社区矫正的各方面效果评估时分别应当考察的有机统一的要素集合。因此,缓刑犯社区矫正效果评估指标的选取是否准确和全面,将直接影响效果评估结果的科学和客观。但是,目前有关矫正效果评估指标的研究中,存在部分指标不准确、指标不全面和指标体系较离散情况。

缓刑犯社区矫正效果评估指标不准确主要表现为将与缓刑犯社区矫正效果评估无关的指标视为效果评估指标,即不当扩大了效果评估指标的范围。例

〔1〕 参见刘强、王琼:《我国社区矫正评估体系的建构》,载《法治论丛》2005 年第 6 期。

〔2〕 参见吴宗宪主编:《社区矫正导论》(第 2 版),中国人民大学出版社 2020 年版,第 309 页。

如,有的研究者提出要从决定前的危险评估、入矫后的分类评估、矫正中的需要评估和解矫前后的回归评估等方面架构缓刑犯社区矫正效果评估体系。[1] 不可否认,矫正效果评估的确涉及危险评估,危险评估结果的改变是矫中效果评估的重要方面,但并不是所有危险评估的指标均适合作为矫正效果评估指标。例如,主观罪过是危险评估的重要指标,但并不能作为矫正效果评估指标。因为主观罪过这一显示犯罪时心理态度的静态因素,并不会随着社区矫正的实施而改变,但并不能由此否定社区矫正效果。因此,只有危险评估的动态指标才适合作为矫正效果评估指标。将决定前的危险评估的所有指标均纳入矫正效果评估体系,显然是不准确的。

缓刑犯社区矫正效果评估指标不全面主要表现为应当纳入缓刑犯社区矫正效果评估指标体系的一些指标因为种种原因,在研讨缓刑犯社区矫正效果评估时未予考虑的情形。目前有关缓刑犯社区矫正效果评估指标的研究,主要考虑缓刑犯社区矫正对象危险性的降低情况,通过罪犯危险评估量表从缓刑犯社区矫正对象的人身危险性和社区矫正期间的表现方面着手,如犯罪前、犯罪中、犯罪后缓刑犯社区矫正对象的表现和缓刑犯社区矫正对象的家庭情况、教育情况、婚姻状况、精神状况、人际关系、违法犯罪史、认罪态度、改造积极性等因素。但是,很少考量缓刑犯社区矫正对象需要的变化情况,如所接受教育和训练情况、人际关系改善情况、经济收入情况等因素。而缓刑犯社区矫正对象的需要不到满足同样是导致其犯罪心理和行为形成的重要因素。

缓刑犯社区矫正效果评估指标的体系性不足主要表现为效果评估指标虽然较为全面,但是各指标间的逻辑关系不合理、不明显甚至缺失或者各指标权重配比不合理。例如,有研究者从重新犯罪率、刑罚成本、社区居民对社区矫正的感受、对犯罪被害人的调查、对缓刑犯社区矫正对象感受的调查、矫正项目的有效性、缓刑犯社区矫正的机构设置和人员配备七个方面考察矫正效果。[2] 应当说,对缓刑犯社区矫正效果评估指标的认识较为全面。但是这七个方面的内容并非并列关系,而且各指标在缓刑犯社区矫正对象实施犯罪中发挥的作用也不相同,因而应当配置不同的权重。这种不分轻重缓急地简单罗列效果评估指标,将导致缓刑犯社区矫正效果评估指标的体系性较差,不利于提升矫正效果评估结果的信度与效度。

---

〔1〕 参见孙文红:《我国社区矫正效果评估体系的评价与重构》,载《社会科学辑刊》2015 年第 5 期。
〔2〕 参见刘强主编:《社区矫正制度研究》,法律出版社 2007 年版,第 446 ~ 453 页。

4. 效果评估方法不科学

缓刑犯社区矫正效果评估的评估方法单调、落后，是制约社区矫正效果评估发展的重要因素之一。缓刑犯社区矫正效果评估方法是指在评估缓刑犯社区矫正效果时适用的具体手段与方式。评估方法的恰当选择和准确使用，是缓刑犯社区矫正效果评估顺利进行和结果全面、准确的重要保障。可以说，没有科学的、与被评估内容相适应的评估方法，就不可能有科学的评估结果。[1] 但是，目前有关效果评估方法的研究存在一些问题。

现有研究中的缓刑犯社区矫正效果评估方法相对传统，且种类较为单一，缺乏体系性和可操作性。例如，有研究者在很早以前便提出利用定量和定性的实证方法进行矫正效果评估，具体方法包括个别访谈、小组座谈、问卷调查、实地观察、历史研究等。[2] 这些研究探讨的效果评估方法往往停留在宏观介绍层面，不注重方法论的改进和具体方法的详尽介绍，导致缓刑犯社区矫正效果评估方法的体系性不强，采用这些方法获得的缓刑犯社区矫正效果评估结果准确性不高。同时，这些传统的缓刑犯社区矫正效果评估方法虽然具有简便易行优势，也符合现阶段我国社区矫正的基本情况。但是，这种采用简单的信息收集、经验判断等的直观方法实施的效果评估，往往导致评估结果的主观性过强，不利于缓刑犯社区矫正效果评估的精准化发展。[3]

效果评估方法与效果评估内容的关联性不强。具体来讲，不重视根据缓刑犯社区矫正效果评估的内容差异，选取不同的缓刑犯社区矫正效果评估方法。但是值得肯定的是，几乎所有缓刑犯社区矫正效果评估方法的研究都主张矫正效果评估方法的选择、确立应当与效果评估内容相适应，即存在密切联系。但是，囿于介绍的效果评估方法较少、确定的效果评估内容不全面等，以往的研究在如何建立缓刑犯社区矫正效果评估方法和社区矫正效果评估间的联系、彼此间应当建立何种联系以及相应方法体系的建立等方面缺乏明确而详尽的论述。

5. 效果评估程序不完备

我国缓刑犯社区矫正效果评估程序不完备也是影响缓刑犯社区矫正效果评估的重要因素之一。缓刑犯社区矫正效果评估程序是指缓刑犯社区矫正效

[1] 参见吴宗宪主编：《社区矫正导论》（第2版），中国人民大学出版社2020年版，第317页。

[2] 参见刘强主编：《社区矫正制度研究》，法律出版社2007年版，第453～454页；参见连春亮主编：《社区矫正理论与实务》，法律出版社2015年版，第355～358页。

[3] 参见孙文红：《我国社区矫正效果评估体系的评价与重构》，载《社会科学辑刊》2015年第5期。

果评估主体在进行缓刑犯社区矫正效果评估时应当完成的所有事项以及各事项的有序衔接。效果评估程序完备要求在进行缓刑犯社区矫正效果评估时，应当明确缓刑犯社区矫正效果评估各环节涵盖的具体内容，以及各环节的先后循序。可以说，缓刑犯社区矫正效果评估程序完备是缓刑犯社区矫正矫正效果评估全面、有序开展的重要保障，是构建缓刑犯矫正效果评估体系不可或缺的要件。因而，矫正效果评估的程序不完备，不仅有损矫正效果评估体系的完整，而且会使矫正效果评估实际工作陷入杂乱无章的境地，从而影响矫正效果评估的实施。目前，我国缓刑犯社区矫正效果评估的理论探讨和司法实践中，有关缓刑犯社区矫正效果评估程序的研究存在以下问题：一是不重视缓刑犯社区矫正效果评估程序研究。现阶段有关缓刑犯社区矫正效果评估的研究很少涉及矫正效果评估程序，导致实践中缓刑犯社区矫正效果评估缺乏理论指导，严重影响了缓刑犯社区矫正效果评估实践发展；二是不区分缓刑犯社区矫正效果评估不同内容的对应评估程序。缓刑犯社区矫正的个案措施效果评估、个案效果评估和总体效果评估追求不同的评估目的，个案措施效果评估旨在调整缓刑犯社区矫正个案措施，个案效果评估重在为调整缓刑犯社区矫正方案和评估缓刑犯社区矫正对象是否达到了缓刑犯社区矫正个案效果提供依据，总体效果评估则是为了判断某一时段某区域范围内缓刑犯社区矫正制度与实践是否科学、合理，所以应当采取不同的效果评估程序；三是不按照缓刑犯社区矫正效果评估程序开展社区矫正效果评估。根据对一些省市县司法系统的缓刑犯社区矫正工作调研情况，目前社区矫正工作人员已经充分认识到缓刑犯社区矫正效果评估的重要性，也陆续开展了缓刑犯社区矫正效果评估的探索，但是因为缺乏明确的缓刑犯社区矫正效果评估程序，实践中只能根据习惯、经验开展社区矫正效果评估，导致缓刑犯社区矫正效果评估随意性强、准确性不高。

四、缓刑犯社区矫正效果评估的完善与创新建言

为了更好开展缓刑犯社区矫正效果评估，充分发挥其应有的价值，应当针对缓刑犯社区矫正效果评估中存在的问题，从完备缓刑犯社区矫正效果评估有关法律规定、科学确定效果评估内容、确立相应效果评估主体、构建效果评估指标体系、促进效果评估方法升级、合理完善效果评估程序等方面构建缓刑犯社区矫正效果评估制度。

（一）完备社区矫正效果评估有关法律规定

目前，我国社区矫正评估在有关立法中被给予越来越多的重视。虽然我国

《社区矫正法》第18、24、28、29、36条等条文，两院两部《实施办法》第22条均涉及社区矫正评估，尤其《社区矫正法》第28条实际上是立法将过程考核（是否认罪悔罪、遵守法律法规、服从监督管理、接受教育）与结果考核（是否违反法律法规、监督管理规定）初步结合，初步订正了单纯以"再犯罪率"为导向的社区矫正考核方式，是我国社区矫正考核制度的一大进步，[1]但是并未明确提出缓刑犯社区矫正效果评估这一概念，从而影响了缓刑犯社区矫正效果评估的理论和实践探索，一定程度上阻碍了缓刑犯社区矫正分级监管、分类教育和个别化帮扶的切实落实。而一些国家就认识到了缓刑犯社区矫正效果评估的重要价值从而在有关法律中予以规定。例如，挪威从20世纪90年代末开始试行缓刑犯社区矫正对象评估，其《刑罚执行法案》《刑事诉讼法典》中都规定了较为详尽的评估制度。[2]

建议在未来修订《社区矫正法》或者《社区矫正法实施办法》时，明确规定缓刑犯社区矫正效果评估的概念、目的、内容、主体、工具、方法和程序等有关内容。一方面，在《社区矫正法》中明确规定缓刑犯社区矫正效果评估的概念、主体和内容，并且确立缓刑犯社区矫正效果评估的目的。缓刑犯社区矫正效果评估是由社区矫正工作人员或者中立第三方专业评估机构按照一定的程序、方法，采用专门评估工具评价缓刑犯社区矫正工作实际效果的一切活动，包括缓刑犯社区矫正的个案措施效果评估、个案效果评估和总体效果评估。建立缓刑犯社区矫正效果评估制度的目的在于为调整缓刑犯社区矫正对象的监管等级、教育帮扶内容、是否解除社区矫正以及如何完善缓刑犯社区矫正制度提供证据支撑，从而贯彻落实循证矫正。另一方面，在《社区矫正法实施办法》中详细规定缓刑犯社区矫正效果评估的工具、方法和程序等，为各级社区矫正机构及其工作人员探索缓刑犯社区矫正效果评估制度提供基本指导，增强缓刑犯社区矫正效果评估的实际可操作性。

（二）科学确定效果评估内容

完善缓刑犯社区矫正效果评估的重要任务之一便是科学确定效果评估内容。因为效果评估内容涉及对缓刑犯社区矫正中的哪些方面效果进行评估。

---

〔1〕 参见周健宇：《社区矫正人员教育帮扶体系比较研究》，法律出版社2020年版，第58页。

〔2〕 A Cantora, J Mellow, MD Schlager, *Social Relationships and Group Dynamics Inside a Community Correction Facility for Women*, International Journal of Offender Therapy & Comparative Criminology, 2015;60 (9), p. 210-217.

效果评估内容不同,对应的效果评估主体、程序、方法、指标等方面也将存在差异。有研究者认为缓刑犯矫正效果评估包括对缓刑犯社区矫正对象矫正效果评估和社区矫正工作实际效果评估,对缓刑犯社区矫正具体做法、具体制度和工作整体的评估,对缓刑犯社区矫正不同行政区域、不同类型地区(如城市社区、农村社区等)的缓刑犯社区矫正工作进行评估,这样可以为不同方面的决策等提供较为可靠的资料。[1] 可以看出,根据不同的分类标准,缓刑犯社区矫正效果评估内容则表现出不同类型,该主张构建了缓刑犯社区矫正效果评估内容的基本框架。

按照缓刑犯社区矫正效果评估对象的不同,可以将缓刑犯社区矫正效果评估分为个案措施效果评估、个案效果评估和总体效果评估,本书主要采取该标准对缓刑犯社区矫正效果评估进行分类。(1)个案措施效果评估,是指在缓刑犯社区矫正的每个阶段,为进一步调整缓刑犯社区矫正方案而对每项缓刑犯社区矫正个案措施效果是否到达预期目标的评量。缓刑犯社区矫正个案措施效果评估的重要目的在于评估对缓刑犯社区矫正对象已经开展的监督管理、教育帮扶效果,进而为调整监管等级、教育方案和帮扶计划提供依据。(2)个案效果评估,是指综合所有对缓刑犯社区矫正对象的个案措施效果评估结果,对缓刑犯社区矫正对象实施的整套社区矫正方案实际效果进行的评量。个案效果评估是对缓刑犯社区矫正所有个案措施效果的整体性评估,发生在矫正中、解矫前,一般是在对解除缓刑犯社区矫正前的 3 个月内。因而严格意义上讲,个案效果评估也属于矫中效果评估范畴。个案效果评估的目的在于通过对缓刑犯社区矫正对象的社区矫正个案实际效果进行的评价,判断是否达到了预期矫正目标、是否需要调整缓刑犯社区矫正方案以及缓刑犯社区矫正对象能否顺利回归社会。(3)总体效果评估,是指通过对某行政区域内或者全国的缓刑犯社区矫正工作情况的了解、整理、分析等,对该范围内已开展的社区矫正工作实际效果的整体评价和预测。总体效果评估往往发生在具体的缓刑犯社区矫正工作后,目的在于为该行政区域或者全国缓刑犯社区矫正的制度完善和工作改进提供决策依据。

按照缓刑犯社区矫正效果评估阶段的不同,可以将缓刑犯社区矫正效果评估分为矫中效果评估、解矫效果评估和矫后效果评估。(1)矫中效果评估,是指

---

〔1〕 参见吴宗宪主编:《社区矫正导论》(第 2 版),中国人民大学出版社 2020 年版,第 309 页。

发生在具体的缓刑犯社区矫正个案中,由缓刑犯社区矫正效果工作人员按照一定的程序、采用一定的工具和方法,对缓刑犯社区矫正个案措施的影响和作用进行的评量,由对缓刑犯社区矫正对象的不同次危险评估和需要评估结果的变化体现。缓刑犯社区矫正个案措施效果评估和缓刑犯社区矫正个案效果评估均属矫中效果评估,其目的在于为调整矫正方案提供依据。需要注意的是,矫中效果不同于矫前调查评估,矫前调查评估通常也是由犯罪人的危险评估和需要评估结果反映,但是这里的危险评估和需要评估是对犯罪人是否适用社区矫正的评估,是犯罪人入矫前的、首次的评估,其结果不能作为矫中效果评估的参照;而缓刑犯社区矫正对象入矫后进行的第一次危险和需要评估,其目的在于为缓刑犯社区矫正对象制定合理的矫正方案,其结果可以作为矫中效果评估的参照。(2)解矫效果评估,是指结合对缓刑犯社区矫正对象的个案效果评估结果,从其即将复归社会时的生活技能、身心状况、思想动态等方面对其社区矫正个案实际效果进行的评量。解矫效果评估旨在判断缓刑犯社区矫正对象是否通过社区矫正的教育帮扶,达到了复归社会的标准。(3)矫后效果评估,是指在解矫后由缓刑犯社区矫正效果评估主体对已经解矫的缓刑犯社区矫正对象进行的社区矫正实际效果的评量,包括对具体的已解矫缓刑犯社区矫正对象的跟踪评估和对所有已解矫缓刑犯社区矫正对象已经开展的社区矫正工作实际效果的评估,总体效果评估属于矫后效果评估范畴。

按照缓刑犯社区矫正效果评估角度的不同,可以将缓刑犯社区矫正效果评估分为缓刑犯社区矫正对象效果评估、社区矫正工作实施效果评估和社区矫正工作人员效果评估,是指分别从缓刑犯社区矫正对象、缓刑犯社区矫正工作实际效果和缓刑犯社区矫正工作人员角度,对具体的或者整体的缓刑犯社区矫正工作实际效果进行的评量。需要指出的是,个案措施效果评估、个案效果评估、总体效果评估、矫中效果评估、解矫效果评估和矫后效果评估均应该涵盖对缓刑犯社区矫正对象、对缓刑犯社区矫正工作人员和对缓刑犯社区矫正实际工作三个角度的实施效果评量。

(三)确立相应效果评估主体

根据缓刑犯社区矫正效果评估内容的不同,确立相应的效果评估主体。即个案措施效果评估和个案效果评估由具体实施缓刑犯社区矫正个案的社区矫正工作人员进行,总体效果评估由具有专业资质的中立第三方专业评估机构完成。这主要是考虑到,个案措施效果评估和个案效果评估通常仅涉及在接受社区矫正个案措施和社区矫正个案前后的缓刑犯社区矫正对象心理和行为变化，评估结果通常又与矫正方案的调整密切，而负责具体缓刑犯社区矫正个案的社区矫正工作人员对社区矫正个案及其措施较为了解，同时又是个性化社区矫正方案的调整主体。因此，由缓刑犯社区矫正工作人员实施个案措施效果评估和个案效果评估，不仅可以提高评估效率，而且有助于提升评估的精准度。而总体效果评估涉及更多统计学、社会学、心理学等专业知识，需要较为丰富的评估实践经验，并且总体效果评估结果往往涉及某行政区域或者全国社区矫正的工作改进和制度完善，其中便可能存在利益及其再分配问题。因此，为了保证总体效果评估的客观性、公正性，最好由具有相关专业资质的中立第三方专业评估机构完成。例如，有研究者提出为了保证效果评估的客观、公正，应当引入社区会力量对缓刑犯社区矫正工作人员进行第三方考核。[1]

长远来看，为了增强缓刑犯社区矫正效果评估的信度和效度，可以考虑组建稳定的缓刑犯矫正效果评估队伍。例如，在矫正效果定性分析时通常参考危险评估的临床式方法[2]，这一评估方法对评估主体自身专业素质提出了更高要求。因此，应当考虑组建专业的、稳定的效果评估队伍以增加效果评估的定性成分。挪威早在 2002 年内阁下设的刑事制裁署专门设立了 3 个评估中心，用于实施社区矫正对象的评估工作。[3] 加拿大对社区矫正对象的风险评估和需求评估，不是由某一主体主观臆断或某一公式计算得出，而是形成了由社区矫正机构、法院、警察局、社区居民、心理学专业人士、专业社工等共同参与的成熟风险评估和需求评估体系。[4] 我国为了提升缓刑犯社区矫正效果评估的准确性，也应当组建稳定的缓刑犯社区矫正效果评估队伍。首先，可以限定新招

---

〔1〕 参见周健宇：《社区矫正人员教育帮扶体系比较研究》，法律出版社 2020 年版，第 61 页。

〔2〕 危险评估的临床式方法，是指采用类似于医生给病人看病的方法对危险进行评估的系统性手段与方式。有研究者称该种危险评估方法为诊断式处遇，认为犯罪人的人身风险无法标准化衡量和机构化分层，因此，对犯罪人风险的评估和对策由司法职业人员根据不同的对象进行差别化评估和裁量，"一对一"式个案决定社区矫正具体对策措施。由于是由专业司法人员进行的职业判断，职业性的素质和经验积累可以保证其判断的合理性和有效性。参见李川：《基于风险管控的社区矫正制度研究》，东南大学出版社 2017 年版，第 122 页。也有研究者在犯罪人分类的早期阶段提到，人们主要是根据直观感觉对犯罪人的危险性进行分类。在对犯罪人进行分类的过程中，通过面谈和查阅档案资料的方法收集信息，然后评价这些信息，作出犯罪人是否危险或者有多大危险的分类决定。参见吴宗宪：《社区矫正比较研究》（上），中国人民大学出版社 2011 年版，第 342 页。

〔3〕 A Cantora, J Mellow, MD Schlager, *Social Relationships and Group Dynamics Inside a Community Correction Facility for Women*, International Journal of Offender Therapy & Comparative Criminology, 2015;60 (9), p. 210 – 217.

〔4〕 参见王珏、王平、杨诚主编：《中加社区矫正概览》，法律出版社 2008 年版，第 315 ~ 325 页。

录社区矫正工作人员的专业，应当优先招录具有犯罪学、医学、统计学、心理学等学科背景的专业人员；其次，条件允许的情况下，可以增加缓刑犯社区矫正工作人员的人事编制，设置专职从事缓刑犯社区矫正效果评估的岗位；再次，从原有的社区矫正工作人员中，选出罪犯矫正经验相对丰富且具有危险评估专业背景的人员，专门从事效果评估工作；最后，充分发挥专业的社会力量参与到缓刑犯社区矫正效果评估中。此外，还应当注意定期对从事效果评估的缓刑犯社区矫正主体进行业务培训，以提升对效果评估价值的认识、提高效果评估的水平。[1]

（四）构建效果评估指标体系

缓刑犯社区矫正效果评估指标体系，是指对缓刑犯社区矫正效果进行评估的各项指标构成的一个有机的指标整体。[2] 缓刑犯社区矫正效果评估由对缓刑犯社区矫正对象的不同次的危险—需要评估结果变化反映，因此应当建立统一的危险—需要评估量表。而具体指标的选取是一项巨大而复杂的工程，应当遵循一些基本原则，并且各指标应当配置轻重有别的权重。建议在未来修订《社区矫正法实施办法》时，确立明确危险—需要评估量表指标体系的选取原则、列明一般指标，并鼓励各地结合本地特色，探索选取并增加特殊指标。

1. 选取矫正效果评估指标的原则

由于缓刑犯社区矫正效果评估是以的危险—需要评估为基础的，并且两者在很大程度上是重合的。因此，矫正效果评估指标的选取原则与危险—需要评估指标的选取原则应当是一致的。这些原则包括在缓刑犯危险评估指标的选取原则中介绍的静态与动态因素相结合原则、一般和特殊因素相结合原则、危险因素与需要因素相结合原则、整体性与阶段性相结合原则等。

2. 确立矫正效果评估的具体指标

效果评估内容主要包括个案措施效果评估、个案效果评估和总体效果评估，分别是对缓刑犯社区矫正个案措施效果、社区矫正个案效果、某行政区域或者全国缓刑犯社区矫正制度和工作效果等进行的评估。因此，缓刑犯社区矫正效果评估指标体系应当包括如下指标：

首先，确立效果评估的一级指标群，包括危险—需要改变情况、危险—需要

---

〔1〕 参见王梅：《完善社区矫正对象人身危险性评估的思考》，载《广西民族师范学院学报》2018 年第 4 期。

〔2〕 参见吴宗宪主编：《社区矫正导论》（第 2 版），中国人民大学出版社 2020 年版，第 310 页。

状况及社区矫正的影响。个案措施效果评估主要是对缓刑犯社区矫正个案措施效果的评估,危险—需要状况及其改变情况是其重要指标;个案效果评估是对缓刑犯社区矫正个案效果的评估,危险—需要状况及其改变情况是其重要指标;总体效果评估是对缓刑犯社区矫正制度和工作整体效果的评估,缓刑犯社区矫正制度和工作产生的法律效果和社会效果是其重要指标。

其次,根据一级指标所包含的要素以及各要素之间的关系,形成更具体的二级指标。危险—需要评估中的静态指标和动态指标分别可以较为全面地表明缓刑犯社区矫正对象的危险—需要的状况和改变情况,挪威便十分重视对社区矫正对象的需求评估,通过对社区矫正对象的个人需求、生活困难、家庭矛盾等进行的系统性分析,分析、判断社区矫正对象急需的心理帮助,以及再犯罪的最大诱因,进而采取有针对性的矫正措施。[1] 危险—需要评估结果能够全面反映社区矫正对象在解矫前的现实危险—需要状况及其改变情况,缓刑犯社区矫正法律效果和社会效果也可以较好反映缓刑犯社区矫正工作对某区域范围的影响。因此,可以将危险—需要的动态指标作为个案措施效果评估的二级指标,将危险—需要所有指标作为个案效果评估的二级指标,将法律效果和社会效果作为总体效果评估的二级指标。

最后,根据二级指标体系所包含的要素以及各要素之间的关系,形成更加精细、具体的三级指标体系。危险—需要评估的动态指标和静态指标可以参照危险—需要评估量表相关指标,社会效果评估可以从社会公众、犯罪被害人、司法工作者等对缓刑犯社区矫正的态度方面入手,法律效果可以从重新犯罪率、刑罚成本等方面着手。在恢复性司法理念下,缓刑犯社区矫正效果的评价体系首先应当体现被害人的意愿,以使其真正走出犯罪伤害的阴影,恢复被损害的精神创伤;其次应当认真对待社区居民对缓刑犯社区矫正对象改造效果的评价,重视他们对矫正对象改造的满意程度,恢复被损害的人际关系;再者需将缓刑犯社区矫正对象所在单位及亲友对其的评价列入评价体系,以使评价结论更客观、公正,恢复被损害的社会秩序。[2] 例如,加拿大是恢复性司法“被害人与犯罪人和解模式”的发源地,把恢复性司法视为与刑罚执行、社区矫正、被害人

---

[1] H Nore, *Re—Contextualizing Vocational Didactics in Norwegian Vocational Education and Training*, International Journal for Research in Vocation Education& Training, 2016:2(3), p. 23 – 38.

[2] 参见赵云霞、张会清:《恢复性司法理念下社区矫正效果评价体系研究》,载《河北学刊》2012 年第4期。

抚慰和重返社会相辅相成的关键，通过对缓刑犯社区矫正对象公益劳动的积极性、缓刑犯社区矫正对象取得被害人谅解的方式、被害人对调解结果的满意程度、被害人对加害人改过情况的满意程度、所在社区居民对缓刑犯社区矫正对象的信任程度等不同角度，评估恢复性司法的效果，并根据恢复性司法的效果奖惩缓刑犯社区矫正对象。[1]

需要说明的是，在研制危险—需要评估量表时，应当考虑其功能的多样化。即是要求危险—评估量表并不应该仅限于满足入矫危险—需要评估的需求，而且要满足矫中危险—需要评估、解矫危险—需要评估及矫正效果评估等多方面需求。这样设计量表具有可行性，因为这些危险—需要评估的指标体系基本相同，可以归纳出所有影响危险—需要的要素，将其作为危险—需要评估指标体系。但是，在危险—需要评估结果的选取和使用中应体现差异。危险评估通过危险—需要评估量表中各因素的整体得分体现，根据最终得分划定监管等级，可以采用整体计分考察方式；但是需要评估及效果评估，则必须具体到每项具体指标的内容及变化，应当分别考察。这样虽然在同一张危险—需要评估量表中同时实施危险评估、需要评估和效果评估，但是在彼此具体评估结果的考量时则选取了不同指标，三类评估彼此间不仅不会产生消极影响，而且将会相互促进，因为考察的角度更加多元、指标更加详细。

3. 配置各指标轻重有别的权重

缓刑犯社区矫正对象在评估量表中的总得分与危险评估结果密切相关，而不同的危险—需要评估指标在预测缓刑犯社区矫正对象再犯可能中发挥的作用不同，这就要求在研制危险—需要评估量表过程中，赋予不同评估指标不同分值，亦即需要科学设定评估指标权重。我国有研究者在综合了各国再犯评估问卷后，认为评估指标的重要性从高到低依次为犯罪经历、受刑经历、家庭结构与联系、职业经历与初犯年龄。[2] 美国、英国、加拿大、瑞士等国家的危险评估量表中考察最多的因素是犯罪情况，考察最少的因素是刑罚情况，并且建立在实证数据结果检验基础上。这说明缓刑犯社区矫正对象的犯罪情况是影响其再犯可能的首要因素，刑罚情况因素相对于犯罪情况因素重要性更低。而我国因为将心理状况视为影响缓刑犯社区矫正对象再犯的关键因素之一，所以在对

---

〔1〕 Mark S. Umbreit, *The Handbook of Victim Offender Mediation: An Essential Guide to Practice and Research*, Jossey – Bass Inc. ,2001 p. 184 – 186.

〔2〕 参见葛炳瑶主编:《社区矫正导论》,浙江大学出版社 2009 年版,第 216 页。

缓刑犯社区矫正对象进行危险—需要评估时比较重视心理状况因素，家庭居住情况因素也十分重要。[1] 综合国内外危险评估指标研究，应当基于翔实的实证研究论证，按照对再犯影响重要性标准对各类评估指标进行排名，准确计算出评估指标与再犯可能以及不同因素之间的相关系数，科学赋予危险—需要评估不同指标轻重有别的权重，以提升危险—需要评估的信度和效度，进而提升缓刑犯社区矫正效果评估的准确度。

（五）促进效果评估方法升级

缓刑犯效果评估内容及目的的不同决定了效果评估方法的差异。因为不同的缓刑犯矫正效果评估具有不同的目的，决定了对效果评估效率和精度要求不同，从而决定了效果评估方法上的差异。个案措施及个案效果评估的目的主要是及时调整矫正方案，应当在注重效率的同时兼顾精度；而总体效果评估的目的是了解某行政区域或者全国范围内缓刑犯社区矫正制度和工作的效果，进而改进该行政区域或者全国缓刑犯社区矫正制度和工作，其涉及面广、影响重大，故而应当在保证精度的同时兼顾效率。因此，建议在未来修订《社区矫正法实施办法》时，应当根据缓刑犯社区矫正效果评估内容及目的的不同，明确相应评估方法，丰富效果评估方式。

个案措施及个案效果评估应当以定性类评估方法为主，定量类评估方法为辅。个案措施效果评估和个案效果评估通常由缓刑犯社区矫正工作人员实施，一般评估周期较短。因此，应当主要采用较为便捷的定性类评估方法、辅之以定量类评估方法。同时，个案措施效果评估和个案效果评估通常由缓刑犯社区矫正工作人员实施，这也为以定性类评估方法进行准确的效果评估提供可能。对于缓刑犯社区矫正个案及其措施效果的评估，主要可以采用以下定性评估方法：（1）观察法，即社区矫正效果评估主体通过感官或者借助一定的设备仪器，有目的、有计划地考察、描述、记录和评价社区矫正对象行为表现在社区矫正前后变化的评估方法，采取该方法的效果评估是否准确与效果评估主体的专业背景、职业经历等关系密切。（2）面谈法，即效果评估主体通过面对面谈话的方式了解社区矫正对象参加社区矫正前后在思想、心理、行为表现等方面变化或者社区矫正工作人员对社区矫正情况、态度等的评估方法，该方法容易发生效果评估主体“先入为主”和被询问者刻意隐瞒等不利后果。为了进一步提高评估

---

〔1〕 参见冯卫国、王超：《中外社区矫正风险评估指标结构差异研究》，载《法学杂志》2014 年第 7 期。

的精度,可以辅助采用以下定量评估方法:(1)计分考核法,即立法部门把社区矫正对象接受社区矫正后的各方面表现加以量化,对不同表现进行加分和扣分的评估方法,计分考核法属于观察法的一种,但较观察法而言,它的量化分数是由立法部门预先设定好的,降低了评估人员的自由裁量权。且计分考核法相对简单易行,结果便于公示,也便于执法人员依据考核结果进行奖惩,是国内社区矫正机构相对使用最多的评估方法。[1] (2)心理测验法,即根据客观的、标准化的程序和工具,如心理测验问卷、测量表、电脑软件等来测量社区矫正对象在参加社区矫正前后心理和行为变化的评估方法,心理测量法在国内外相对比较成熟,常见的测量工具包括维克勒斯智力测验量表、艾森克个性问卷、卡特尔16项人格因素量表、明尼苏达多项人格调查表等。效果评估的心理测验法虽然在精度和效率上具有绝对优势,但是量表法又因忽视个体差异因素而饱受诟病。所以,效果评估通常以心理测验法为基础,采用定量与定性相结合的方法。(3)比较分析法,即比较分析在不同区域或者不同社区矫正对象实施社区矫正的具体效果的评估方法,在进行比较分析时,需要综合使用数量统计、个案访谈、观察等方法。[2] 需要说明的是,每一种效果评估方法都存在一定的缺陷,为了克服效果评估单一方法的弊端,应当同时使用多种不同的效果评估方法综合评量。

总体效果评估应当以定量类评估方法为主,定性类评估方法为辅。总体效果评估通常由具有相关专业资质的中立第三方专业评估机构实施,因为其并未亲自参与缓刑犯社区矫正个案及其措施的具体实施过程,通常不能进行准确的定性类评估。同时,总体效果评估一般评估周期较长,评估结果往往会影响某区域范围内缓刑犯社区矫正的制度或者工作调整。因此,应当采用更为复杂、精准的定量类评估方法开展相关评估。例如,对于反映缓刑犯社区矫正法律效果的重新犯罪率、刑罚成本,可以通过统计分析方法进行评估;而对于反映缓刑犯社区矫正社会效果的社会公众、犯罪被害人、司法工作者等对缓刑犯社区矫正的态度方面,则可以通过调查问卷进行评估。此外,在总体效果评估中,评估程序不完备、评估方法选择不恰当、评估指标设置不合理等方面均会对效果评估产生不利影响。因此,为了进一步提高评估的信度和效度,可以采用超级分析法(meta - analysis method,又译为元分析法等)进行再次评估,即对已经进行

---

〔1〕 参见周健宇:《社区矫正人员教育帮扶体系比较研究》,法律出版社2020年版,第51~52页。
〔2〕 参见吴宗宪主编:《社区矫正导论》(第2版),中国人民大学出版社2020年版,第319页。

的研究及其结论再次进行综合性定量分析的评估方法。[1]

此外,升级效果评估方法时还应当加强先进科学技术手段的运用。评估手段的先进与否在一定程度上决定评估的效率和质量。例如,在采用问卷法或者文献法进行效果评估时,可以采用网上调查问卷或者查阅电子文献等方式,充分考虑互联网带来的便捷。[2] 缓刑犯社区矫正对象的一些行为习惯,如社交软件、行为轨迹、日常消费等,通常会在网络空间留下痕迹,充分利用互联网开源数据,加强对有关数据的爬取、挖掘,对于提高缓刑犯社区矫正效果评估的效率和精度具有重要意义。

(六)合理完善效果评估程序

对缓刑犯社区矫正对象的社区矫正效果评估是一项专业性和技术性很强的工作,科学的缓刑犯社区矫正效果评估应当是一个包含前后相继的步骤或者程序的完整过程。按照合理的程序组织实施缓刑犯社区矫正效果评估,对于保障评估的效率和准确度,为缓刑犯社区矫正对象提供更好的、更有针对性的监督管理、教育帮扶有着重要意义。因此,建议在未来修订《社区矫正法实施办法》时,应当明确缓刑犯社区矫正效果评估程序。

目前,我国比较有代表性的研究将缓刑犯社区矫正效果评估程序分为明确评估目的、确定评估问题、设计评估方案、收集和分析评估资料、撰写评估报告及调整矫正工作等步骤。[3] 这项研究较为全面地介绍了实施矫正效果评估过程中的相关事项及其先后顺序,架构了我国缓刑犯社区矫正效果评估程序的基本框架,具有重要的理论和实践意义。但是仍有两个问题值得进一步探讨:(1)是否每种效果评估都必须经过以上所有程序。在设计矫正效果评估程序时,应当注意不同效果评估间的程序差异。例如,个案措施效果评估和个案效果评估并不一定需要评估报告,因为缓刑犯社区矫正工作人员仅需清晰了解社区矫正个案及其措施的实际效果,并能够及时调整矫正工作即可,并非必须撰写效果评估报告;而总体效果评估因为通常是由第三方专业评估机构实施,其效果评估结果也应当为其他主体知晓,因而出具评估报告显得十分必要。(2)调整矫正工作是否属于效果评估程序。调整矫正工作建立在分析效果评估结果基础上,也就是说,调整矫正工作时效果评估已经结束。因此,再将调整矫正工作作为

---

[1] 参见吴宗宪主编:《社区矫正导论》(第2版),中国人民大学出版社2020年版,第320~321页。
[2] 参见周国强:《社区矫正公民参与机制研究》,江苏大学出版社2016年版,第249~250页。
[3] 参见吴宗宪主编:《社区矫正导论》(第2版),中国人民大学出版社2020年版,第305~306页。

效果评估程序的一个环节,并不是十分恰当。

因此,在未来《社区矫正法实施办法》修订时,可以将我国缓刑犯社区矫正效果评估程序分不同情况加以规定:个案措施和个案效果评估程序应当包括明确评估目的、确定评估问题、设计评估方案、收集和分析评估资料等部分,而总体效果评估程序应当包括明确评估目的、确定评估问题、设计评估方案、收集和分析评估资料、撰写评估报告等部分。

五、余论:加强缓刑犯社区矫正信息化建设

《社区矫正法》第5条明确规定:"国家支持社区矫正机构提高信息化水平,运用现代信息技术开展监督管理和教育帮扶。社区矫正工作相关部门之间依法进行信息共享。"《社区矫正法实施办法》第11条规定:"社区矫正机构依法加强信息化建设,运用现代信息技术开展监督管理和教育帮扶。社区矫正工作相关部门之间依法进行信息共享,人民法院、人民检察院、公安机关、司法行政机关依法建立完善社区矫正信息交换平台,实现业务协同、互联互通,运用现代信息技术及时准确传输交换有关法律文书,根据需要实时查询社区矫正对象交付接收、监督管理、教育帮扶、脱离监管、被治安管理处罚、被采取强制措施、变更刑事执行、办理再犯罪案件等情况,共享社区矫正工作动态信息,提高社区矫正信息化水平。"缓刑犯社区矫正信息化,也被称为缓刑犯的智慧社区矫正,是指社区矫正机构及其工作人员运用现代信息技术全方位改造缓刑犯社区矫正工作的活动。缓刑犯社区矫正信息化着力解决制约我国缓刑犯社区矫正发展的业务办理效率低、评估体系不健全、监督管理压力大、教育帮扶效果差、智能化程度低等问题,有助于提高缓刑犯社区矫正的效率和效果,保障社区居民的健康与安全。缓刑犯社区矫正信息化建设是基层智慧治理的重要内容,推动缓刑犯社区矫正信息化建设有助于加强基层治理体系和治理能力现代化建设。

缓刑犯社区矫正效果评估信息化,则是指运用现代信息技术,逐渐实现在网络空间按照一定的程序、方法,采用专门评估工具评量缓刑犯社区矫正工作实际效果的过程和结果。缓刑犯社区矫正效果评估信息化并非将由社区矫正工作人员或者中立第三方专业评估机构开展的缓刑犯社区矫正效果评估工作实现简单地"搬到"网络空间开展,实现缓刑犯社区矫正效果的网上评估,而是在实现对缓刑犯社区矫正监督管理、教育帮扶信息化基础上,利用缓刑犯社区矫正信息化数据、其他部门相关数据(如公安局、检察院、法院办案系统数据)和

互联网开源数据等进行的智能化评估。缓刑犯社区矫正信息化评估强调效果评估的网络自主性,并以该结果作为动态调整对缓刑犯的监督管理等级和教育帮扶具体措施的依据,推动对缓刑犯社区矫正对象违反规定和义务的主动预测预警并实现简单的应急处突。

缓刑犯社区矫正信息化与缓刑犯社区矫正效果评估信息化二者相辅相成。缓刑犯社区矫正信息化建设首先要实现对缓刑犯社区矫正对象监督管理、教育帮扶信息的数据化,该类信息数据主要包括缓刑犯社区矫正对象交付接收、监督管理、教育帮扶、脱离监管等情况数据,以上这些数据构成了缓刑犯社区矫正效果评估信息化的基础数据;而利用缓刑犯社区矫正信息化数据、其他部门相关数据(主要包括缓刑犯社区矫正对象被治安管理处罚、被采取强制措施、变更刑事执行、办理再犯罪案件等情况数据)和互联网开源数据实施的适时社区矫正效果评估更加准确,准确、适时的社区矫正效果评估结果又为实现对缓刑犯社区矫正对象的智能监管、在线按需教育帮扶提供更加可靠的依据和参考。可见,缓刑犯社区矫正及其效果评估的信息化建设意义重大,如何提升缓刑犯社区矫正及其效果评估的信息化建设应当是未来缓刑犯社区矫正工作的基础和方向。

参 考 文 献

一、中文文献*

(一)著作类

1. 陈兴良:《刑法总论精释》(下),人民法院出版社 2016 年版。
2. 陈兴良:《刑法哲学》(第 5 版),中国人民大学出版社 2015 年版。
3. 陈兴良:《本体刑法学》(第 2 版),中国人民大学出版社 2011 年版。
4. [日]大谷实:《刑事政策学》(新版),黎宏译,中国人民大学出版社 2009 年版。
5. 但未丽:《社区矫正:立论基础与制度构建》,中国人民公安大学出版社 2008 年版。
6. [美]杜菲:《美国矫正政策与实践》,吴宗宪等译,中国人民公安大学出版社 1992 年版。
7. [意]恩里科·菲利:《犯罪社会学》,郭建安译,商务印书馆 2017 年版。
8. 高铭暄:《刑法学原理》(全三卷),中国人民大学出版社 2005 年版。
9. 高贞:《中国特色社区矫正制度研究》,法律出版社 2018 年版。
10. 高贞:《社区矫正执行体系研究》,法律出版社 2017 年版。
11. 葛炳瑶:《社区矫正导论》,浙江大学出版社 2009 年版。
12. 郭建安、郑霞泽:《社区矫正通论》,法律出版社 2004 年版。
13. 贡太雷:《惩戒与人权——中国社区矫正制度的法治理论》,法律出版社 2015 年版。
14. [美]特拉维斯·赫希:《少年犯罪原因探讨》,吴宗宪等译,中国国际广播出版社 1997 年版。
15. 何显兵:《社区刑罚研究》,群众出版社 2005 年版。

* 按作者姓名的汉语拼音顺序排列;同一作者的论著按由近及远的时间顺序排列。

16. 胡配军:《社区矫正教育理论与实务》,法律出版社 2007 年版。
17. 霍华德:《矫正与观护法典》,台北,新保成出版事业有限公司 2017 年版。
18. [意]加罗法洛:《犯罪学》耿伟、王新译,储槐植校,中国大百科全书出版社 1996 年版。
19. 贾宇:《社区矫正导论》,知识产权出版社 2010 年版。
20. 姜祖桢:《社区矫正理论与实务》,法律出版社 2010 年版。
21. [澳]布赖恩·克里滕登:《父母、国家与教育权》,秦惠民、张东辉、张卫国译,秦惠民审校,教育科学出版社 2009 年版。
22. 李川:《基于风险管控的社区矫正制度研究》,东南大学出版社 2017 年版。
23. 李玫瑾、靳高风:《未成年人犯罪与少年司法制度创新》,中国人民公安大学出版社 2015 年版。
24. 李伟:《服刑人员心理矫治理论与实务教程》,对外经济贸易大学出版社 2012 年版。
25. 连春亮、张峰:《社区矫正概论》,法律出版社 2006 年版。
26. 连春亮:《社区矫正理论与实务》,法律出版社 2015 年版。
27. 林山田:《刑法通论》(增订十版),北京大学出版社 2014 年版。
28. 刘邦惠:《社区矫正对象的心理矫治》,科学出版社 2015 年版。
29. 刘建宏:《犯罪矫治评估系统回归研究》,人民出版社 2016 年版。
30. 刘强、姜爱民:《社区矫正评论》(第 6 卷),中国人民公安大学出版社 2016 年版。
31. 刘强、武玉红:《社区矫正制度惩罚机制完善研究》,中国人民公安大学出版社 2016 年版。
32. 刘强:《英国社区刑罚执行制度研究》,中国法制出版社 2011 年版。
33. 刘强:《社区矫正组织管理模式比较研究》,中国法制出版社 2010 年版。
34. 刘强:《美国社区矫正演变史研究——以犯罪刑罚控制为视角》,法律出版社 2009 年版。
35. 刘强:《社区矫正制度研究》,法律出版社 2007 年版。
36. 刘强:《美国社区矫正的理论与实务》,中国人民公安大学出版社 2003 年版。
37. 刘渝峡:《社区矫正制度研究》,西南交通大学出版社 2016 年版。
38. 刘志伟、涂龙科、郭玮:《中国社区矫正立法专题研究》,中国人民公安大学出版社 2017 年版。

39. 刘志伟、何荣功、周国良:《社区矫正专题整理》,中国人民公安大学出版社 2010 年版。
40. [意]切萨雷·龙勃罗梭:《犯罪及其原因和矫治》,吴宗宪等译,中国人民公安大学出版社 2009 年版。
41. 龙腾云:《刑罚进化研究》,法律出版社 2014 年版。
42. 卢麦芳:《社区矫正教育》,法律出版社 2016 年版。
43. 罗大华、何为民:《犯罪心理学》(第 3 版),中国政法大学出版社 2016 年版。
44. 骆群:《社区矫正专题研究》,中国法制出版社 2018 年版。
45. 马克昌:《刑罚通论》,武汉大学出版社 2011 年版。
46. 马立骥、董长青:《监狱团体心理辅导操作实务》,上海交通大学出版社 2015 年版。
47. 梅义征:《社区矫正制度的移植、嵌入与重构:中国特色社区矫正制度研究》,中国民主法制出版社 2015 年版。
48. 欧渊华:《社区矫正对象教育矫正理论与实务》,中国法制出版社 2016 年版。
49. 屈耀伦:《我国缓刑制度的理论与实务》,中国政法大学出版社 2012 年版。
50. 司法部社区矫正管理局:《2012 ~ 2017 年全国社区矫正工作统计分析报告》,法律出版社 2018 年版。
51. 司法部社区矫正管理局:《全国社区矫正发展情况与数据统计》,法律出版社 2017 年版。
52. 司法部社区矫正管理局:《社区矫正法律法规与工作制度汇编》,法律出版社 2014 年版。
53. [美]埃德温·萨瑟兰、[美]唐纳德·克雷西、[美]戴维·卢肯比尔:《犯罪学原理》(第 11 版),吴宗宪等译,中国人民公安大学出版社 2009 年版。
54. 王珏、王平、杨诚:《中加社区矫正概览》,法律出版社 2008 年版。
55. 王牧:《新犯罪学》(第 3 版),高等教育出版社 2016 年版。
56. 王平、何显兵、郝方昉:《理想主义的〈社区矫正法〉——学者建议稿及其说明》,中国政法大学出版社 2017 年版。
57. 王平:《社区矫正制度研究》,中国政法大学出版社 2014 年版。
58. 吴鹏森:《青少年犯罪与社区矫正研究》,上海三联书店 2017 年版。
59. 吴声:《缓刑制度研究——以立法完善为重点》,中国人民公安大学出版社 2007 年版。

60. 武玉红、刘强:《社区矫正典型案例与矫正指要》,中国法制出版社 2016 年版。
61. 武玉红:《社区矫正管理模式研究》,中国法制出版社 2011 年版。
62. 吴宗宪:《刑事执行法学》(第 2 版),中国人民大学出版社 2013 年版。
63. 吴宗宪:《监狱学导论》,法律出版社 2012 年版。
64. 吴宗宪:《社区矫正制度适用与执行》,中国人民公安大学出版社 2012 年版。
65. 吴宗宪:《未成年犯矫正研究》,北京师范大学出版社 2012 年版。
66. 吴宗宪:《社区矫正导论》,中国人民大学出版社 2011 年版。
67. 吴宗宪:《中国刑罚改革论》,北京师范大学出版社 2011 年版。
68. 吴宗宪:《社区矫正比较研究》(上),中国人民大学出版社 2011 年版。
69. 吴宗宪:《社区矫正比较研究》(下),中国人民大学出版社 2011 年版。
70. 吴宗宪:《西方犯罪学史》(第 2 版),中国人民公安大学出版社 2010 年版。
71. 吴宗宪:《中国服刑人员心理矫治技术》,北京师范大学出版社 2010 年版。
72. 吴宗宪:《老年犯罪》,中国社会出版社 2010 年版。
73. 吴宗宪:《罪犯改造论:罪犯改造的犯因性差异理论初探》,中国人民公安大学出版社 2007 年版。
74. 吴宗宪:《西方犯罪学》(第 2 版),法律出版社 2006 年版。
75. 吴宗宪:《国外罪犯心理矫治》,中国轻工业出版社 2004 年版。
76. 吴宗宪:《非监禁刑研究》,中国人民公安大学出版社 2003 年版。
77. 吴宗宪:《青少年不良行为的矫治与防范》,华夏出版社 1994 年版。
78. 辛国恩:《社区矫正论丛》(第 1 辑),中国人民公安大学出版社 2017 年版。
79. 杨木高:《中国女犯矫正制度研究》,南京大学出版社 2013 年版。
80. 杨诚、王平:《罪犯风险评估与管理:加拿大刑事司法的视角》,知识产权出版社 2009 年版。
81. 姚建龙:《矫正学导论》,北京大学出版社 2016 年版。
82. 翟中东:《中国社区矫正制度的建构与立法问题》,中国人民公安大学出版社 2017 年版。
83. 翟中东:《矫正的变迁》,中国人民公安大学出版社 2013 年版。
84. 翟中东:《社区性刑罚的崛起与社区矫正的新模式:国际的视角》,中国政法大学出版社 2013 年版。
85. 翟中东:《国际视域下的重新犯罪防治政策》,北京大学出版社 2010 年版。

86. 张传伟:《我国社区矫正运行模式研究》,山东大学出版社 2010 年版。
87. 张东平:《监禁行刑与社区矫正的互动衔接研究》,中国法制出版社 2017 年版。
88. 章恩友:《罪犯心理矫治基本原理》,群众出版社 2004 年版。
89. 张旭光:《和谐社会背景下的社区矫正问题研究》,中国农业科学技术出版社 2014 年版。
90. 张学超:《罪犯矫正学概论》,中国人民公安大学出版社 2011 年版。
91. 赵秉志:《刑法总论》(第 3 版),中国人民大学出版社 2016 年版。
92. 赵秉志:《社区矫正法(专家建议稿)》,中国法制出版社 2013 年版。
93. 赵新东:《社区矫正管理实务》,法律出版社 2006 年版。
94. 郑添成:《观护制度与社区处遇》,台北,红叶文化事业有限公司 2013 年版。
95. 周国强:《社区矫正公民参与机制研究》,江苏大学出版社 2016 年版。
96. 周光权:《刑法总论》(第 3 版),中国人民大学出版社 2016 年版。
97. 朱久伟、姚建龙:《上海市青少年社区矫正对象教育矫正的理论与实践》,法律出版社 2012 年版。
98. 朱久伟、王志亮:《刑罚执行视野下的社区矫正》,法律出版社 2011 年版。
99. 左坚卫:《缓刑制度的理论与实务》,中国人民公安大学出版社 2012 年版。

(二)论文类

1. 毕艳梅:《我国少年社区矫正制度研究——以美国为借鉴》,西南政法大学 2012 年硕士学位论文。
2. 蔡军:《缓刑制度的价值分析》,载《河南大学学报(社会科学版)》2006 年第 3 期。
3. 陈伟、谢可君:《社区矫正中人身危险性理论适用探究》,载《山东警察学院学报》2016 年第 2 期。
4. 程琦:《美国缓刑制度考察》,载《犯罪研究》2005 年第 2 期。
5. 戴艳玲:《社区矫正对象分类管理标准探析》,载《犯罪与改造研究》2018 年第 6 期。
6. 戴艳玲:《社区矫正对象教育矫正在探索中前行》,载《犯罪与改造研究》2017 年第 9 期。
7. 狄小华:《论行刑社会化——兼谈我国的重新犯罪预防》,载《南京大学学报(哲学·人文科学·社会科学)》2003 年第 4 期。

8. 丁映君:《非行少年生命历程中的社区处遇对其犯罪止续之影响》,台北大学犯罪学研究所 2012 年学位论文。
9. 董颖:《缓刑在社区矫正实施中的性质及定位》,载《河北学刊》2015 年第 4 期。
10. 杜红娟:《我国未成年服刑人员社区矫正制度研究》,吉林大学 2015 年硕士学位论文。
11. 段晖、周卫军:《缓刑的刑罚谦抑性考察——兼缓刑的发展趋势探究》,载《当代法学》2001 年第 7 期。
12. 冯卫国、王超:《中外社区矫正风险评估因素结构差异研究》,载《法学杂志》2014 年第 7 期。
13. 冯卫国、于阳:《论社区矫正风险评估》,载《山东警察学院学报》2012 年第 2 期。
14. 冯卫国:《未成年人刑事案件的审前调查制度探讨》,载《青少年犯罪问题》2007 年第 1 期。
15. 葛莘、刘荣林:《对未成年人刑事案件深浅调查与评估工作的思考》,载《人民调解》2007 年第 11 期。
16. 郭翔:《英国的缓刑制度》,载《法学家》1996 年第 5 期。
17. 何显兵、廖斌:《论社区矫正分级处遇机制的完善》,载《法学杂志》2018 年第 5 期。
18. 黄华生:《论刑罚轻缓化》,中国政法大学 2004 年博士学位论文。
19. 黄京平、陈鹏展:《缓刑执行说之论证——以"原判的刑罚就不再执行"为切入点》,载《法学评论》2006 年第 4 期。
20. 季兰华:《缓刑与社区矫正——关于我国缓刑社区矫正的问题与完善》,中国政法大学 2009 年硕士学位论文。
21. 贾学胜:《美国社区矫正制度对我国的借鉴》,载《法治论坛》2008 年第 1 期。
22. 姜爱东等:《德国社区矫正概览》,载《中国司法》2005 年第 11 期。
23. 江华峰:《法国社区矫正制度介评及其对中国的借鉴与启示》,载《湖湘论坛》2017 年第 4 期。
24. 蒋云飞:《台湾地区少年观护制度及其镜鉴》,载《青少年犯罪问题》2017 年第 5 期。
25. 金碧华:《社区矫正风险评估机制的分析与思考》,载《南通大学学报(社会科学版)》2009 年第 2 期。
26. 金华市婺城区人民政府课题组:《社区矫正制度完善研究——以浙江省金华市婺城区的实践为样本》,载《法治研究》2017 年第 2 期。
27. 孔一:《社区矫正人员再犯风险评估量表研究》,载《犯罪与改造研究》2012 年第 7 期。
28. 李川:《修复、矫治与分控:社区矫正机能三重性辩证及其展开》,载《中国法学》2015 年第 5 期。
29. 李川:《从特殊预防到风险管控:社区矫正之理论嬗变与进路选择》,载《法律科学》2012 年第 3 期。
30. 李素琴、谭恩慧:《美国社区矫正制度对我国的借鉴》,载《中国人民公安大学学报(社会科学版)》2012 年第 5 期。
31. 李巍:《现代司法理念下的中国缓刑制度的完善》,吉林大学 2008 年博士学位论文。
32. 李巍、陈洪玲:《论缓刑的性质》,载《行政与法》2006 年第 3 期。
33. 李宜兴:《德国社区矫正中的惩罚措施及其借鉴》,载《河南司法警官职业学院学报》2014 年第 12 期。
34. 林修猛、张小虾:《缓刑未成年犯社区矫正帮教研究》,载《福建法学》2016 年第 3 期。
35. 刘乐:《美国对犯罪青少年的社区矫正项目》,载《青少年犯罪问题》2003 年第 4 期。
36. 刘强、武玉红:《中英社会力量参与社区矫正的比较研究》,载《中国司法》2016 年第 2 期。
37. 刘强、王琼:《我国社区矫正评估体系的构建》,载《法治论丛》2005 年第 6 期。
38. 刘守芬、丁鹏:《现代缓刑类型与中国的选择》,载《现代法学》2005 年第 11 期。
39. 刘晓梅、张智宇:《日本更生保护制度及其对中国的启示》,载《社会工作》2010 年第 7 期。
40. 刘晓艳:《英国的社区矫正制度及其对我国刑罚制度改革的启示》,载《犯罪研究》2006 年第 3 期。
41. 刘志伟、左坚卫:《徘徊在公正与功利之间的我国缓刑——对我国缓刑立法与司法的反思》,载《郑州大学学报(哲学社会科学版)》2006 年第 1 期。
42. 鲁兰:《社区矫正教育原则及实务探索》,载《中国司法》2011 年第 9 期。
43. 莫林芳、赵赤:《英国社区矫正实证研究的启示与借鉴》,载《中国检察官》2015 年第 7 期。
44. 潘晓晨:《英国社区矫正制度及其启示》,山东大学 2014 年硕士学位论文。
45. 齐航:《缓刑犯社区矫正研究——基于淄博市的调查》,山东理工大学 2015 年硕士学位论文。
46. 曲学武:《中国社区矫正制度设计及其践行思考》,载《中国刑事法杂志》2013 年第 10 期。
47. 沙建嵩、敬力嘉:《中德未成年人社区矫正制度之比较——以德国莱茵兰普法尔茨州与四川省为视角》,载《刑法论丛》2016 年第 1 期。
48. 上海政法学院社区矫正研究中心:《2015 年中国社区矫正研究综述》,载《犯罪与改造研究》2016 年第 1 期。
49. 上海政法学院社区矫正研究中心:《2014 年社区矫正研究综述》,载《犯罪与改造研究》2015 年第 1 期。
50. 上海政法学院社区矫正研究中心:《2013 年社区矫正研究综述》,载《犯罪与改造研究》2014 年第 1 期。
51. 上海政法学院社区矫正研究中心:《2012 年社区矫正研究综述》,载《犯罪与改造研究》2013 年第 1 期。
52. 上海政法学院社区矫正研究中心:《2002—2010 年我国社区矫正研究综述》,载《犯罪与改造研究》2011 年第 1 期。
53. 佘博通:《我国缓刑适用研究》,吉林大学 2014 年博士学位论文。
54. 石经海:《从极端到理性刑罚个别化的进化及其当代意义》,载《中外法学》2016 年第 6 期。
55. 司法部预防犯罪研究所课题组:《社区矫正衔接机制建设研究报告》,载《中国司法》2016 年第 6 期。
56. 司绍寒:《〈刑事诉讼法〉视野下的社区矫正社会调查程序》,载《中国司法》2012 年第 10 期。
57. 宋志军:《论文成年人刑事司法的社会支撑体系》,载《法律科学》2016 年第 5 期。
58. 田宏杰、庄乾龙:《未成年人刑事案件社会调查报告之法律属性新探》,载《法商研究》2014 年第 3 期。
59. 王佳:《香港地区与内地未成年人社区矫正制度比较研究的思考》,载《犯罪研究》2017 年第 1 期。
60. 王珏、鲁兰:《日本更生保护制度》,载《中国司法》2007 年第 11 期。
61. 王淑华:《大数据在社区矫正中的运用思考》,载《犯罪与改造研究》2017 年第 9 期。
62. 王顺安:《社区矫正理论研究》,中国政法大学 2007 年博士学位论文。
63. 王维:《社区矫正制度研究》,西南政法大学 2006 年博士学位论文。
64. 韦文、吕登明:《试论未成年社区矫正对象科学矫正的制约因素和有效路径》,载《中国司法》2014 年第 10 期。
65. 吴宗宪、力达:《未成年社区矫正对象身份信息保护问题探讨》,载《山东警察学院学报》2017 年第 5 期。
66. 吴宗宪:《完善〈社区矫正法(征求意见稿)〉内容的建议》,载《中国司法》2017 年第 3 期。
67. 吴宗宪:《社区矫正应急管理规范化探讨》,载《上海政法学院学报(法治论丛)》2017 年第 2 期。
68. 吴宗宪:《我国社区矫正基层执法机构的问题及改革建议》,载《甘肃社会科学》2016 年第 6 期。
69. 吴宗宪:《我国未成年犯罪人社区矫正的主要问题与对策》,载《贵州民族大学学报(哲学社会科学版)》2015 年第 5 期。
70. 吴宗宪:《社区矫正执法者身份标志规范化探讨》,载《法治研究》2015 年第 4 期。
71. 吴宗宪:《论未成年人社区矫正的发展方向》,载《山东警察学院学报》2012 年第 7 期。
72. 吴宗宪:《论少年犯罪案件审前调查制度的建立——以〈刑法修正案(八)〉对社区矫正制度的确立为视角》,载《山东警察学院学报》2011 年第 9 期。
73. 吴宗宪:《老年犯罪人社区矫正论》,载《中国司法》2011 年第 8 期。
74. 吴宗宪:《中国中途之家发展模式探讨》,载《中国司法》2010 年第 7 期。
75. 吴宗宪:《社会力量参与社区矫正的若干理论问题探讨》,载《法学评论》2008 年第 3 期。
76. 吴宗宪:《社区矫正的问题与前景》,载《法治论丛》2007 年第 1 期。

77. 吴宗宪:《论中国社区矫正中服刑人员处遇的协调与参与机构》,载《法律适用》2005 年第 10 期。
78. 吴宗宪:《论社区矫正中的危险控制》,载《中国司法》2005 年第 1 期。
79. 吴宗宪:《关于社区矫正若干问题思考》,载《中国司法》2004 年第 7 期。
80. 吴秀铃:《缓刑犯社区矫正问题研究》,中国政法大学 2015 年硕士学位论文。
81. 曾桂梅:《论美国社区矫正制度》,西南政法大学 2013 年硕士学位论文。
82. 翟中东:《危险评估与控制——新刑罚学的主张》,载《法律科学》2010 年第 4 期。
83. 翟中东:《刑罚个别化的蕴涵:从发展角度所做的考察——兼与邱兴隆教授商榷》,载《中国法学》2001 年第 1 期。
84. 张传伟:《我国社区矫正京沪模式的比较分析与选择》,载《北京社会科学》2009 年第 1 期。
85. 张德军:《短期自由刑执行机制改革研究——以社区矫正制度的完善为视角》,载《政法论坛》2014 年第 4 期。
86. 张吉喜:《论刑事诉讼中的社会调查报告》,载《刑事法评论》2015 年第 1 期。
87. 张金武:《广州市未成年人社区矫正工作的创新与试点——需求评估、介入措施与实际效果》,载《中国司法》2011 年第 3 期。
88. 张荆:《日本社区矫正"中途之家"建设及对我们的启示》,载《青少年犯罪问题》2011 年第 1 期。
89. 张凯:《困境与出路:我国社区矫正对象帮困扶助工作实证研究》,载《中国政法大学学报》2017 年第 6 期。
90. 张凯:《论我国社区矫正对象矫正效果评估体系的构建》,载《行政与法》2012 年第 6 期。
91. 张强:《少年犯的缓刑适用及其社区矫正》,苏州大学 2008 年硕士学位论文。
92. 张学超、王宏玉:《我国社区矫正对象的分类实践及完善建议》,载《中国人民公安大学学报(社会科学版)》2013 年第 6 期。
93. 张亚平:《法国社区矫正制度概览》,载《刑法论丛》2014 年第 2 期。
94. 张亚军:《论社区矫正中的人身危险性评估》,载《河南公安高等专科学校学报》2008 年第 3 期。
95. 郑高键:《缓刑的正当性理论根据》,载《政法学刊》2006 年第 2 期。
96. 谢望原、翟中东:《对我国行刑社会化的思考》,载《法学评论》2000 年第1 期。

97. 邢文杰:《社区矫正分阶段教育运作模式之思考》,载《山西省政法管理干部学院学报》2011 年第 1 期。

98. 许春金、谢文彦、刘宽宏:《台湾的社区矫正:基本理念与处遇形态》,载《北京联合大学学报(人文社会科学版)》2017 年第 4 期。

二、外文文献*

1. Abadinsky, Howard, *Probation and Parole: Theory and Practice* (11th ed.), Pearson Education, Inc, 2012, p. 120.

2. Alarid, Leanne Fiftal& Paul Cromwell & Rolando V. del Carmen, *Community – Based Corrections* (7th ed.), Thomson Wadsworth, 2008, p. 78.

3. Andrews, D. A. & James Bonta & J. Stephen Wormith, *The Recent Past and Near Future of Risk and – or Need Assessment*, Crime & Delinquency, Vol. 3: 1, p. 7 – 27(2006).

4. Barton – Bellessa, Shannon M., *Encyclopedia of Community Corrections*, SAGE Publications, Inc, 2012, p. 32.

5. Bass, S. L. S., *Nussbaum D. Decision making and aggression in forensic psychiatric inpatients*, Criminal Justice and Behavior, Vol. 37:4, p. 365(2010).

6. Bayens, Gerald& John Ortiz Smykla, *Probation, Parole, and Community – Based Corrections: Supervision, Treatment, and Evidence – Based Practices*, McGraw – Hill Companies, Inc, 2013, p. 53.

7. Bosworth, Mary, *Encyclopedia of Prisons and Correctional Facilities*, Sage Publications, Inc, 2005, p. 73.

8. Buddress, Loren, *Federal Probation and Pretrial Services: A Cost – effective and Successful Community Corrections System*, Federal Probation, Vol. 61: 1, p. 5 – 12(1997).

9. Cadigan, T. P., *Community Corrections: Probation, Parole, and Intermediate Sanctions*, Federal Probation, Vol. 62:1, p. 81(1998).

10. Callanan, T. J., *Probation, Parole, and Community Corrections*, Federal Probation, Vol. 40:4, p. 72 – 73(1976).

---

* 按作者姓名的英语字母顺序排列;同一作者的论著按由近及远的时间顺序排列。

11. Caudy, Michael S. & Joseph M. Durso & Faye S. Taxman ,*How well do dynamic needs predict recidivism? Implications for risk assessment and risk reduction*,Journal of Criminal Justice, Vol. 41, p. 458 –466(2013).

12. Chui, Wing Hong & Mike Nellis,*Moving Probation Forward: Evidence, Arguments and Practice*,Person Education Limited,2003,p. 52.

13. Clear, Todd R. , *Imprisoning Communities: How Mass Incarceration Makes Disadvantaged Neighborhoods Worse*, Oxford University Press, Inc, 2007, p. 48.

14. Cox, S. G. ,*Probation, Parole, and Community Corrections*,Journal of Criminal Justice, Vol. 6:1, p. 83 –84(1978).

15. Cole, George F. & Michael D. Reising,*American Corrections*, Thomson Wadsworth,2009,p. 62.

16. Corbett, R. P. , *When Community Corrections Means Business: Introducing "Reinventing" Themes to Probation and Parole*, Federal Probation, Vol. 60:1, p. 36 –42(1996).

17. Cronkhite, Clyde L. ,*Criminal Justice Administration*,Jones and Bartlett Publishers,2008,p. 84.

18. Dargen, J. ,*Probation, parole, and Community Corrections*,International Journal of Offender and Comparative Criminology, Vol. 30: 3, p. 277 – 278 (1986).

19. Dotzenroth, S. E. , *On Developing Psychological – service in Community Corrections: The Role of the Psychologist in Probation and Parole*, Canadian Journal of Criminology – revue Canadienne De Criminologie, Vol. 24:4, p. 453 – 462(1982).

20. Geerken, Michael R. & Hennessey D. Hayes,*Probation and Parole: Public and the Future of Incarceration Alternatives*, Criminology, Vol. 31:4, p. 549 – 564(1993).

21. Gelsthorpe, Loraine & Rod Morgan ,*Handbook of Probation*,Willan Publishing,2012,p. 53.

22. Hatt, K. ,*Probation and Community Corrections in a Ner – correctional Era*, Canadian Journal of Criminology – revue Canadienne De Criminologie,

Vol. 27:3, p. 299 – 316(1985).

23. Kraemer, H. C. et al., *Coming to Terms with the Terms of Risk*, Archives of General Psychiatry, Vol. 54, p. 337 – 343(1997).

24. Latessa, Edward J. & Paula Smith, *Corrections in the Community* (6th ed.), Routledge, 2015, p145.

25. Lindquist, C. A., *the Private Sector in Corrections: Contracting Probation Services from Community Organizations*, *Federal Probation*, Vol. 44:1, p. 58 – 64(1980).

26. Mcneill, Fergus& loan Durnescu & René Butter, *Probation*: 12 *Essential Questions*, Macmillan Publishers Ltd, 2016, p120.

27. Miller & Joel, *Probation Supervision and the Control of Crime Opportunities: An Empirical Assessment*, Crime & Delinquency, Vol. 60:8, p. 1235 – 1257 (2014).

28. Murphy, P., *Murphy on evidence*, Blackstone Press, 2000, p. 29 – 35.

29. Robinson, Denise M., *Changing Times in Community Corrections*, Corrections Today, Vol. 66:6, p. 8 – 9(2004).

30. Rosecrance, John D., *Probation, Parole, and Community Corrections in the United States* (5*th ed.*), Pearson Prentice Hall, 2008, p. 20 – 26.

31. Siegel, Larry J., *Criminology: Theories, Patterns, and Typologies* (12th ed.), Cengage Learning, 2016, p. 35 – 40.

32. Sieh, Edward W., *Community Corrections and Human Dignity*, Jones and Bartlett Publishers, 2006, p. 26 – 29.

33. Wodahl, Eric J. et al., *Utilizing Behavioral Interventions to Improve Supervision Outcomes in Community – Based Corrections*, Criminal Justice and Behavior, Vol. 38:4, p. 386 – 405 (2011).

附　　录

天津市社区矫正入矫告知书

社区矫正对象________：

根据法律规定，在社区矫正期间，由________区社区矫正机构对你执行社区矫正，________司法所负责日常社区矫正工作。现向你告知以下事项：

一、你于20____年____月____日至20____年____月____日凭此告知书及身份证到________司法所报到并接受社区矫正。

二、依照《中华人民共和国社区矫正法》规定，未按规定时间报到的，将视情节受到训诫、警告、治安管理处罚、撤销缓刑、撤销假释、收监执行等处罚。

（公章）

年　月　日

社区矫正对象（签名）：

司法所地址：

电话：